KB275896

전곡리에서 마추픽추까지

전곡리에서 마추픽추까지

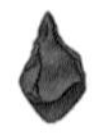

전곡리에서 마추픽추까지

지은이 전범환

그린이 하시연

1판 1쇄 인쇄 2025년 9월 1일

1판 1쇄 발행 2025년 9월 8일

펴낸곳 홍 림

펴낸이 김은주

등 록   제 409-251002010000027 호

주 소 경기도 김포시 김포한강로4로 420번길 30 한강비즈나인 1509

전자우편 hongrimpub@gmail.com

전 화   0507-1357-2617

총 판   비전북 (031-907-3927)

값은 표지에 있습니다.

ISBN 978-89-6934-060-3 (03900)

ⓒ 전범환2025

* 이 책 내용의 전부 또는 일부를 재사용하려면 반드시 저작권자와 홍림 양측의
  동의를 받아야 합니다.

전곡리에서 마추픽추까지

전범환 지음 | 하시연 그림

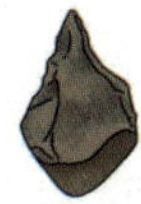

홍림

일러두기

1. 본문에 별색 처리된 네모 상자는 독자의 이해를 돕기 위해 첨가한 저자 주석입니다.

2. 본문 소제목 아래의 지도는, 본문 에피소드의 배경이 된 해당 국가 지도입니다. 다만 한국의 경우 한반도 지도가 아닌 광역시 지도(예:경기도)를 사용했습니다.

3. 본문에 자주 등장하는 국제협력사업과 한국국제협력단의 표기는 각각 통상 사용 중인 ODA와 코이카(KOICA)를 병용했습니다.

4. 숫자 서수와 길이 등을 나타내는 단위 등은 한글로 표기했습니다.

인류문화유산의 장엄함, 경이로움과 함께

고고학자의 시간과 공간의 여정이지만 과거라는 미지의 세계를 읽게 되는 과정을 그린 고고학자의 성장 여행기이다. 한국이지만 우아하고 정돈된 문명과는 거리가 있는 고고학 발굴현장에서 겪은 인디아나 존스식의 체험과 이를 통해서 깨닫게 되는 세상사, 즉 고대 사람들의 문화를 발굴하면서 겪은 경험으로 미래 세상을 보는 법을 터득하는 과정을 자전적으로 그리고 있다. 그리고 아프리카 대륙에서 남미대륙의 가장 높은 곳의 도시유적에 이르는 세계 각지의 다양한 유적들을 답사하고 조사하는 과정에서 인류문화유산들의 장엄함과 경이로움과 함께, 그곳에 현재 살고 있는 사람들의 삶의 다양한 모습과 이들의 문화에서 풍기는 휴머니즘에 대해 애틋한 감성으로 묘사하고 있다. 우리나라 개발발굴현장이라는 극한직업의 현장으로 내몰렸던 제자가 이제 성숙한 눈으로 세상의 과거와 현재를 통찰력 있게 바라볼 수 있다는 사실은 선생으로서 큰 기쁨이다.

자기가 좋아하는 일을 선택하고, 크고 작은 장애를 극복하는 인내심을 가지고 목표를 향해 꾸준히 나아가는 신념, 그리고 열린 마음으로 사물을 보는 훈련으로 세상 이치에 대해 새로운 깨달음을 얻게 되는 행복의 순간들이 오늘날 젊은이들에게 필요한 것이라면, 전범환 필자의 경험이 큰 의지와 지침이 되지 않을까?

배기동 전 국립중앙박물관장·한양대학교명예교수

과거의 시간과 미래 세대를 잇는 일

아르바이트로 시작한 발굴조사는 곧 고고학이라는 학업이 되었다. 대학원에 입학해서 처음 방문했던 현장은 연천 전곡리. 당시 양봉장 피트의 조사가 마무리 되고 한창 정리 작업이 진행 중이었다. 주변에 벌통이 많은 양봉장이 위치해 있어서 붙여진 별칭이다. 그곳에는 국내외 여러 학자들이 방문했다. 양봉장 피트에 퇴적된 지층은 전곡리에서 주먹도끼가 발견된 것 못지 않은 유명세

양봉장 피트 당시 전곡리 발굴조사에서 가장 중요한 구덩이면서 현재 전곡리 유적 내 전시관에서 전시가 되고 있는 곳이다. 보고서에 수록된 구덩이의 공식명칭은 E55S20-IV 피트다.

를 탔고 이 구덩이는 현재 전곡리 선사유적 유적 전시관 내로 이전되어 관람할 수 있다. 난 그곳에서 갓 입학한 나이 먹은 늦깎이 대학원생이었다. 그때 비로소 고고학은 내 인생이 되었다. 직업도, 취미도, 학업도 모두 고고학, 그리고 발굴과 함께 하게 될 거라고 생각했다.

　대학원 수업을 마치고 직장인이 되어서도 수많은 발굴현장들을 누비고 다녔다. 좋은 유물을 만났을 때도, 아무것도 없는 땅에서 허탕을 칠 때도, 하고 싶어 했던 일이 직업이 되는 것이 정말 감사한 일이라고 생각했다. 하루 하루가 즐겁고 호기심 가득한 날들의 연속이었다. 하지만 즐겁고 행복한 일만 가득하고, 어렵고 힘든 일은 남의 일인 게 인생이 아니었다. 어느 순간 배터리는 충전이 잘 안 되었고 몸과 마음이 지치기 시작했다. 특히 그때는 마음이 너무 치쳤다. 세계여행을 꿈꾸며 우리 가족은 지도를 벽에 붙여 놓고 가고 싶은 곳을 그려나가기 시작했다. 세계여행기를 담은 책을 사서 보고, 모든 것이 세계여행에 집중되었다. 아이들은 지금도 이야기 한다. 세계여행을 같이 가기로 해 놓고 아빠만 비행기 타고 해외를 간다고.

　처음 문화유산ODA 사업을 시작했을 때 세 번까지는 공항에 가는 것이 설렜다. 출장이지만 여행가는 기분이 들었기 때문이다. 하지만 이제 일반석을 타고 열 시간을 넘게 가는 출장은 정말이지 견디기 어려운 일이 되어 버렸다. 그래도 떠난다. 해야 할 일이 거기에 있고 기다리는 사람이 거기에 있어서다. 만나면 반가운 사람들이 있고, 또 가면 새로운 일들이 기다리고 있어서다.

　문화유산의 힘은 오묘해서 항상 그 자리에 있지만, 갈 때마다 새로운 느낌을 준다. 똑같은 앙코르와트에 수십 번도 더 가 보았지만 갈 때마다 보여주는 것은 새롭고 또 다르다. 함께하는 사람, 그 때의 시간과 공기, 그리고 햇빛과 비바람, 이 모든 것이 어느 것 하나 똑같은 날이 없기 때문일 것이다. 그 속에서 그 사람들과 함께 하는 모든 것들이 우리의 미래 세대를 위한 준비라고 생각하면 어느새 뺨을 타고 흘러내리

ODA 공적개발원조　문화유산ODA는 ODA의 한 분야다. 개발도상국의 문화유산이 효율적이고 지속가능한 보존과 관리가 가능하도록 기술적, 인적, 물적으로 지원하며 협력하는 것을 말한다. 특히 한국의 문화유산ODA는 개발도상국 인력의 역량강화를 기반으로 문화유산의 보수·복원과 디지털 기록화, 유물의 보존처리등을 주로 추진한다.

는 땀은 의식되지 않는다.

　이 책은 당신이 살고 있는 아파트 밑 어디에선가 유물과 유적이 발견된 이야기일 수도 있고, 오래된 다큐멘터리같은 이야기일 수도 있다. 그때에 살았던 어느 고고학 전공자의 이야기와 우스꽝스러운 일들이 고스란히 담겨 오늘날 당신을 만나고 있는 것이다. 시대는 다르고 기술은 발전했지만 사람들이 사는 이야기는 한결같이 재미있고 유쾌하고, 또 슬프고 눈물나는 일일 것이다. 인디아나 존스처럼 멋있는 이야기는 없다. 어느 평범한 고고학자의 여정이다.

　나라 밖으로 눈을 돌려 개발도상국의 세계유산을 함께 보존하기 위한 여정을 시작한 지가 10년여다. 지금도 진행하고 있는 이 일은, 가 보면 가 볼수록 더 많은 나라에 가고 싶고, 더 많은 국가의 사람들과 일을 하고 싶게 한다. 새로운 것에 대한 도전과 새로운 사람을 만나는 것에 익숙하지 않은 성격임에도 언제나 설레는 건 변함이 없다. 내가 이 책을 통해 소개하는 다른 나라의 문화유산들이 독자들로 하여금 간접적으로 경험하고 싶고, 또 가서 보고 느끼고 싶은 무엇이 되었으면 좋겠다. 이 책에서 소개하는 이야기들은 현지와, 현지에 사는 그들 삶의 극히 일부분이다. 아직도 한참 모르는 내용을 글로 표현해서 혹시나 잘못 전달되는 게 있는 건 아닌가 하는 걱정도 든다.

이 책은 발굴조사를 하면서 겪었던 일들과 해외 문화유산 현장에서 경험했던 이야기들을 아들과 딸을 생각하고 적으면서 시작했다. 아직도 아빠가 하는 일이 뭔지 정확히 모르고 각자 맡은 자리에서 열심히 살고 있는 아들딸, 그리고 모두의 아들 딸이 함께 공유할 수 있는 잠깐의 여유가 되기를 바란다.

처음 이 책을 쓰자고 제안해 준 김은주 대표님의 의중을 아직도 모르겠다. 이 책을 많은 사람들이 관심을 가질 거라고 언제나 용기를 북돋아 주고 힘이 되는 메시지들은 전하면서 이 책을 시작했는데, 대표님의 권고와 응원이 없었으면 역시 마무리되기 어려웠을 것이다. 언제나 내가 하는 일을 응원하고 든든한 지원군이 되준 아내와 나의 사랑스런 1, 2, 3번에게도 감사의 마음을 전한다. 윤호, 해솔, 민호의 이해 덕분에 오랜 기간 발굴현장에 있을 수 있었고 현재의 일도 그들의 이해와 응원으로 이어지고 있다.

  지금도 수많은 국가의 문화유산이 도움의 손길을 절실하게 원하고, 많은 개발도상국가의 전문가들이 한국과의 협력을 기대한다. 이 책에 다 담을 수는 없었지만 각자의 자리에서 최선을 다하는 모든 국가의 전문가들의 노고도 이 안에 담겨서 전달이 되었으면 하는 바람이다. 이제 점점 긴 출장을 가는 것이 힘에 부치고 있지만 앞으로도 계속 이 소중한 일에 내가 지속적으로 참여할 수 있기를 바란다.

2025년 7월

파키스탄 이슬라마바드에서

전범환

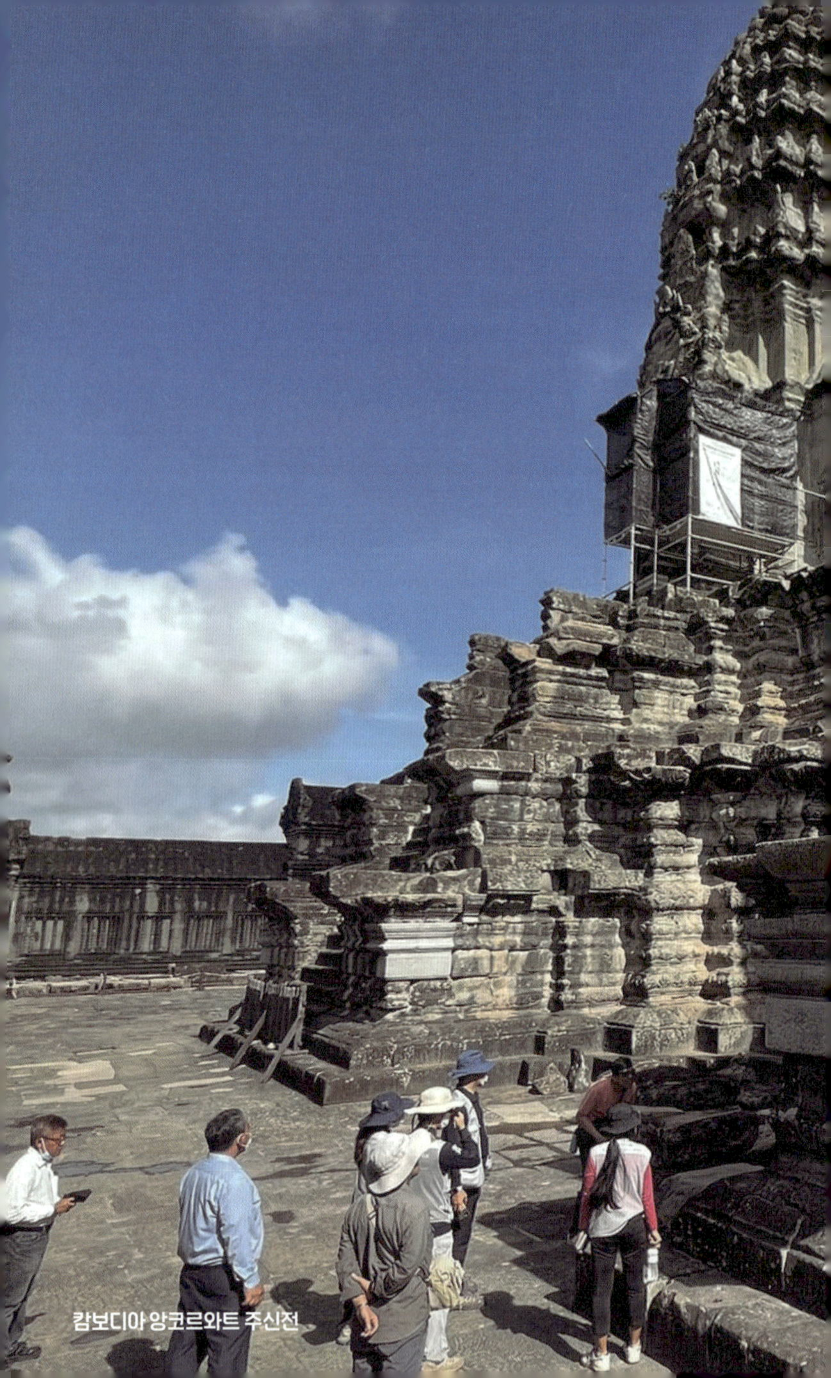
캄보디아 앙코르와트 주신전

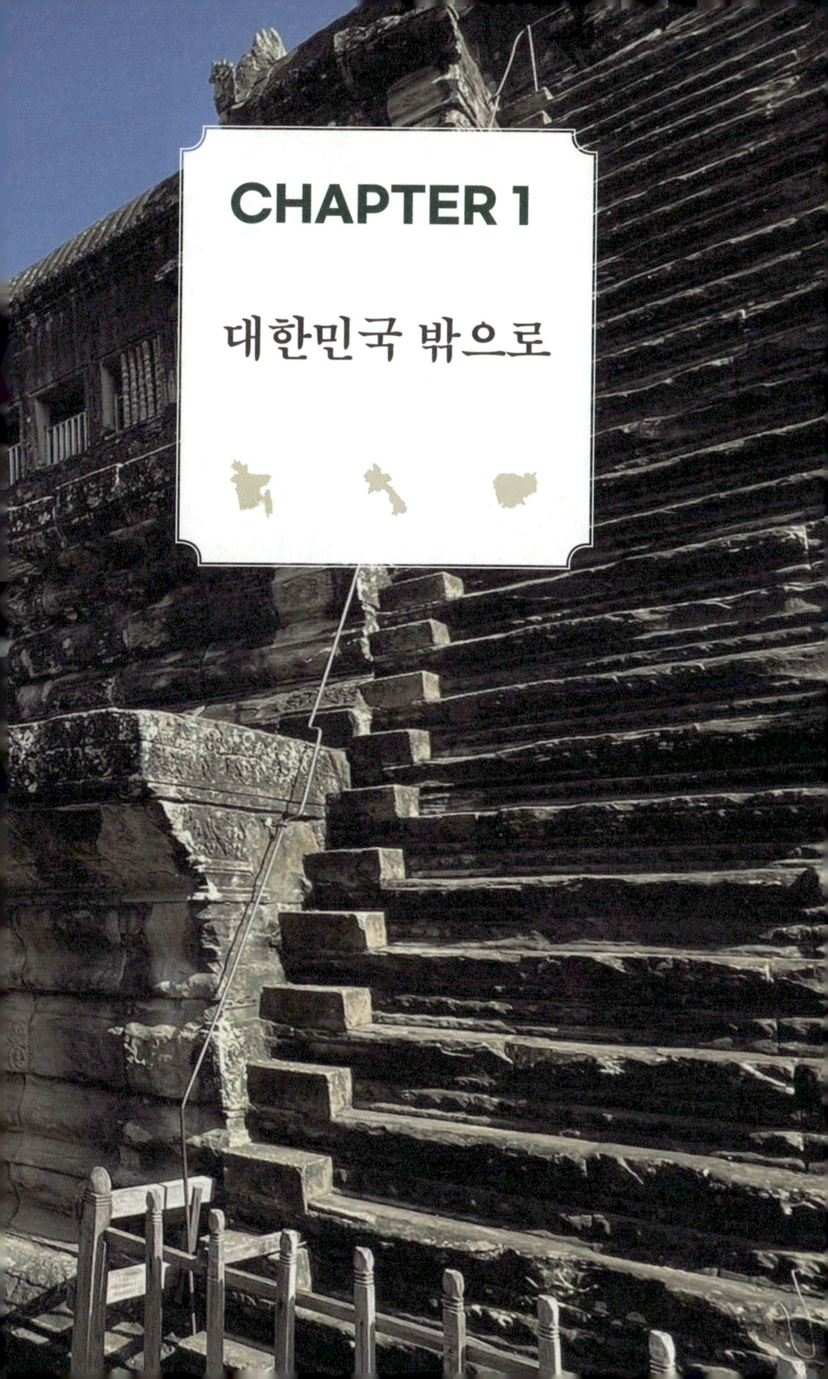

CHAPTER 1
대한민국 밖으로

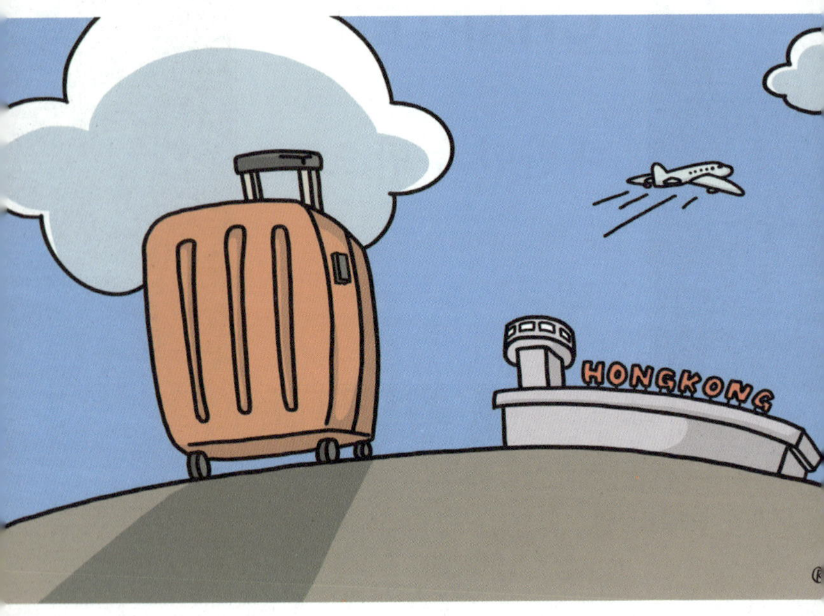

HONGKONG

홍콩에서 100미터 달리기 신기록을 세우다

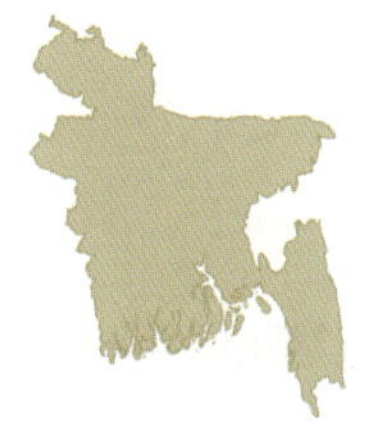

비행기에서 내리자마자 항공사 직원이 다급하게 소리를 쳤다. 손에는 나와 내 일행의 이름이 적힌 종이를 들고 있었다. 우리 일행은 질문 하나 하지 않고 무조건 그 직원을 따라갔다. 그녀의 걸음이 어찌나 빠른지 우리가 쫓아가기 힘든 속도였다.

"Hurry up, please!"

그녀는 가끔씩 뒤를 보며 연신 외쳐댔다. 일행 중 연세가 좀 있으신 교수님이 있어서 우리는 좀체 빨리 이동할 수가 없었다. 그래도 우리는 뛰어야 했다. 비행기를 놓치지 않기 위해서.

게이트에 도착하자 모든 승무원이 우리를 기다렸다는 듯이 쳐다봤다. 인사고 뭐고 할 것 없이 우리는 기내로 들어섰고 문은 곧바로 닫혔다. 자리를 겨우 찾아 앉아서 가쁜 숨을 몰아쉬었다. 다행히 비행기를 놓치지 않고 탈 수 있었다는 데에 안도하면서….

2016년 3월 나와 일행은 홍콩행 비행기에 몸을 실었다. 비행기는 당초 예정 시간보다 20분 가량 늦게 출발했다. 우리는 비행기 안에서 내내 좌불안석이었다. 홍콩은 우리의 종착지가 아니었고 홍콩에서 비행기를 갈아타고 방글라데시 다카로 가야 했기 때문이다. 더 큰 문제는 홍콩에서 우리에게 주어진 환승 시간은 딱 한 시간이었다는 거다. 속으로 기장님이 속도를 좀 높이기를 기도했으나 웬걸, 비행기는 오히려 30분이나 늦게 도착했다. 비행기에서 내리자마자 우리는 혼이 빠지게 뛰었고 겨우 환승 비행기에 탈 수 있었다.

그렇게 다카에 도착했다. 그리고 공항에서 입국 수속을 끝낸 후에 여유롭게 캐리어를 기다리고 있었다. 우리가 타고 온 비행기의 수하물 컨베이어 벨트의 캐리어들이 주인들을 찾아가고 이후 20분이 더 지났을 즈음이었다. 뭔가 싸한 느낌이 감돌았다. 컨베이어벨트에 빈 벨트가 하염없이 뱅글 뱅글 돌고 또 돌고 있었지만 우리의 짐은 나타나질 않았다.

"전 팀장님, 우리 짐은 왜 안 나오죠?"
일행 중 한 여 교수님이 내게 물었다.

"글쎄요, 곧 나오겠죠……."
하지만 이미 뭔가 잘못된 게 아닌가 싶은 생각이 머릿속에서 먹물 번지듯 퍼졌다. 불안해 하며 공항직원을 붙잡고 상황을 말하자 여기 저기 분주하게 왔다 갔다 하면서 다른 직원들과 계속 대화를 했다. 손에 든 무전기에 대고 뭔가를 말하고 또 다른 직원과 이야기를 나누다가 우리 곁으로 다가온 그가 말했다.

"당신들 짐은 비행기에 없습니다."

'뭣이라고? 말도 안돼! 왜 우리 짐만 없는 거지?'
직원은 우리가 홍콩에서 헐레벌떡 비행기를 갈아타는 동안 차마 캐리어는 옮겨 싣지 못했다고 했다. 순간 아무 생각도 나질 않았다. 캐리어가 안 오다니 어떻게 그런 일이 있을 수 있냐며 다시 한 번 확인해 달라고 요청했지만 돌아오는 대답은 같았다.

"당신들 짐은 비행기에 실리지 않았어요."

그러고는 공항 한 켠을 가리켰다. 그곳에는 여직원 두 명과 30여 개가 더 돼 보이는 캐리어가 있었다. 그 여직원은 연락처와 우리의 캐리어 갯수를 적고 사인을 하라고 했다. 항공기 연결편의 문제로 인한 캐리어 지연에 대한 보상도 해 준다고 했다. 1인당 3만원 정도였던 것 같다. 다른 방법이 없었기 때문에 우리는 시키는 대로 하고 그 다음은 어떻게 해야 하냐고 물었다. 내일 저녁 같은 시간에 들어오는 비행기에 짐이 도착할 거라고 했다.

"맙소사! 내일 다시 오면 확실하게 찾을 수 있는 거예요?"

직원은 걱정하지 말고 내일 오라고 했다. 하는 수 없이 다음날 다시 오기로 하고 예약해둔 숙소로 발걸음을 옮기기로 했다. 당시 출장 일행은 남자 세 명, 여자 두 명이었다. 남자들이야 대충 같은 옷을 입고 지내면 되겠다고 생각했으나 여자분들은 그게 아니었다. 우선 화장부터 지워야 했고, 문제가 한둘이 아니었다. 그래도 별 수 있겠는가. 짐이 없으니 아무것도 할 수 없는 노릇이었다. 결국 숙소로 이동하기 위해 공항문을 나섰다.

　공항문을 열자 그 앞에는 차도가 있고, 차도 앞으로 굉장이 긴 철조망이 쳐져 있었다. 건너편에는 공항에서 나오는 사람들을 쳐다보고 있는 사람이 수백 명은 돼 보였다. 그들 뒤로는 잔디밭이 펼쳐져 있었는데, 나중에 들은 이야기지만 그들은 그저 외국에서 오는 사람들을 구경하기 위해 그렇게 모여 있는 거라고 했다. 잠도 안 자고 칠흙같은 어둠에서 가로등 몇 개에 의지해 그 밤을 거기서 보내곤 하는 모양이었다. 우리는 마치 동물원의 원숭이처럼 그들의 시선을 의식하며 차가 있는 곳까지 한참을 걸어갔다. 숙소에 도착해서는 겨우 샤워만 하고, 입고 온 옷들(?)을 다시 입고 잠을 청했다.

　문제는 다음날이었다. 이번 프로젝트는 방글라데시 국립박물관과 함께 진행하는 사업으로 도착한 다음날 오전에 국립박물관장 및 고위급 인사들과 약속이 있던 터였다. 나는 흰색 셔츠 차림에 추리닝 차림으로 박물관에 갔고, 교수님과 다른 일행들도 전날 비행기 의자에 부비부비하던 그 차림 그대로 방글라데시 문화유산 분야 고위관계자와 면담을 했다. 게다가 그 차림으로 우리는 단체사진까지 찍었다.

　　방글라데시 관계자들은 대부분 양복 또는 정장 차림으로 깔끔하게 입고 손님을 맞이했는데 우리는 그런 복장으로 나타났으니 그날의 풍경을 생각하면 지금 다시 생각해도 민망하고 웃음이 난다. 물론 사정을 이야기하기는 했다. 그쪽에서도 이해하는 눈치였다. 그런 일이 종종 있다면서 대수롭지 않게 넘기는 박물관장이 그날은 그렇게 젠틀해 보일 수가 없었다.

　　면담을 무사히 마치고 그날 저녁 나는 다시 공항에 갔다. 공항직원의 말대로 캐리어들은 무사히 도착해 있었다. 하루를 불안에 떨었던 일행은 각자의 짐을 챙긴 후에 숙소로 들어갔다. 내심 안심하며 본인들의 캐리어 하나씩을 들고 방으로 쌩하니 들어가 버렸다.

　　웃음이 나는 이야기지만 당시 사업을 이끌었던 나는 매 순간 순간이 가시방석이었다. 비행기표를 그렇게 예약해서 덩치 좋으신 교수님을 홍콩 공항에서 우사인볼트처럼 뛰게 하지를 않나, 고위급 인사를 만나는 자리에 동네 마실 나온 차림으로 나가 망신을 당하질 않나. 가시방석 같은 순간들의 연속이었다.

　　그해 가을 방글라데시에서는 인질테러가 있었다. 코이카 사업이었던 그 프로젝트는 한동안 출장도 못 가고

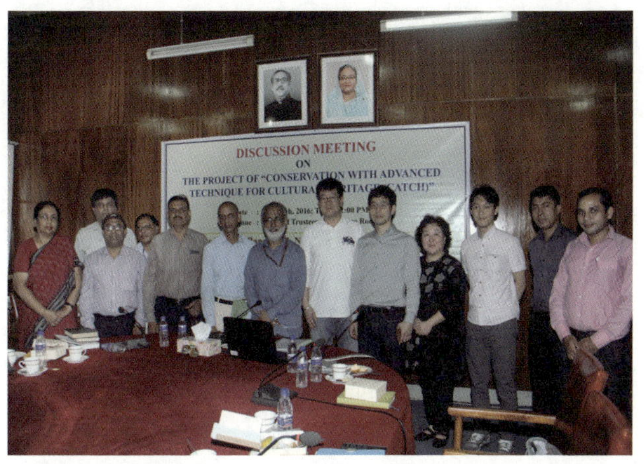

❖ 방글라데시 문화유산 분야 고위관계자와 면담 후 찍은 단체 기념사진.

한국에 갇힌 신세가 되면서 잠시 중단되기도 했었다. 우여곡절을 겪으며 이어진 방글라데시 프로젝트는 다행히 새로 담당한 직원의 기지와 추진력으로 잘 마무리 되었다. 테러라는 위험 요인이 있음에도 불구하고 사업 기간 내에 예산을 효율적으로 집행하여 추진한 것으로 코이카의 위험관리 우수사례로 소개되기도 했다. 사실 방글라데시 프로젝트는 참 힘들게 진행된 사업이었다. 겪어 보지 못한 이슬람 국가와의 프로젝트 이후 그 담당 직원은 다시는 이슬람 국가의 프로젝트는 하기 싫다며 고개를 저었으나 몇 년 뒤 우리는 운명처럼 또 다른 이슬람 국가들을 만났다.

본격 동남아 세계유산과의 만남

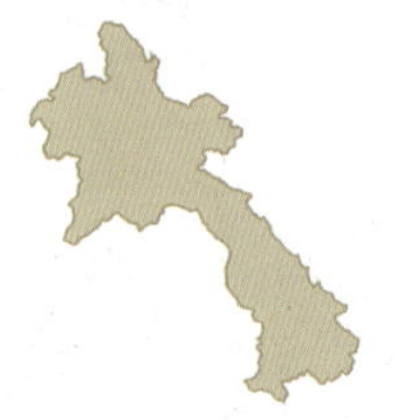

국제교류팀은 대한민국 문화유산ODA 사업을 본격화한 한국문화재재단^{현 국가유산진흥원} 내의 한 팀이다. 기획조정실의 한 팀으로 2012년에 조직이 구성되었고, 내가 팀에 합류한 2016년에는 라오스 세계유산 중 한 곳인 왓푸사원 근처의 홍낭시다라는 유적에 대한 복원정비 사업^{착수는 2013년}이 한창 진행 중이었다. 캄보디아에서는 한국국제협력단^{KOICA}과 함께 앙코르 유적 중 프레아피투 사원군의 복원 정비 사업이 막 시작한 시기였다. 고고학 분야가 아닌 전통 건축, 그것도 다른 나라의 전통 건축이 중심인 사업의 현황을 확인할 필요가 있어서, 팀 합류 후 나는 라오스, 캄보디아 현장 점검을 위해 출장길에 올랐다.

인천공항으로 향하는 길은 해외여행을 가는 기분이었다. 그러다가 세 번째 출장부터 그런 설레임은 싹 사라졌다. 일하는 장소만 바뀌었을 뿐. 그래도 새로운 국가, 새로운 문화와 유산에 대한 호기심은 갈수록 증폭되었다. 그런 요소가 지속적으로 이 사업에서 열정을 가지고 일할 수 있는 자극제로 작용하고 있다.

태어나서 처음으로 라오항공을 탔고, 태어나서 처음 가보는 비엔티안에 내렸다. 혼자 가는 출장이라 팀원들이 알려준 대로 이동해 미리 예약한 숙소에 짐을 풀었다. 설렘인지 불안인지 첫 날은 영 잠이 오질 않았다. 그래서 근처 작은 가게에서 구입한 비어라오^{Beer Lao} 한 캔을 마시고 잠이 들었다.

한국팀에서 복원 사업을 진행하고 있는 홍낭시다 유적은 라오스 남부에 위치하고 있다. 수도인 비엔티안에서 비행기로 한 시간 거리에 있는 팍세에 내려서 다시 차를 타고 한 시간 정도 이동해야 만날 수 있는 유적이다. 크메르시대의 유적으로 확인되는 왓푸 유적을 중심으로 그 주변은 유네스코 세계유산으로 등재되어 관리되고 있다.

라오스에서는 국제조정회의가 개최되었다. 일명 '왓푸참파삭 국제조정회의'. 유네스코 세계유산인 왓푸 유적의 보존복원 사업을 수행하고 있는 국가 간의 서로 다른 환경여건과, 기술 등을 조정·협력하기 위해 2013년에 시작되어 왓푸 세계유산 복원사업을 진행하는데 가장 중요한 국제회의로 자리매김했다. 1년에 한 번씩 모여서 서로의 사업 진행 현황을 공유하고 의견을 나누는 회의체다. 유네스코 방콕사무소가 라오스 정부와 진행하였고 프랑스, 인도, 일본, 캄보디아 등에서 함께 참여하였다. 회의에서는 각 국가들이 라오스 남부의 팍세와 참파삭을 중심으로 진행하고 있는 협력사업과 향후 논의가 진행되었다. 대한민국팀도 홍낭시다 유적에 대한 복원 정비 사업 경과와 향후 계획을 발표했다.

회의를 마치고 홍낭시다 현장과 현장 진입로를 둘러보았다. 현장으로 진입하는 중간에 작은 실개천이 흐르는데 비가 오면 범람을 해서 진입이 거의 불가능한 곳이었

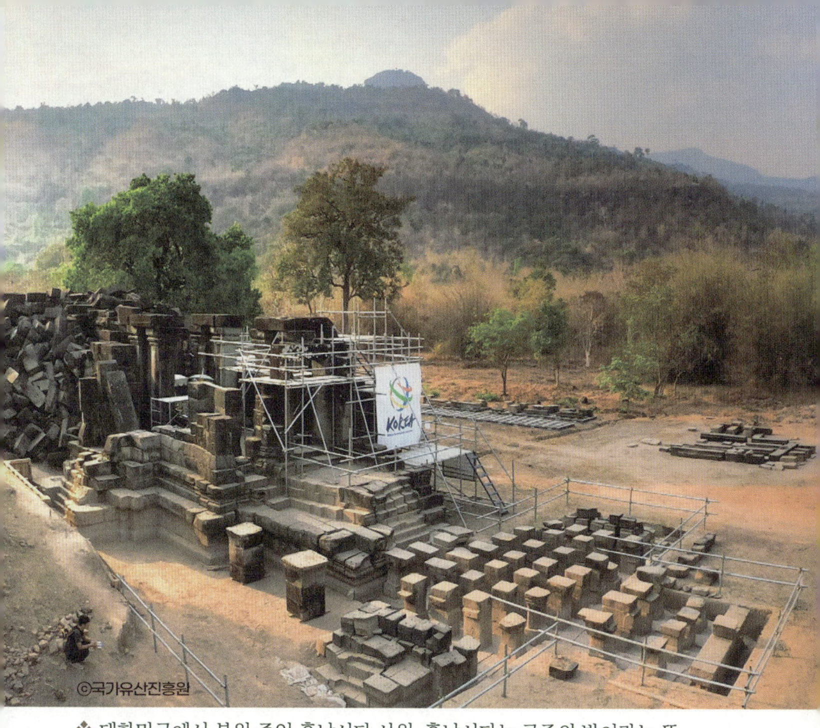

❖ 대한민국에서 복원 중인 홍낭시다 사원. 홍낭시다는 공주의 방이라는 뜻
  의 힌두교 사원이다.

다. 나무로 만들어진 작은 다리가 있기는 한데, 매우 오래
되어 부실하였고, 특히 차량이 다닐 수 없는 단점이 있었
다. 우리는 이 곳에 임시 다리를 설치하여 차량을 통행하
게 만들고 목교를 보수하여 지역주민들이 안전하게 이용
할 수 있도록 계획을 수립하여 추진하였다.

　캄보디아로 이동하기 전날 저녁, 라오스 현장에서 복

원 사업을 진행하는 한국 팀원들이 색다른 식당을 안내했는데, 그곳은 어느 호텔의 옥상이었다. 옥상에는 작은 레스토랑이 있었다. 주변의 풍광을 한눈에 담을 수 있는 곳이었다. 이 곳에서 찍은 사진을 SNS에 올렸는데, 이후 페이스북에서 이 포스팅을 본 직장 상사로부터 예상 못한 말을 들었다.

"현장에서는 힘들게 고생하는 데 놀러간 것 같은 사진은 적절하지 않은 것 같습니다."

뜨끔했던 나는 팀원들에게도 내용을 전달했다. 그런데 얘기가 와전 되어 결국 이날 이후 팀원들 중엔 누구도 SNS에 현장 이야기를 공유하지 않았다. 훗날 어느 연구원이 내게 이런 말을 했다.

"팀장님이 하지 말라고 해서, 포스팅 안 했습니다."

말 한마디 한마디가 정확하게 전달되지 못해서 벌어진 일이었다. 하지 말라는 게 아니고 가려서 하자는 거였는데, 중간관리자의 자리에서 한마디 한마디가 동료들에게 어떻게 작동하는가를 실감한 계기가 되었다. 말 한마디에 직위가 더해지면 그 힘은 생각보다 더 큰 파장을 일으킬 수 있다는 것을 그때 깨달았다.

라오스 현장이 있는 곳에서 가장 가까운 공항은 팍세 공항이다. 팍세는 많은 주변 국가와 연결되는 항공편을 가지고 있어서 동남아를 여행하는 여행객들이 중간 경유지로 자주 선택하는 곳이다. 그러나 코로나 이후 상당수의 항공편이 아직도 활성화되지 못하고 있다. 팍세를 중심으로 1~2시간 거리에 동남아의 주요 관광지가 연결되기 때문에 동남아 여행의 중요한 허브 도시로서의 역할을 하고 있다.

팍세에서 캄보디아 시엠립까지는 약 한 시간 정도면 비행기를 타고 이동할 수 있다. 2016년 나는 팍세공항에서 새로운 경험을 하게 되었는데, 영화에서나 보고 한 번도 타 본 적이 없던 프로펠러 비행기를 탔다. 공항에서 비행기까지는 직접 활주로를 걸어서 이동해야 했다. 한국에서는 경험해 본 적 없는 새로운 경험과 신기한 마음에 비행기 주변에서 여러 번 셔텨를 눌러댔다. 프로펠러 비행기는 오래된 비행기였다. 안전에 문제가 있으면 어쩌지 하는 걱정이 사라진 건 이륙하고 얼마 안 지나서였다. 저고도로 비행하는 비행은 굉장히 안정적이면서 안에서 내려다보는 동남아의 풍광은 그림처럼 아름다웠다. 굽이쳐

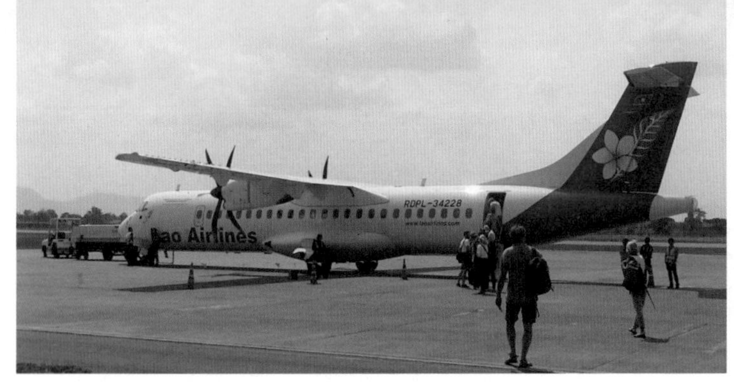

❖ 라오스 팍세공항의 프로펠러 비행기. 라오스, 캄보디아, 미얀마의 국내선
에서 주로 활용되는 기종이다.

흐르는 메콩강을 그대로 볼 수 있었다. 자세히 들여다보면 저 아래에서 움직이는 작은 차들은 작은 벌레가 꼬물대며 움직이는 것 같았고 채 한 시간도 되지 않아 부드럽게 착륙하는 비행기는 겉만 보고 판단할 게 아니라는 생각을 갖게 했다.

그렇게 한 시간만에 나는 크메르 문화의 절정이자 유네스코 세계유산에 등재된 앙코르 유적이 있는 도시, 시엠립에 도착했다. 2008년 해외연수로 처음 밟아본 시엠립 공항에 일을 하러 다시 오게 될 줄은 꿈에도 생각을 못했었다. 새로운 나의 일이 그렇게 동남아에서 시작되고 있었다.

내게는 '캄보디아산 대나무숲'이 있다

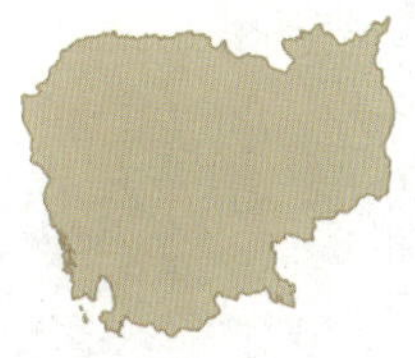

2016년 문화유산의 국제개발협력사업을 처음 시작했을 때 회사에서는 라오스와 캄보디아 두 개의 국가에서 협력사업을 진행하고 있었다. 그리고 앙코르 유적에 대한 사업을 막 시작하던 단계였다. 캄보디아에는 우리와 함께 호흡을 맞추어 협력하는 압사라APSARA라는 특수한 기관이 있다. 앙코르유적을 보존하고 관리하는 업무를 전담으로 하는 캄보디아 정부의 특별 조직이다.

리반나Ly Vanna를 알게 된 곳이 압사라였다. 당시 압사라에는 대한민국팀과 파트너로 일하는 담당부서가 있었는데 이 부서를 총괄하는 사람이 리반나였다. 리반나 국장

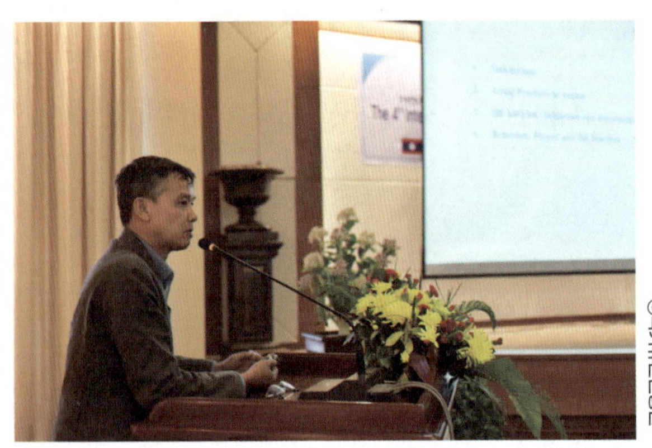

❖ 리반나(Ly Vanna) 전 압사라청 국장. 현 문화예술부 차관보.

은 일본의 지원으로 일본에서 박사학위를 받은 석학으로, 캄보디아에서 한국보다 먼저 협력사업을 진행한 일본과 긴밀한 관계를 유지하고 있었다. 그는 일본어는 물론 영어와 프랑스어도 유창하게 구사했다. 사업을 이야기함에 있어서는 항상 냉철하고, 객관적이면서도 과학적인 근거들을 중요하게 생각하는 사람이었다. 특히 그는 대화 때마다 앙코르 유적을 사랑하고 소중하게 여기는 진심을 느끼게 했다. 하지만 일하면서 속마음을 알기가 쉽지 않은 사람이라 초반에 같이 일 하는 게 쉽지 않았다. 몇 년을 같이 일하고 나서 그의 말투나 행동이 뜻하는 걸 조금씩 알게 되었다.

하지만 내부의 사정으로 그는 그 자리에서 떠났다. 한편으로는 고지식하고 고집이 있던 그는 할 말은 하는 스타일이었고 남의 귀에 듣기 좋은 말을 잘 하지 못하는 사람이었다. 결국 그는 진급 같으나, 자세히 살펴보면 좌천처럼 앙코르 유적을 떠나 프놈펜으로 자리를 옮겼다. 나도 얼마 안 있어서 캄보디아 사업과 인연이 멀어졌다.

그런데 그와의 인연은 이후 더 가까워지는 느낌이었다. 그전까지 난 그가 그렇게 싱겁고 농담을 잘 하는 사람인줄 몰랐다. 가끔 라떼가 내려진 사진을 보내며 나를 위해 준비했다고 하질 않나, 나의 포스팅에 '역시 고고학자는 이 사람처럼 잘생겨야 해'라고 한다거나 어찌 보면 시덥지 않은 농담을 던지곤 했다. 하지만 가끔 던지는 그의 농담으로 우리는 계속해서 관계를 유지할 수 있었다. 때로는 정말 진지한 이야기로 채팅창이 한참 넘어갈 정도의 이야기를 나누기도 했다. 물론 대부분의 주제는 앙코르 유적. 한국이 진행하고 있는 현지 사업과 관련된 이야기였다. 앙코르 유적을 누구보다 아끼고 사랑하는 마음이 있다 보니 한국팀을 비롯한 모든 국가와의 협력사업이 그의 주된 관심사였다. 비록 직접 지휘하는 자리에서는 떠났어도, 캄보디아 유네스코 위원회 위원장으로 일을 하고 있으니 전혀 다른 일을 하고 있다고 말할 수 없는 위치이기도 하다.

가끔 나는 그에게 내 속 깊은 이야기를 털어놓기도 한다. 잘해보고 싶은 마음과 잘해보겠다는 결심이 함께 있지만 그럴 때마다 그는 나에게 묻는다. 캄보디아에 언제 올 거냐고. 그런데 나 역시 캄보디아에 일로 갈 수 있는 날이 올 수 있을지 의문이다.

오늘도 그는 간단한 아침 식사 사진을 보내면서 나의 안부를 물었다. 나도 그가 잘 지내고 있기를 바라면서 연말 인사를 전했다. 우리가 함께 알고 지낸 시간이 벌써 햇수로 10년째다. 한국 사람과 하지 못하는 이야기들을 그에게 가끔 할 수 있어서 그는 나의 대나무숲이 되기도 했다. 사실 2024년 내내 난 대나무숲에 가고 싶었다. 임금님 귀는 당나귀 귀라고 목이 터지게 소리치고 싶었기 때문이다. 그럴 때마다 그는 내게 이렇게 말했다.

"너는 반드시 돌아갈 거야. 네가 해야 할 일이 기다리는 곳으로!"

다분히 개인적인 동남아 맥주 3파전

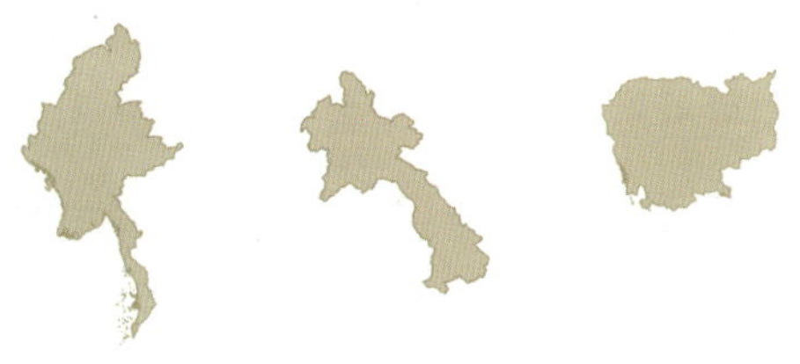

한국에서 추진하고 있는 문화유산ODA 사업은 주로 동남아시아 국가를 대상으로 시작되었다. CLMV로 불리는 인도차이나 반도Indochinese Peninsul 4개 국가캄보디아, 라오스, 미얀마, 베트남중 라오스를 시작으로 캄보디아, 미얀마로 사업 지역이 확대되었다. 이들 국가에 출장을 가게 되면 항상 그 나라 고유의 음식문화를 경험하는데 동남아의 고수 문화는 초반에 꽤 힘든 경험으로 다가왔다. 마치 비눗물, 혹은 세제를 먹는 느낌의 고수는 외국인들이 깻잎을 어려워 하는 것처럼 초반에는 적응이 쉽지 않았다. 음식을 먹을 때마다 작은 고수를 찾아서 접시 밖으로 빼놓기 바빴고, 그러다보니 음식의 맛을 제대로 느끼지 못한 채로 끼니를 마치는 경우도 많았다.

하지만 현지에서 굳이 그런 노력을 하지 않아도 되는 것들이 있었다. 바로 현지 맥주. 맥주는 안 그래도 무덥고 고된 동남아의 출장에서 활력을 주었다. 아니, 비타민과 영양소 같은 존재였다. 왜 그런지 몰라도 동남아의 맥주는 한국의 그것보다 풍부한 향과 풍미를 가지고 있었다. 갈증이 해소되는 차원이 국내에서와 달라서 그렇게 느껴졌을지도 모르겠다. 태국과 베트남의 맥주도 좋지만, 특히 라오스, 미얀마, 캄보디아의 맥주는 동남아시아 맥주 3위에 모두 들어간다고 생각한다.

미얀마비어Myanmar Beer

우열을 가리기가 좀 힘들기는 하지만 그 중 가장 맛있는 맥주로 나는 미얀마비어Myanmar Beer를 추천한다. 엄밀히 따지면 미얀마비어는 일본의 맥주회사인 기린이 지분의 절반 이상을 소유하고 있어 명확하게 미얀마 맥주라고 하기에 무리가 있으나, 현재 만달레이맥주Mandalay Beer와 함께 미얀마를 대표하는 유명 맥주다.

2019년 상반기와 하반기 미얀마에 약 3개월씩 출장을 갔던 적이 있다. 휴직했다가 복직한 후 얼마 안 되었던 시기라 숙소를 선택하는 기준은 수영장의 유무였다. 그렇게 검색해 선택한 숙소 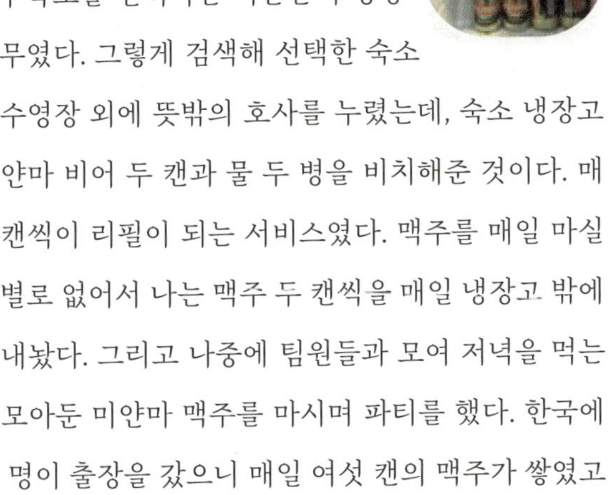에서 수영장 외에 뜻밖의 호사를 누렸는데, 숙소 냉장고에 미얀마 비어 두 캔과 물 두 병을 비치해준 것이다. 매일 두캔씩이 리필이 되는 서비스였다. 맥주를 매일 마실 일은 별로 없어서 나는 맥주 두 캔씩을 매일 냉장고 밖에 따로 내놨다. 그리고 나중에 팀원들과 모여 저녁을 먹는 날에 모아둔 미얀마 맥주를 마시며 파티를 했다. 한국에서 세 명이 출장을 갔으니 매일 여섯 캔의 맥주가 쌓였고 나중에는 몇 박스 정도 되는 맥주가 각자의 방에 쌓였다. 연구원들과 가끔 만드는 저녁 자리에서 주류는 미얀마비어가 담당하게 되었다.

비어라오 Beer Lao

미얀마 맥주, 앙코르비어와 함께 동남아에서 가장 맛이 좋다고 생각한 맥주는 단연 비어라오 Bee Lao다. 라오스의 비어라오는 다른 맥주에 비해서 청량감이 뛰어났다.

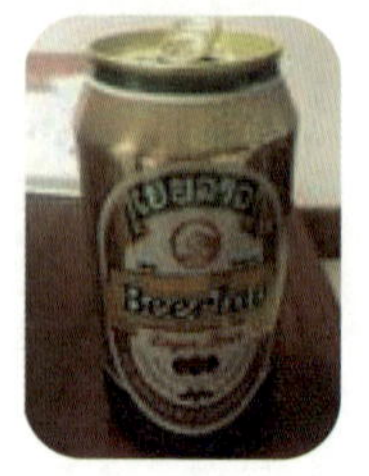

미얀마비어와 1등을 다투기는 하지만 풍미에서 앙코르맥주보다 단연 압도적인, 최고의 맥주였다.

안타깝게도 비어라오 역시 칼스버그 아시아가 5할의 지분을 가지고 라오스 정부가 나머지 절반의 지분을 가진 반 국영맥주회사의 맥주다. 한때 시장 점유율 99퍼센트까지 되었으나, 최근 라오스 타이거 맥주 등 주변국가 맥주들이 들어오고 있는 중이고 특히, 최근에는 칼스버그 맥주 판매가 많이 늘었다고 한다.

라오스에 출장을 가면 잠자리에 들기 전에 항상 비어라오Beer Lao한 캔을 찾게 된다. 또 청량감이 좋아 식당에서 콜라보다 더 찾게 되는 맥주다. 비어라오는 미얀마 맥주처럼 자국의 국호를 맥주에 사용해서 브랜드화 시킨 맥주다.

앙코르비어Angkor Beer

캄보디아에는 유명한 유적의 이름을 붙인 앙코르비어가 있다. 다른 맥주들도 많지만 상당수의 식당에서 앙코르비어가 가장 많이 팔린다. 마트에 가도 매대에 가장 많이 진열되어 팔리는 맥주는 역시 앙코르비어다. 캄보디아 출장을 가면 나도 앙코르비어를 마신다. 특히 길거리에서 네 개에 1달러를 받고 파는 소고기 꼬치와 함께하는 앙코르비어의 조합은 압도 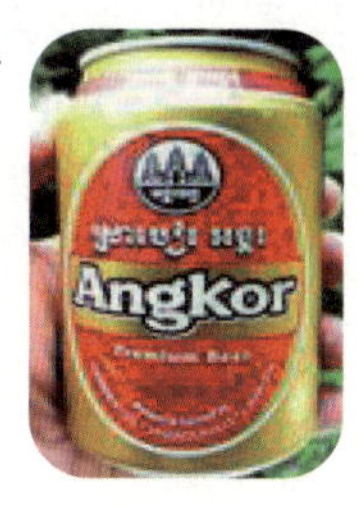 적이다. 캄보디아는 국기에도 앙코르와트가 그려져 있고 맥주에도 앙코르와트가 그려져 있다. 앙코르 유적, 그 중에서도 앙코르와트에 대한 국민들의 긍지는 국기, 그리고 맥주에도 그렇게 고스란히 드러난다. 마치 '나의 조국 나의 앙코르 유적, 그리고 나의 맥주', 이런 슬로건이라도 맥주 캔에 표기해서 팔아야 할 것 같은 느낌이다.

맥주의 향과 혀끝에서 느껴지는 순수함을 굳이 따지지 않는 사람이라면 동남아에서 맥주는 얼음과 함께 마시라고 적극 추천하고 싶다. 계절적 요인이 있을 수 있겠지만 청량감이 배가 되는 아주 간단한 방법이다. 뜨거운 동남아 나무 그늘 밑에서 얼음 동동 띄운 맥주 한잔하며 세상 번뇌와 시름을 잊는 시간을 가져보길 바란다. 특히 얼음은 또 다른 맥주 세계를 알게 해준다.

과일계의 황제와 여왕이, 살고 싶은 호텔

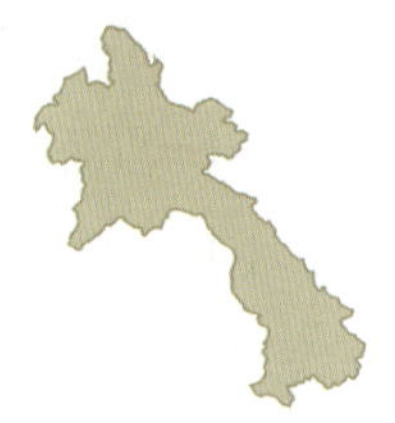

과일계 황제입니다 두리안

라오스의 사업지는 라오스 남부에 위치한 곳으로 숙박시설이 많지 않다. 진흥원 연구원들이 주로 머무는 곳은 작은 호텔이다. 깔끔하고 합리적인 가격에 장기 투숙이 가능하기 때문에 연구원들이 선호하는 곳이다. 단점이 있다면 방이 몇 개 없어서 예약하기 어렵다는 것이었다. 어느 해인가, 그곳에 연구원들보다 오래 묵었던 외국인 장기 투숙자가 한 명 있었다. 별명이 두리안 아저씨였다. 두리안은 향이 매우 강하기 때문에 일반적으로 동남아 호텔들은 두리안 반입을 제한한다.

그런데 그 두리안 아저씨는 오랜 기간의 숙박으로 합의가 되었던 건지 그의 방을 지날 때마다 두리안을 생각나게 하는 퀘퀘한 냄새가 난다는 연구원들의 제보가 잇따랐다. 아니나 다를까 두리안 아저씨가 거의 매일 방에서 두리안을 먹는다는 것을 나중에 알게 되었다. 하필 그의 숙소는 첫 번째 방이었다. 우리 모두는 그의 방 앞을 지나지 않을 수 없었다. 두리안을 좋아하는 사람이야 당연히 코를 벌름 거리며 그 앞을 지났지만 그렇지 않은 사람들은 항상 코를 막고 방 앞을 지나며 고역을 치렀다.

'과일의 황제'로 불리기도 하는 두리안은 호불호가 분명한 과일이다. 냄새는 물론 근처에도 안 가는 사람이 있는가 하면, 좋아하는 사람은 없어서 못 먹는다고 할 정도다. 개인적으로 나는 두리안의 크리미한 식감을 좋아해서 나름 즐기는 편이다. 왜 그런 향이 나는지는 모르겠으나 두리안은 과일의 황제라는 별칭을 갖는 만큼 동남아에서도 가격이 저렴한 편이 아니다.

과일계 여왕이에요 망고스틴

두리안이 '과일의 황제'라면 '과일의 여왕'이라고 불

리는 과일도 있다. 망고스틴이다. 나는 망고스틴을 무척 좋아한다. 그런데 과일의 황제와 여왕은 모두 호텔에 출입할 수 없는 운명을 함께 타고났다. 망고스틴은 안쪽이 진한 보라색을 띠고 그 안에 마늘과 같은 모양의 하얀색 알멩이가 있는데 생긴 게 정말 육쪽마늘 같다. 문제는 이 보라색이 너무 강해서 조금이라도 흘리는 날엔 호텔의 시트며 수건이 모두 물들어 세탁을 해도 잘 지워지지 않는다. 역시 반입 금지다. 모든 나라의 황제와 여왕이 항상 극진한 대접을 받는 것은 아닌 것 같다. 과일계의 황제와 여왕이 호텔에서는 더욱 그런 푸대접을 받으니….

한번은 라오스 출장 중 저녁 무렵에 반주를 하고 시장에 가서 망고스틴을 잔뜩 사와서 여러 명이 함께 나누어 먹었다. 반입이 금지된다는 걸 모를 때였다. 먹으면서 우리는 이걸 걸리지 않고 잔뜩 사서 인천공항을 통과해서 갈 수 있는 방법이 없을까 모의했다. 어떻게 하면 걸리지 않고 가져가서 먹을 수 있을까 논의를 한 시간 넘게 한 적이 있다. 귀국길에 일행 중 한 명은 그 미련을 버리지 못하고 망고스틴 몇 개를 봉지에 담아서 반입을 시도했다가 결국 인천에서 걸려 고스란히 빼앗겼다는 우스운

이야기가 전해진다. 한국에서도 망고스틴은 구할 수 있
다. 그런데 대부분 냉동이고 그 맛이 안 나니 당연히 한
국에 오면 더 그리울 수밖에 없다. 귀해지면 더 그리워 지
는 건 사람만이 아니다.

앙코르에서 애국심 한 그릇

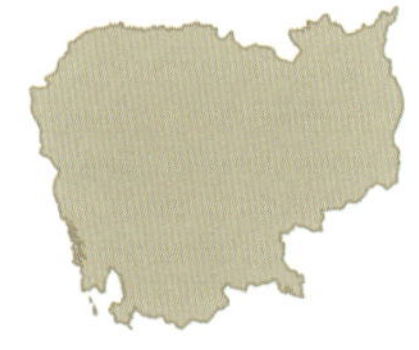

캄보디아의 앙코르 유적은 1992년 유네스코 세계유산에 등재되면서 동시에 위험에 처한 세계유산으로 등재되는 오명을 겪었다. 당장 시급하게 보존관리가 되지 않으면 짧은 시간에 훼손되어 사라질 위기에 처할 수 있다는 유네스코와 전문가들의 의견이었다. 그 뒤로 캄보디아 정부는 세계 각국에 여러 방면으로 지원을 요청했다. 세계의 많은 국가들이 앙코르 유적을 보존하기 위해 전문가를 파견, 보존 복원 사업을 진행했다.

현재 앙코르 유적은 세계 어느 국가의 세계유산보다 잘 관리되고 있다. 유적 관리 전문조직인 압사라National

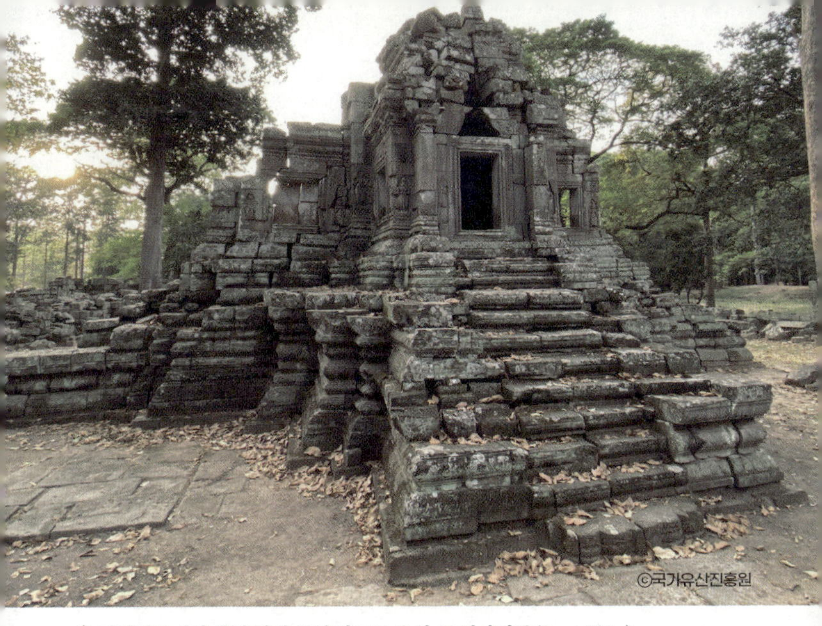

❖ 대한민국에서 복원 정비 중인 앙코르 유적, 프레아피투(Preah Pithu).

APSARA Authrioty가 정부 안에 만들어졌고 유네스코의 권고
와 전문가들의 조언을 충실하게 이행하는 방향으로 유
적을 관리한다. 세계에서 열여섯 개 국가가 앙코르 유적
의 보존관리를 위해 힘을 보탰고, 대한민국은 2015년에
앙코르 유적의 보존 복원에 참여하는 열일곱 번째 국가
가 되었다. 대한민국에서 2015년에 시작한 앙코르 유적
은 프레아피투Preah Pithu 복원 정비 사업이다. 코이카KOICA
가 시행하고 한국문화재재단현국가유산진흥원이 실제 사업을
수행했다. 다섯 개의 사원이 모여 있는 프레아피투 사원

군은 앙코르 유적 가운데 앙코르와트 다음으로 유명한 앙코르톰 내에 위치해 있다. 앙코르톰 내에는 바이욘 사원, 코끼리테라스, 문둥왕테라스 등 유명한 사원이 있다. 그에 비해 프레아피투는 그닥 유명하지 않은 장소였다. 다만 수많은 나무들에 둘러싸여 있고 자연경관과의 조화가 아름다워 캄보디아에서는 웨딩 촬영 장소로 유명한 사원이다. 캄보디아 정부가 아직 잘 알지 못하는 한국에 처음부터 유명한 사원을 맡기기 어려웠던 게 아닌가 하는 추측이 든다.

프레아피투 사원군은 관광객들이 많이 찾는 코끼리테라스 등을 가기 위한 주차장의 뒷편에 있다. 사실 일부러 찾아가지 않으면 쉽게 눈에 띄지 않는 위치다. 하지만 가 보면 해자로 둘러싸인 사원들과 주변의 나무들이 조화를 이루면서 경관이 좋아 마니아들 사이에서는 아름답기로 소문단 유명 사원군이었다. 한국의 석탑들이 주로 화강암으로 지어진 것에 반해 앙코르 유적의 사원들은 주로 사암과 라테라이트로 만들어졌다. 재질도 낯선 동남아시아의 유적에서 그것도 해외 문화유산을 함부로 손대는 건 무모한 일이었다. 한국팀은 기초부터 시작했다. 건물들의 구조를 파악하고 안전을 진단하고, 석재의

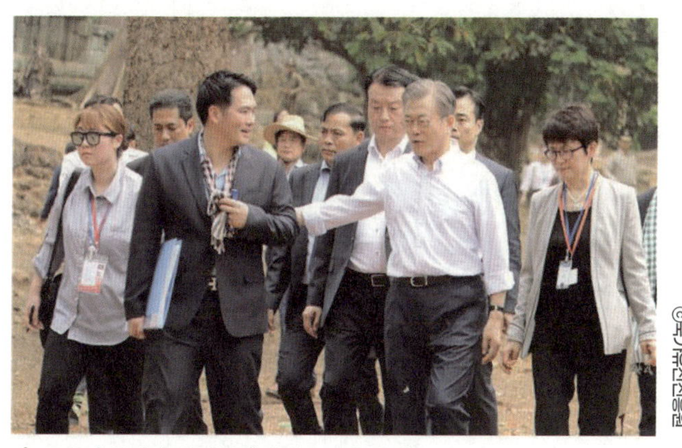

❖ 2019년 문재인 전 대통령의 앙코르 유적 방문.

특성을 파악하는 등의 작업을 진행해 나갔다. 전체 5년의 사업 중에서 이러한 기초조사를 하는 데 3년 가까운 시간이 소요되었다.

　유명하지 않은 이유에서인지 사원들의 이름도 T, U, V, X, Y로 불렸었다. 이후 프레아피투 사원 중 T로 알려진 까오썩 사원의 테라스를 시범 복원하기 시작했다. 민속학적인 기초조사를 통해 다섯 개 사원이 가지는 고유의 이름이 있다는 것을 알게 되었고 사원 T는 까오썩이라는 이름을 가진 사원임을 알게 되었다. 시간은 태부족이었다. 주말을 반납하고 석재를 자르고 갈고, 새로운 석재가 필요한 곳에 끼워 넣고 차근 차근 복원해 나갔다.

해체 후 양호한 석재들은 원래 있던 자리에 다시 놓였다. 앙코르유적 관리를 담당하는 압사라APSARA의 연구원들도 우리와 함께 했다. 어느새 풍파에 훼손됐던 사원이 조금씩 제 모습을 찾아갔다. 비뚤어졌던 계단도 다시 원래의 모습에 가깝게 복원이 되었고 불안정했던 곳곳이 제 자리를 찾아 안정적으로 변해갔다.

그리고 앙코르 유적에서의 첫 번째 사업이 마무리되어 가던 시점인 2019년, 문재인 전 대통령이 현장에 방문했다. 대통령의 문화유산ODA 현장 직접 방문은 그때가 처음이었다. 더구나 캄보디아 수도도 아닌 지방 도시에 직접 방문한 일은 굉장히 중요한 의미를 가져다 주었다. 문재인 전 대통령은 현장에서 "최선을 다해서 복원해 달라"고 주문했다.

❖ 2008년 코끼리테라스 앞에서. 이때는 이곳에 다시 와서 일을 하게 될 거라고 상상도 하지 못 했었다.

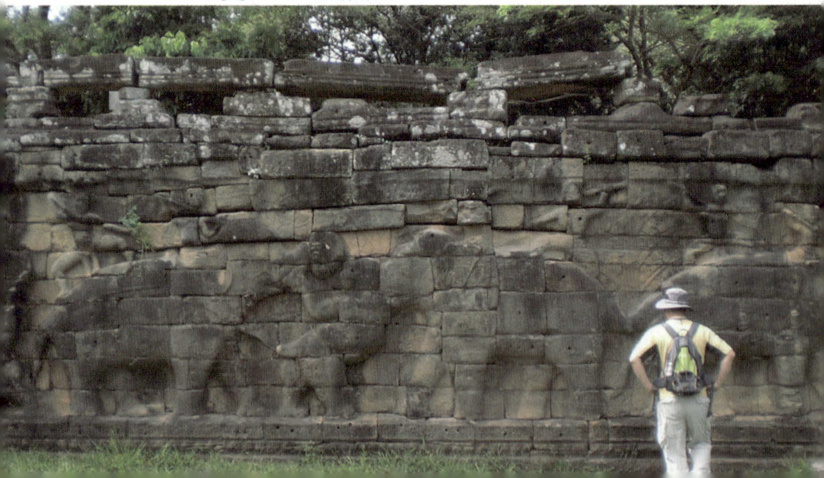

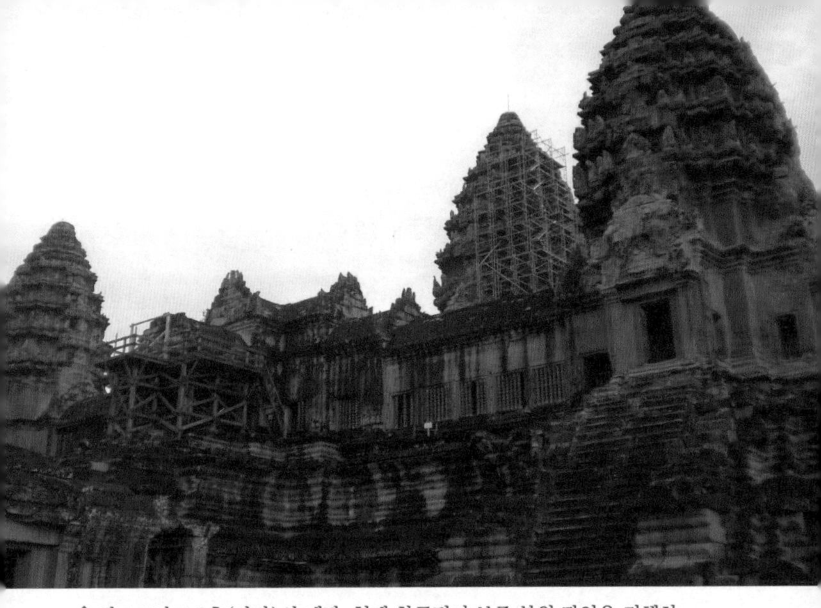

우여곡절과 어려움이 많았던 첫 번째 사업은 큰 탈 없이 마무리 되었다. 그리고 사업이 마무리되어 갈 무렵 캄보디아 정부는, 관광객이 많이 방문하는 유적 가운데 코끼리테라스를 정비하고 프레아피투 쫌 사원을 함께 복원해 달라고 한국팀에 요청해 왔다. 이 사업 역시 코이카가 시행하고 진흥원이 수행을 맡았다. 대한민국의 두 번째 앙코르유적 보존 복원 사업이었다.

코끼리테라스는 앙코르톰에서 바이욘사원과 함께 관광객이 가장 많이 방문하는 유적으로 캄보디아 정부가 한국의 프로젝트에 만족, 중요 유적의 사업을 제안했다는 후문이 있었다. 2019년에 시작된 이 두 번째 사업도 벌써 2026년 마무리를 눈앞에 두고 있다. 그러던 중 더 기쁜 소식이 전해졌는데, 캄보디아 정부가 앙코르의 넘버원 유적인 앙코르와트 프로젝트에 함께할 것을 제안한 것이다. 앙코르와트는 전 세계에서 독일, 미국, 이탈리아, 일본만 보수 복원에 참여한 유적이다. 캄보디아 국기에 그려질 정도로 중요한, 캄보디아의 국보이자 국민의 자긍심인 세계유산이다. 전 세계적으로도 앙코르 유적의 대표적인 사원으로 알려진 곳이다. 그런 앙코르와트에 대한민국의 기술이 전달될 기회가 만들어진 것이다. 우리는, 아니 대한민국은 앙코르와트의 보존 복원에 참여하게 된 다섯 번째 국가가 되었다. 현재 한국팀은 앙코르와트의 3층일명 '바칸'에서 보존 복원 작업을 진행하고 있다. 전 세계 문화유산에 대한 진심과 탄탄한 기술력은 캄보디아는 물론, 라오스, 파키스탄, 우즈베키스탄, 이집트에서 그 진가를 발휘하고 있다. 우리나라 문화유산ODA 사업은 또, 아프리카 본토와 남미와의 협력사업을 준비 중에 있다. 페루와 아프리카의 어느 국가에서 "한국에서 오신 분이냐"는 질문을 받을 날이 코앞에 와 있다.

화장실과 문화유산ODA

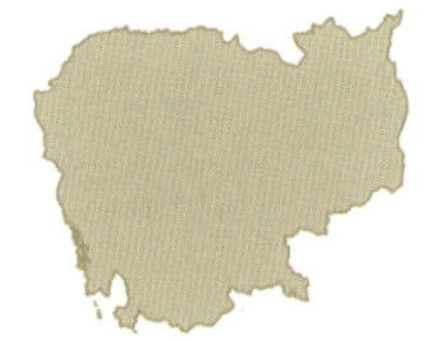

동남아 출장을 가면 보통 현지에서 밤 늦게 비행기를 탄다. 그리고 인천국제공항에는 보통 아침 다섯 시에서 일곱 시 사이에 도착하는 항공편이 굉장히 많다. 비행기를 타면 항상 창가 좌석을 선호하고 다섯 시간 이내로 한국에 도착하기 때문에 되도록 움직이지 않고 휴식을 취하려고 한다. 그러다보니 이륙 직전에 화장실에 가서 볼일을 보고 양치하는 게 습관화 됐다.

캄보디아 시엠립 공항에서 귀국하던 어느 출장길. 공항에 조금 늦게 도착해서 부랴 부랴 수속을 마치고 게이트 근처에서 대기하다 화장실엘 갔다. 그런데 화장실 입구에서 갑자기 여성분이 나오는게 아닌가. 마침 그날은 일정이 고됐던 터라, 실수를 한 걸 바로 직감하고 "I am sorry!"를 연발하고 뒤로 돌아서 나왔다. 그런데 나와서 안내표지를 보니 내가 들어간 곳은 남자화장실이 맞았다. 눈을 비비고 다시 확인해도 분명 남자화장실이었다. 의아해서 뒤를 돌아보는데 그때 좀전에 본 그녀(?)와 눈이 마주쳤다. 당황해 하는 나를 본 그녀는 씨익 웃으며 빠르게 그 자리를 벗어났다.

다시 화장실로 들어가서 곰곰이 생각했다. 그녀(?)는 시엠립의 펍스트리트에서도 가끔 봤던 사람이었다. '아직 남자 화장실을 사용해야 하는 사람인가?' 속으로 생각했다. 갑자기 머릿속이 복잡해졌다. 물론 내가 그런 선택을 한 사람은 아니지만, 본인의 정체성이 명확하다고 생각해도 생물학적인 부분은 어지간히 스트레스가 될 수도 있겠다는 생각을 했다. 그분도 약간 민망했을 일이다. 외국 사람이 갑자기 미안하다고 외치면서 도망치듯 화장실에서 나갔으니 말이다.

다양한 국가에서 오랜 시간을 지내왔기 때문에 그 나라에 대해서, 그리고 문화에 대해서 더 많이 알 거라 생각했는데, 오히려 더 모를 때가 많다. 알면 알수록 어렵고 이해해야 할 것들을 계속 만난다. 때론 업무 스트레스와 비슷한 강도로 느껴지

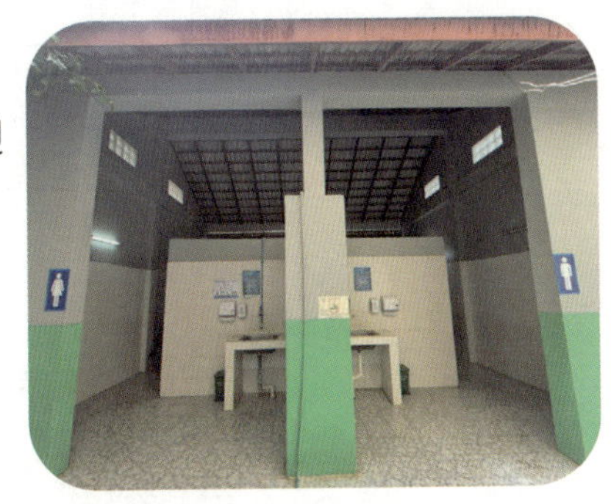

❖ 캄보디아 공공화장실

기도 한다. 그럴 때마다 국제개발협력사업의 첫 단추는 상대국 문화와 관습에 대한 이해라는 생각을 한다. 그것이 지금 하고 있는 문화유산ODA 사업을 하기 위해서 반드시 가져야 하는 마음 자세이기도 하다.

쉼표를 찍는다는 건

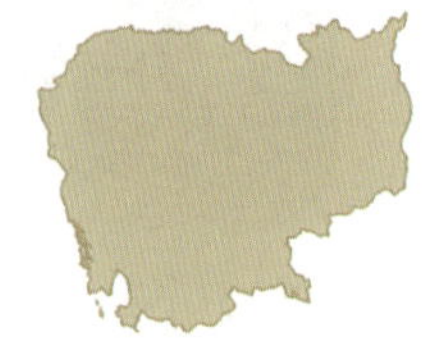

　땅을 파는 일이 직업이다. 고고학을 한다고 하면 대부분의 사람들은 인디아나 존스와 유물을 상상한다. 그들이 알고 있는 발굴과 고고학은 그런 직업인 것이다. 하지만 실상은 그렇지 않다. 나의 어머니는 지금도 내가 이 직업을 가진 게 맘이 안 놓인다고 한다. 여름에는 더워서 걱정, 겨울에는 추워서 걱정이다. 대학원까지 나와서 공공기관에서 근무하는 아들을 내심 자랑스러워 하실 때도 있는 것 같은데, 레파토리는 늘 비슷하다.

　"남들은 시원한 사무실에서 에어컨 바람 쐬며 편하게 일하는데 넌 그런 직업을 가져 가지고는……."

　나는 대학원을 수료만 한 채로 지금의 직장에 들어왔다. 입사했을 때 이미 서른한 살이었다. 하지만 대학원에서 경험했던 몇몇 현장 경험들 덕분에 곧바로 현장을 책임맡아 진행하게 되었다. 이후 정말 신나게 '땅을 파러' 다녔다. 김포 한강신도시, 파주 운정신도시, 동탄 2신도시, 고양 삼송지구 등 대규모 신도시가 생기는 곳에서 수많은 발굴을 했다. 하지만 쉼 없이 몰아친 일 속에서 몸과 마음을 제대로 추스르지 못한 탓에 그만 탈이 나고 말았다. 극심한 스트레스에, 처음으로 고고학을 포기하는 상황이 올지도 모르겠다는 생각을 했다.

　그래서 휴직과 세계여행을 계획했다. 변화는 예상치 못한 곳에서 찾아왔다. 회사 내 다른 부서로부터 업무 제의가 들어온 것이다. 당초 세계여행을 꿈꾸던 나와 우리 가족은 비상대책회의를 했다. 아내는 변화가 두렵기는 하지만 새로운 활력소가 될 수 있으니 한번 도전해 보자고 했다. 타 부서의 제안도 받아들여 그 무렵부터 달라진 환경에서 일을 하게 되었다.

　한 회사에 10년 이상 다녔음에도 본사에 처음 출근한 날에 나는 마치 신입사원 또는 이직한 느낌을 받았다. 불쾌하지 않은 그 느낌은 나를 새로운 자리에 빠르게 적응시켰고 어느새 일이 손에 익기 시작했다. 그렇게 2년이 지났을 무렵 다시 한번 위기가 찾아왔다. 현장에서만 주로 업무를 진행하다가 사무실 업무를 주로 하다 보니 배워야 할 것들도 많았고, 알게 모르게 스트레스가 쌓여갔다. 열심히 하는 일들에 실수가 많았고, 직속 상사는 그걸 용납하지 않았다. 실수를 만회하고 줄이기 위해 잦은 야근을 하고, 그러다 보니 결국 몸이 지쳐갔다. 더 이상은 버티기가 어려울 것 같았다. 고작 2년 넘게 일하고는 버티기가 어려워 하는 내 자신에게도 실망스럽고 짜증이 났다. 나의 스트레스는 나도 모르게 집으로 옮겨져 가족들에게 전해졌다. 언성이 높아지는가 하면 별거 아닌 일로도 자주 화를 내기에 이르렀다. 그 즈음에 아내에게 조심스럽게 말했다.

"나, 휴직을 했으면 좋겠어……."

둘째 아이와 나이 차가 제법 나는 막둥이가 아직 어려서 육아휴직이 가능한 때였다. 하지만 당시 우리집은 나 혼자 외벌이를 하고 있어서 아내는 내 상황을 쉽게 이해하지 못했다. 평소에도 대화가 많고, 회사에서 있었던 일들도 아내와 많이 나누는 편이었지만 그럼에도 아내는 적잖이 충격을 받은 눈치였다. 몇 번을 다시 생각해 보라며 나를 설득했다. 그런데 나는 도저히 자신이 생기지 않았다. 하염없이 나약해지는 나의 모습을 아내에게 보이고 싶지 않았지만 내가 조정할 수 있는 한계를 이미 넘어섰다는 느낌이 차올랐다.

당장 내가 회사를 쉬면, 1년이라는 시간을 급여 없이 살아가야 하는데 모아둔 비상금이라고 해봐야 얼마 되지 않은 상황이었다. 육아휴직 수당이 나오기는 하지만 그건 우리 가족이 생활하는 데 턱없이 부족했다. 다섯 식구가 1년을 버티고 살 경제적인 문제가 가장 큰 고민거리였다. 방법은 하나밖에 없었다. 신용대출! 나는 아내에게 신용대출을 받겠다고 했다. 우린 오랜 시간을 고민했다. 결국 아내는 내 의견에 동의해 줬다. 이후 나는 회사에 이 결정을 알렸다. 소식을 들은 동료들이 의아해 하며 물었다. "어떻게 먹고 살려고?"가 가장 많이 하는 질문이었다. 사실 조직에서 사람 한 명이 빠지면 여기저기 연쇄적으로 다른 사람의 일이 많아질 거라는 것이 내가 오랜 시간 고민한 또 하나의 이유였다. 중간관리자로 의사결정을 신속하게 하고 팀을 끌어가야 하는 자리에서 갑자기 휴직이라니, 원망할 만도 했다. 일부 팀원들은 걱정을 했고, 표시하지는 않았지만 일부 팀원들은 아마 나를 무책임하다고 생각했을지도 모르겠다. 모든 게 미안하고 민망했다. 소식을 들은 부모님께는 걱정하지 말라고, 알아서 잘 살 수 있다고 나라에서 수당도 나온다고 안심시키려 노력했지만, 오히려 그날부터 끊임없이 걱정을 하셨다.

2018년 7월, 드디어 나는 9개월의 육아휴직을 시작했다. 1년은 안 된다는 아내의 계속된 주장에 절충한 시간이 9개월이었다. 육아휴직을 준비하면서 나는 2년 전 부서를 옮기며 계획했던, 하지만 실행하지 못한 세계여행을 가자고 제안했다. 아내는 한국에서 살아도 만만치 않게 돈이 필요한데 여행을 가면 한국에서 고정비용이 나가고 여행 가서 돈 쓰고 감당이 되겠냐고 했다. 난 그래도 가자고 했다.

우리는 '한 달 살기'를 해 보기로 했다. 이때만 해도 아내는 매일 매일 잦은 한숨을 쉬었다. 그리고 많은 걱정거리들을 쏟아냈다. 어쨌든 활은 당겨졌고, 처음 내가 '한 달 살기'로 선택한 곳은 캄보디아 시엠립이었다. 앙코르 유적이 있는 시엠립은, 일을 하면서 1년에도 서너 번씩은 출장을 가던 곳이었다. "휴직을 하고도 일하던 데를 가고 싶냐?"고 묻는 동료도 있었다. 하지만 난 가족에게 보여주고 싶었다. 내가 하는 일을 보여주고 싶었고, 앙코르라는 유적을 보여주고 싶었다. 여행으로 짧게 만나는 앙코르 유적이 아니라 현장에서 살아가며 보는 앙코르 유적을 느끼게 해 주고 싶었다.

2018년 8월 시엠립에서 5인 가족의 한달 살이가 시작되었다. 출근해야 할 곳도 없었고, 종일 빈둥대도 누구 하나 뭐라고 할 사람이 없었다. 그저 아침에 늦잠을 자고 일어나 호텔에서 수영을 하고, 식당에 가서 맛있는 음식을 먹었다. 그런 일상이 흘러가고 있었다. 처음 캄보디아에 간다고 했을 때 아이들은 반기질 않았다. 인터넷, 컴퓨터, 게임 등이 제한적일 수밖에 없으니 아이들로서는 당연히 그럴 법했다. 친구들도 없는 낯선 나라에서 한 달을 넘게 살아야 하는 게 영 내키지 않았던 모양이다. 그때를 생각하며 가끔 아이들과 이야기해 보면, 시엠립에서의 한 달은 우리 가족 모두에게 평생 기억에 남을 시간이 되었다. 막둥이는 지금도 내게 물어본다. 수영장 있는 집에 언제 다시 가냐고. 첫째와 둘째도 나름의 색다른 경험과 기억들이 고스란히 머릿속에 남아 있는 듯하다.

휴직과 함께한 나의 두 번째 프로젝트는 운동이었다. 평소에 운동을 거의 하지 않았던 터라 이 기회에 뭐라도 하려고 했던 나는 아내와 함께 수영장에 등록을 했다. 매일 아침 수영장에서 수많은 아주머니들과 같은 반이 되어서 한 시간 넘게 수영을 했다. 살도 좀 빼볼 생각이었으나 수영을 하고 나서 찾아오는 극도의 허기감은 우리 부부를 오히려 살찌게 만들었는데, 그렇게 3개월이 조금 지나자 조금씩 체중이 줄기 시작했다. 아내의 말로는 몸매가 달라졌다고 했다. 확실하게 느낀 건 계단을 오를 때 헐떡거림이 현저하게 줄어들었다는 거였다. 수영만큼 폐활량에 좋은 운동은 아마 없을 것 같다.

휴직 후 세 번째 프로젝트는 다시 한번 여행이었다. 캄보디아 시엠립에서의 한 달 살기도 좋았지만 이번에는 여러 곳을 찾아가 보자는 계획을 짰다. 가격 면에서 동남아가 저렴했기 때문에 두 번째 여행지 역시 동남아로 정했다. 베트남, 말레이시아, 인도네시아 등을 둘러보고 오기로 했다. 말레이시아를 통해 베트남으로 이동해서 호치민, 무이네, 나트랑을 둘러보았다. 그리고 다시 쿠알라룸푸로 이동해서 인도네시아 발리로 가는 일정을 짰다. 그런데 발리에 도착해서 일이 발생했다. 장모님이 몸이 안 좋으셔서 아내는 여행 내내 걱정을 머리에서 떨쳐 버릴 수 없었다. 결국 장모님이 급작스럽게 수술을 받아야 하는 상황이 발생했다. 우리는 발리의 쿠타에서 우붓으로 이동하려는 계획을 세웠다가 쿠타의 숙소에서 가족회의를 했다. 그리고 마음 편히 여행을 지속할 수 없다고 판단한 아내가 먼저 귀국하는 걸로 정리가 되었다. 가족 모두가 함께 귀국하는 것을 고민했지만 아내는 나에게 아이들과 남은 여행을 마무리해 달라고 부탁했다. 첫째와 둘째는 큰 걱정이 없었는데 막둥이가 걱정이었다. 항상 엄마 품에서 잠을 자 버릇하던 녀석이 아무 탈 없이 이 여행을 잘 따라와 줄까, 이런 저런 걱정이 앞서는 중 아내는 짐을 꾸려 급하게 구한 항공권으로 한국에 돌아갔다.

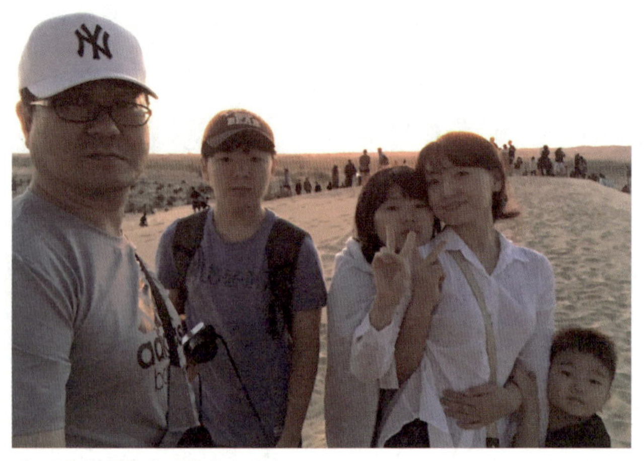

❖ 베트남 무이네 사막에서 전가족.

　한 명이 빠졌지만 남은 네 식구는 멈출 수 없었다. 우붓Ubud으로 이동한 우리는 아름다운 자연에 묻힌 인도네이사의 여러 사원들과 경관들을 둘러봤다. 수영장 딸린 이층집을 저렴하게 사용하며 자연에 한껏 파묻혀 한가로운 며칠을 보냈다. 인도네시아에서 말레이시아로 다시 이동한 후 페낭에서도 일주일을 보내고 쿠알라룸푸르에서 여행 일정을 마무리한 후 우리는 한국으로 귀국했다.

　휴직은 그 선택에 앞서는 고민이 너무도 많은 결정이었다. 특히나 경제적인 부분을 무시하고 진행한 것은

64

그 후 몇 년 동안 지대하게 영향을 끼쳤다. 그래도 휴직은 나에게 아주 많은 것을 안겨주었다. 첫째로 아이들과의 거리감 해소다. 사춘기로 접어드는 두 녀석과 점점 대면대면 해 지던 시기에 휴직을 통해 함께한 시간은 유익했다. 좋든 싫든 우리는 부대끼며 살아야 했고 매일 매일 늦은 퇴근을 하고, 주말에는 퍼질러 잠만 자는 아빠가 아닌 모습을 아이들이 보게 되었다. 때로는 내가 잔소리 폭격기가 되기도 하지만 휴직 후 분위기는 예전과 많이 달라져 있었다. 발굴조사를 하며 전국을 누비면서, 10년 넘게 주말부부를 하고 아이들과 멀어졌던 거리는 그렇게 좁혀졌다.

막둥이와의 애착 형성도 값진 수확이다. 첫째와 둘째가 초등학교 고학년이 될 때까지 나는 발굴 현장을 다니며 일을 해야 했기 때문에 집에서 볼 때는 월요일에 출근, 금요일 저녁 퇴근이 일상이었다. 주말에만 얼굴을 보고 같이 보내곤 했던 거다. 하지만 막내는 휴직이라는 장치가 큰 역할을 했다. 막둥이는 첫째, 둘째 때와는 다르게 휴직했던 기간에 나와 매우 친밀해졌다. 스킨십도 많아서 부자 관계가 무척 긍정적으로 형성되었다고 유아교육을 전공한 아내는 말한다. 첫째와 둘째에게는 미안한 마음이 들기도 하는 대목이다.

휴직 기간에 수영을 꾸준히 습관화 하면서 길러진 체력은 아쉽게도 복직과 동시에 요요현상을 경험했다. 그래도 부부가 둘이 손잡고 운동을 다닌 경험은 고스란히 미소 짓는 추억으로 남았다. 그 기간 우리 부부도 좀 더 친밀해졌으니 휴직이 준 선물은 나에게는 무엇과도 바꿀 수 없는 소중한 시간이고 추억이다. 다른 수확도 있다. 복직 후 많은 사람들로부터 인상이 변했다는 말을 들었다. 조금 더 편해 보인다는 것이다. 꼭 주변에서 듣는 얘기가 아니더라도 휴직을 전후로 나는 내가 해야 할 것, 부려야 할 욕심을 조금은 내려놓고 사는 연습을 하는 중이다. 그런 느슨함이 스트레스도 긍정적으로 소화할 수 있게 해 준 것 같다. 그런 나 자신을 발견하는 것을 통해 또 힘이 나기도 한다.

휴직하면서 받은 신용대출을 복직 후 본격 갚아 나가면서 경제적 여파는 한동안 이어졌다. 하지만 "휴직을 안 했으면 어쩔 뻔 했어?"라는 화두로 나와 아내는 자주 이야기한다. 직장생활 15년만에 가졌던 휴직은 남은 15년

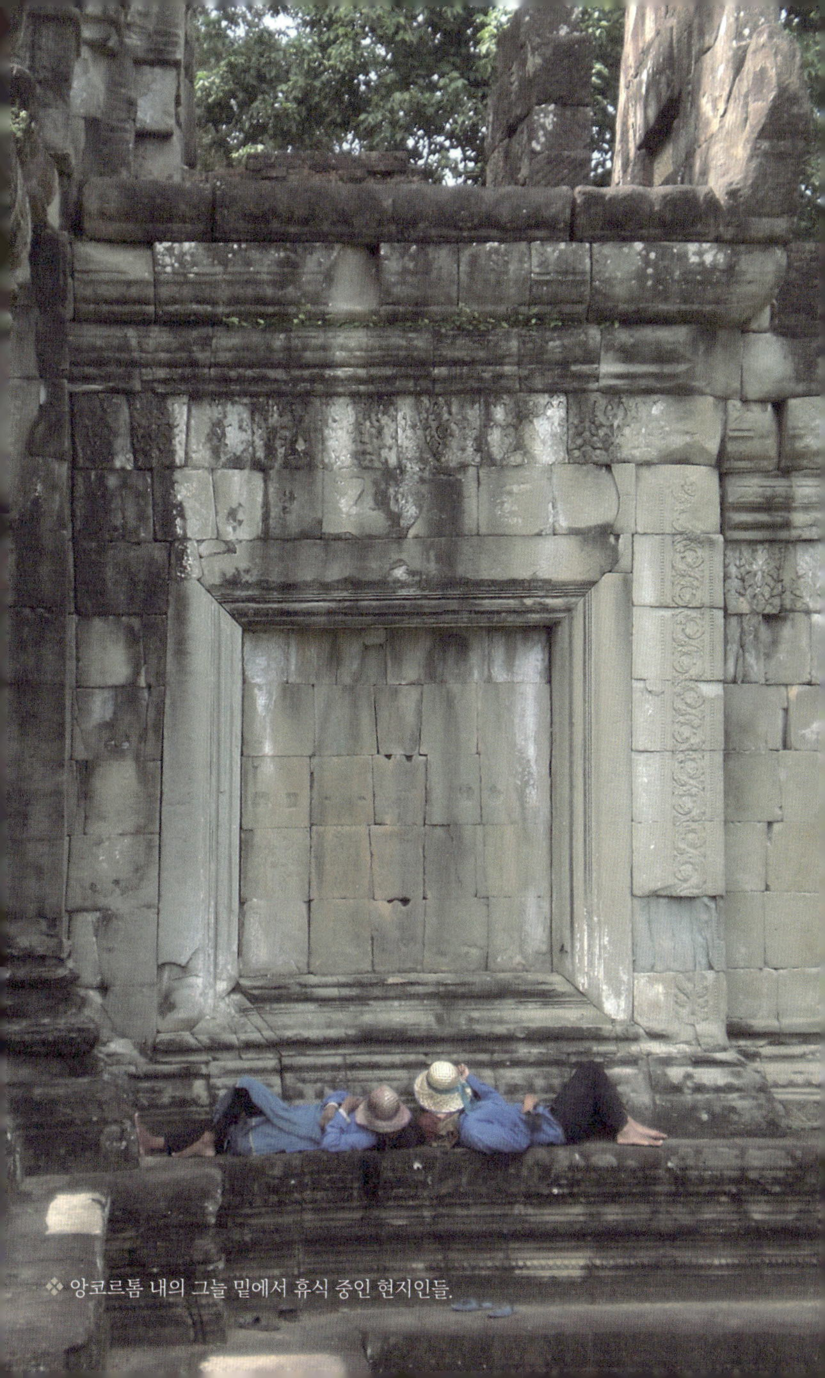

❖ 앙코르톰 내의 그늘 밑에서 휴식 중인 현지인들.

을 감당할 내가 좀 더 긍정적이고 씩씩하게 살 수 있게 해준 중요한 쉼표이자 에너지였다. 그리고 더욱 소중하고 중요한 소득은 아이들과의 관계가 더욱 더 돈독해졌다는 것이다. 사춘기 아이들과 가끔은 툭탁거리면서 장난칠 수도 있고, 막둥이와 살을 부대끼며 장난칠 수 있는 사이가 된 것. 이보다 더 큰 선물이 있을까. 단언컨대 살면서 이보다 더 좋은 시간은 없었다. 9개월의 시간은 평생 나와 가족에게 가장 소중한 추억이자 평생의 자산이 되었을 거라 믿는다. 그래서 나는 지금도 망설이는 아빠들의 휴직을 강력하게 추천한다.

앙코르 유적엔 우기에 가세요

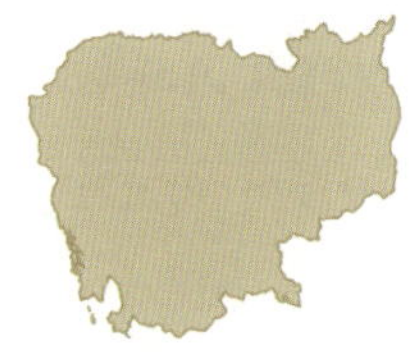

언젠가 재단의 이사장님이 내게 이런 질문을 하셨다.

"앙코르 유적은 언제 가는 게 제일 좋습니까?"

캄보디아 시엠립에 있는 앙코르 유적은 한때 물 아래로 가라앉을 거라는 이상한 소문이 퍼지면서, 한동안 전체 관광객 중 한국 관광객들이 1위의 자리를 유지했다는 웃지 못할 사연이 전해지는 곳이다. 툼레이더의 안젤리나졸리가 뛰어다니며 액션 연기를 펼친 곳으로도 유명한 타프롬 사원과 일몰이 유명한 프놈바켕 사원이 있는 곳. 아직도 한국인의 대부분이 앙코르와트로 알고 있는 곳은 사실 앙코르 유적 가운데 가장 유명한 사원의 이름 중 하나다.

앙코르 유적은 1992년에 유네스코 세계유산으로 등재되었다. 다시 말해 앙코르와트는 1992년에 유네스코 세계유산으로 등재된 앙코르 유적 89개의 사원 중 가장 대표적인 사원이자 방문객이 가장 많은 No.1 사원이다. 그러나 여전히 많은 사람들이 '앙코르 유적=앙코르와트'라는 오해를 하고 있다.

내가 앙코르 유적을 처음 방문했던 건 2008년 겨울이었다. 한국에서는 초겨울인 11월이 앙코르 유적에는 방문객이 가장 많은 기간에 해당한다. 캄보디아의 건기에 해당 되면서 기온이 가장 낮은우리나라초여름수준 때가 11월부터 2월까지다. 3~5월은 가장 더운 시즌이고 낮에는 평균 40도가 넘는다. 그러다가 5월 말이 지날 무렵부터 조금씩비가 내리고 6월부터 본격적인 우기가 시작된다. 그런데 앙코르 유적은 건기가 아닌 이 우기에 멋이 있다. 한 차례 비가 세차게 쏟아지고 난 후 앙코르 유적은 아무도 없는 시간으로 거슬러 올라가는 느낌을 줄 만큼 고즈넉하고 한가롭다. 공포영화에서 귀신이 출현하기 직전 어느 숲의 음습한 기운을 느낄 수도 있다. 있는 거라곤 우뚝 솟아 있는 사원들과 그 앞에 비를 맞으며 서 있는 21세

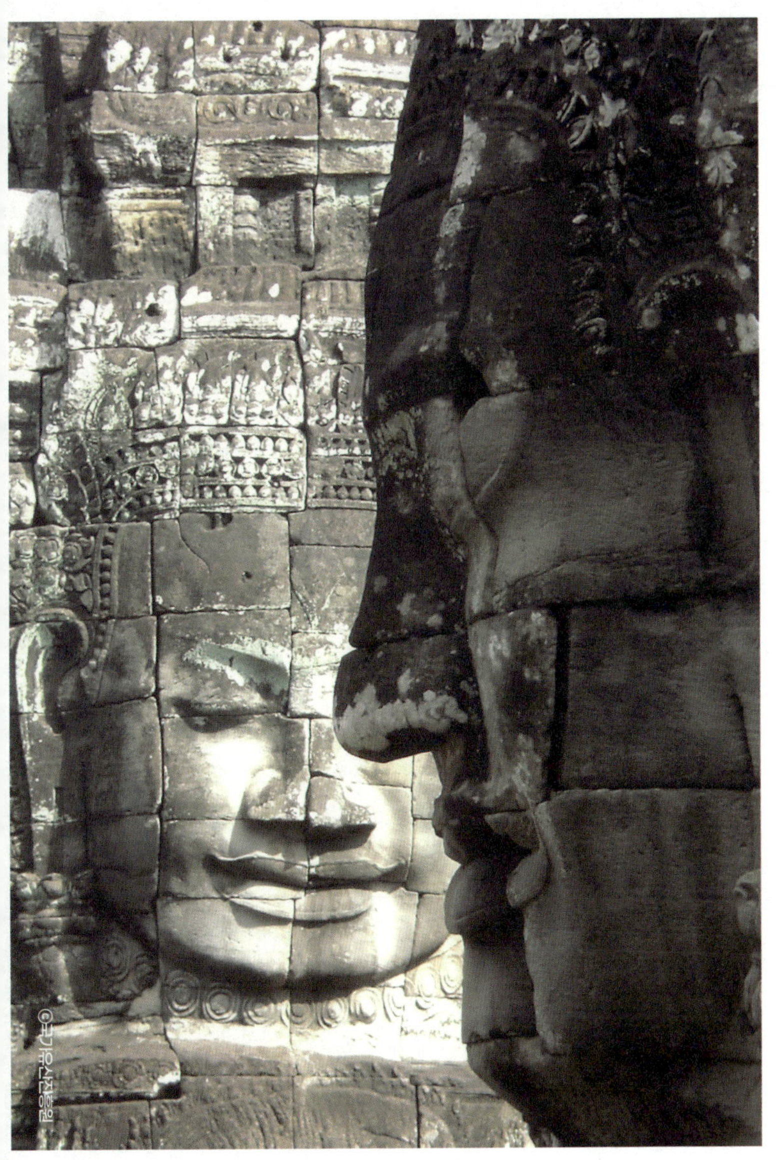

❖ 바이욘(Bayon) 사원에서 볼 수 있는 조각상(2008년).

기의 한 사람. 시원한 빗줄기가 멈추지 않을 것처럼 쏟아 부을 때가 있지만 또 언제 그랬냐는 듯이 쨍한 햇빛이 내리쬐는 시기가 우기다. 그 우기에 앙코르 유적을 방문해 보라고 강하게 권하고 싶다. 비에 씻겨 내리는 세월의 흔적들이 어느샌가 스펑나무 가지를 타고 뿌리로 내려 고일 때 쯤 사원의 부조에 새겨진 압사라와 힌두신들의 모습이 더욱 뚜렷하게 보일 것이다. 라마야나의 이야기들이 오롯히 새겨진 사원들의 부조에 한걸음 더 다가서면 고대 힌두신들의 전생이 그려진 부조가 눈앞에서 살아 움직임을 느낄 수 있다. 뜨거운 햇살에 눈을 찌푸리며 보지 않아도 선명하게, 그때 그 시절로 돌아가는 느낌이다.

나는 이사장님께 비 내리는 앙코르 유적을 한번 방문해 보실 것을 강력하게 추천했었다. 그리고 그 해 여름 이사장님은 출장이 아닌 휴가로 일주일간 앙코르 유적을 방문하셨다. 비오는 앙코르 유적을 왜 가서 봐야 하는지 더욱 깊은 감명을 받으셨을 테지만 어떤 이야기도 하지는 않으셨다. 다만 비 오는 우기에 앙코르 유적을 가 본 사람이 많이 없음을 안타까워 하셨다.

팬데믹 탈출기

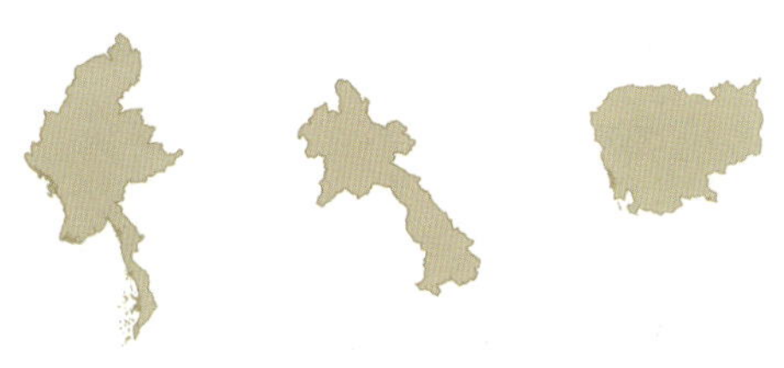

금년 1월, A형 독감이 급작스럽게 유행하기 시작했다. 막둥이가 독감에 걸리더니 주말새 나도 몸이 찌뿌둥하다가 월요일 아침에는 출근도 힘든 지경이 되어 결국 병가를 내고 병원에 가서 검사를 받았다. 아니나 다를까 A형 독감 확진. 독감 예방접종을 하라는 아내의 말을 귓등으로 들은 걸 후회하고 있던 중 출근한 아내가 수화기 너머로 걱정과 잔소리를 한바가지 쏟아냈다. 통화를 끝내고 나는 이내 서랍장에 있던 마스크를 찾아 썼다. 집 안의 누구라도 쉽게 감염될 수 있기에 집에서도 마스크를 쓰고 있어야 하는 상황이었다. 문득 2020년의 기억이 떠올랐다.

　전 세계가 이전에 한 번도 겪지 못한 펜데믹. 그 시작이 되었던 2020년 초 우리 사무실 대부분의 연구원들은, 문화유산 개발협력사업을 진행하는 라오스, 미얀마, 캄보디아에서 열심히 일을 하고 있었다. 당시 새로 부임한 단장님이 여러 가지 우려 중에 라오스, 캄보디아 현장 점검 출장을 무사히 다녀온 상황이었다. 그런데 그 이후 상황은 급변하기 시작했다. 베트남을 필두로 해서 우리의 현장과 연결되는 국가들이 하나 둘씩 공항의 빗장을 걸기 시작한 것이다. 우리는 비상이 걸렸다. 미처 귀국을 준비하지 못한 각국 현장의 연구원들이 조금씩 고립되어 가고 있는 심각한 상황이었다.

　본사에서는 3월 20일 긴급하게 철수하는 방향으로 정리가 되었고 각국의 연구원들에게는 긴급 철수 명령이 떨어졌다. 캄보디아는 한국과 연결되는 비행기가 가장 많은 국가라 걱정이 덜 했지만, 라오스와 미얀마는 하루한 편이 전부였기 때문에 서둘러야 했다. 특히나 라오스와 미얀마는 현장에서 항공편을 통해 수도로 이동한 후 귀국해야 하는 상황이었기 때문에 캄보디아보다 많이 안 좋은 상황에 놓여 있었다. 철수가 결정된 3월 20일 이후 현장에 있던 연구원들은 빠르게 귀국 방법을 알아보고 있었으나, 문제는 각국의 자국 봉쇄정책이 예상했던 것보다 더 빠르게 진행되었던 데 있었다.

미얀마팀의 경우 현장인 바간을 떠나 수도 양곤으로 이동한 후에 귀국을 해야 했다. 그런데 바간에서 양곤으로 이동하는 항공권 가격이 며칠 사이 세 배 이상으로 급등, 우선 현지에 있는 연구원 세 명 중 한 명이 양곤으로 급하게 이동해서 귀국편 비행기를 알아봤다. 나머지 두 명은 바간의 현장 일을 정리하고 이동하는 방안을 선택했다. 수도 양곤에서 한국으로 대한항공을 이용해 출장을 다녔던 연구원은 긴급하게 마련된 항공편 좌석을 쉽게 구할 수 없었다. 미얀마 정부는 공항 폐쇄 결정을 내린 상황이고 국제공항을 이용한 이동은 점점 어려워지고 있었다. 양곤으로 이동해 대한민국행 비행기편을 알아보던 연구원은 대한항공 양곤 사무소 근처 숙소에 짐을 풀고 걸어서 15분 정도 거리의 대한항공 사무소를 제 집 드나들 듯 들락거렸다. 무슨 수를 써서라도 표를 구해야 했다. 후일 연구원은 양곤의 대한항공 사무소는 흡사 어느 시골의 도떼기시장 같았다고 술회했다. 여기저기서 큰소리를 내는 사람들, 통화를 하는 사람들 등 본인들의 이름을 탑승자 명단에 올리려는 사람들로 그야말로 아수라장이었다고 한다. 직원은 물론 지점장까지 투입된 사무소에서는 앉아서 일을 볼 수 없는 지경이었고 어떻게든 많은 사람을 한국으로 보낼 수 있게 노력했다. 하지만 표를 구해야 하는 사람이 줄을 서서 기다린 후 할 수 있는 건 이름을 적고 다시 기다리는 게 전부였다.

현장 바간에서 일을 정리한 후 양곤으로 가야 할 연구원 두 명은 비행편이 갑자기 취소되면서 만달레이로 가서 발권 후 다시 바간에서 비행기를 타야 하는 웃지 못할 일이 발생했다. 지금은 피식거리며 술자리 안주거리처럼 이야기 나눌 수 있는 추억이지만 당시 미얀마에 있는 연구원들은 한국에 못 갈 수도 있다는 체념도 했던 것 같다. 다행히 4월 4일 대한항공 전세기편이 준비됐고, 그 비행기 예약이 완료된 후에 양곤에 먼저 갔던 연구원은 겨우 한시름을 놓았다. 하지만 비행기 이륙할 때까지는 끝난 게 아니었다. 갑자기 대한항공에서 연락을 해와 내일 당장 갈 수 있는 특별기에 자리가 났다고 한 것이다. 세 명이 같이 가려면 우선 예약하고 나중에 한국에 가서 환불을 받는 방법으로 가야 한다는 이야기에 망설일 것도 없었다. 양곤에 있던 연구원은 이틀을 굶고 호텔에서 그토록 목 마르게 기다리던 아이스커피를 내팽겨 치고 다시 대한항공 사무실로 가서 세 명의 티켓을 예약했다. 환불은 한국에 가서 걱정할 문제였다. 현지에서 일하는 연구원들 중 미얀마팀은 비상철수 명령이 떨어진 지 3일 만에 그렇게 극적으로 한국행 비행기에 오를 수 있었다.

라오스에서는 지방의 팍세 공항에서 수도인 비엔티안으로 이동해서 귀국해야 했는데, 라오스 또한 국내선 항공기가 전면 결항이 되는 사태가 발생했다. 할 수 없이 3월 30일 차량으로 수도까지 이동한 후 귀국하는 걸로 계획을 틀었다. 그런데 라오스 정부에서 갑자기 3월 30일 0시를 기해서 락다운 조치를 시행했다. 지역간 이동이 금지되는 락다운이 시행되면 이동 자체가 불가능한 상황이 되는 지경이었다. 라오스팀은 선택의 여지가 없었다. 우선 계획대로 3월 30일 이른 새벽 이동을 시작했다. 다행히 락다운 첫날이라 통행과 관련한 서류를 계속 들이밀면서 우여곡절 끝에 팍세를 떠난지 열두 시간만에 수도 비엔티안에 도착했다. 하지만 비엔티안에 도착하자 이번에는 한국으로 가는 비행편이 끊기고 말았다. 대사관에서도 전세기를 급하게 준비하고는 있었으나 한국 사람들의 요구를 감당하기 쉽지 않아 보였다. 라오스팀은 비엔티안의 어느 호텔의 유일한 숙박객으로 그렇게 6박7일을 대기했다. 4월 5일 라오스팀은 가까스로 전세기를 타고 귀국할 수 있었다. 귀국행 비행기에서 승객들은 아무말도 없었다고 한다. 그저 한국에 무사히 도착하기만을 바라는 마음의 기도만 비행기 안의 정적을 대신했다고….

캄보디아는 비교적 상황이 괜찮아보였다. 캄보디아 정부에서 별다른 조치를 취하지 않고 있었고 방역만 강화한 상황이었다. 캄보디아에서 일하던 연구원들은 표가 생기는 대로 순차적으로 귀국했다. 마지막에 귀국한 사람은 팀 내 고고학 담당인 K연구원이었다. 상황은 비슷해서 시엠립에서 한국으로 바로 갈 수가 없어서 프놈펜으로 이동한 후 귀국해야 했다. 4월 9일과 11일 비행기 중 9일 비행기로 예약하고 4월 8일 프놈펜으로 이동하고 나서 보니 캄보디아 정부에서는 갑작스럽게 "비상사태시 국가관리에 관한 법"을 제정하여 4월 10일부터 저녁 여덟 시 이후 통행을 금지했다. 4월 11일 비행기를 예약했더라면 저녁 비행기를 타야 하는 K연구원은 공항에도 갈 수 없는 처지가 되어 하마터면 귀국하지 못할 뻔했던 상황이었다.

미얀마를 시작으로 라오스, 캄보디아 모든 국가의 연구원들이 속속 귀국하고 우리는 생각지도 못했던 10년만의 사무실 동거를 어색하게 시작했다. 진흥원 국제협력팀의 연구원들은 대부분 번갈아 가며 해외에 체류하기 때문에 국내 사무실의 절반은 늘 빈 책상이다. 그런데 팀이 만들어지고 처음 다 같이 모인 것이다. 코로나 팬데믹이 만든 풍경이었다. 반갑지만 색다른 어색함이 진하게 풍기는, 이색적인 사무실 동거는 그렇게 시작되었고 여러 달 이어졌다.

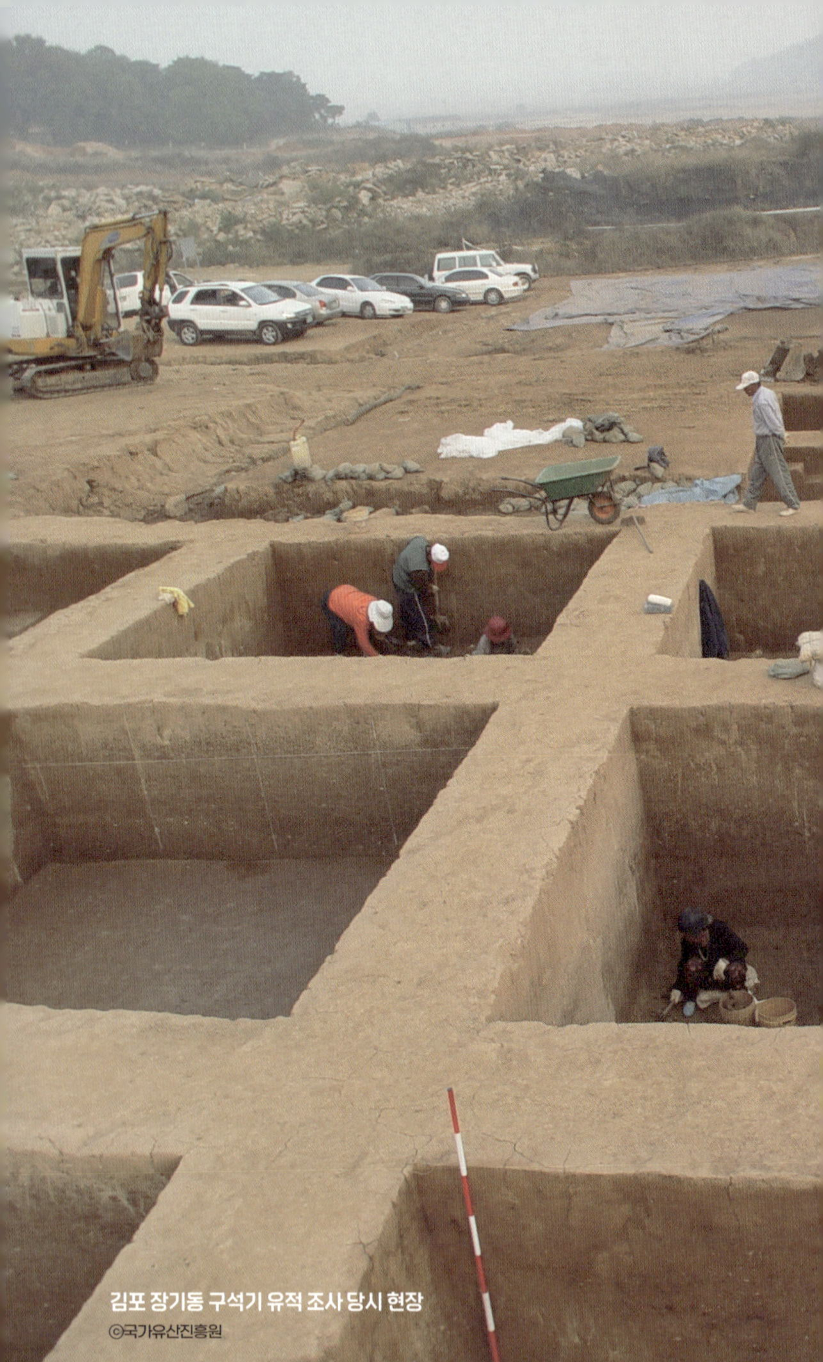

김포 장기동 구석기 유적 조사 당시 현장

ⓒ국가유산진흥원

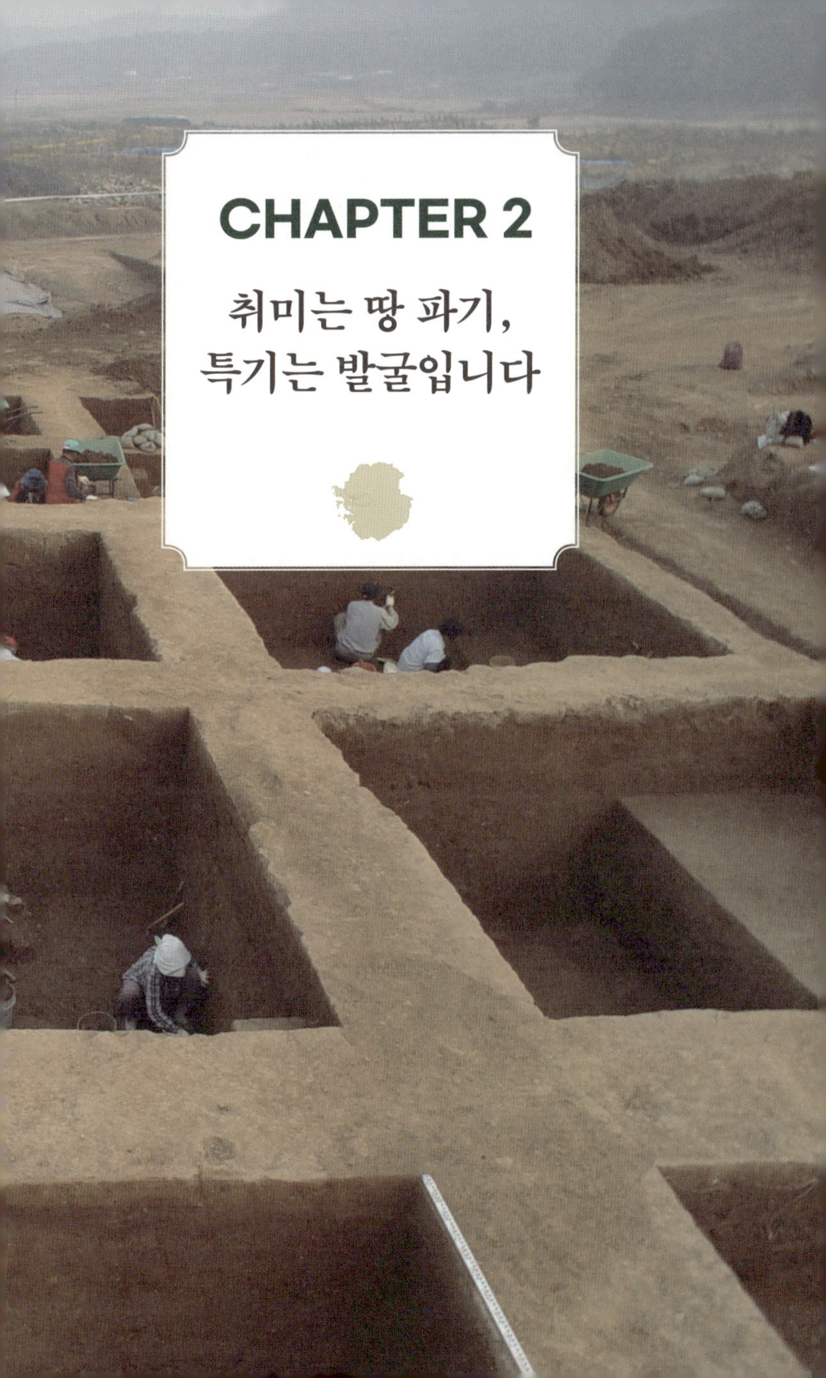

CHAPTER 2

취미는 땅 파기, 특기는 발굴입니다

나와 고고학

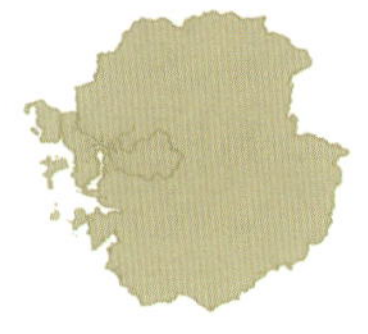

고등학교 1학년 때 담임선생님은 학년 주임이면서 국사를 가르치셨다. 작은 눈매에 까무잡잡한 얼굴, 그리고 평소에는 무뚝뚝한 표정이었지만 웃을 때는 작은 눈매가 보이지 않을 정도로 눈가에 웃음기가 가득한 분이었다. 항상 검은색 출석부보다 긴 나무막대를 오른손에 들고 왼쪽 겨드랑이에는 출석부를 낀 채 갈색의 인조가죽 슬리퍼를 신고 교실에 들어오셨다. 매일 아침 가지고 계신 다이어리에서 그날의 명언을 칠판에 적어 주시고는 오늘 하루도 수업 잘 들으라는 응원으로 아침 조회를 마치셨다. 일주일에 한 번 있는 담임선생님의 수업은 거의 수면 폭탄 세례였다. 딱히 역사에 관심이 있지도 않았고 흥미롭게 들리지도 않았다.

고등학교 2학년을 마칠 무렵이던 어느날, TV에서 역사 다큐멘터리를 보고 있던 내 머릿속에 역사를 공부하고 싶다는 생각이 들어왔다. 초등학교 때부터 쓰던 나의 일기장에는 훗날 훌륭한 전기의 기초자료가 될 것이라는 막연한 상상의 흔적이 있었다. 중학교 시절엔 여사친들과 펜팔을 하면서 글 쓰는 것이 일상이 되고, 일기로 이어지곤 했는데, 역시 나는 역사의 한 부분 어딘가에 있는 사람이 될 거라는 믿음이 이어졌다. 지금 생각하면 웃음이 나오지만 그런 역사를 공부해 보고 싶다는 생각이 역사 다큐멘터리를 보다가 들었던 것이다. 다들 직업과 관련된 전공, 그리고 전망이 밝은 학과에 입학하는 것이 대세이던 친구들의 꿈과는 거리감이 컸다.

학력고사가 폐지되고 수학능력시험이 처음 생긴 해였다. 연초부터 정신이 없었고 학교는 술렁였다. 선생님들도 이래 저래 분주했고 학생들도 갈피를 못 잡고 어떻게 공부를 해야할지 모르는 상황이 계속되었다. 고등학교 2학년 때부터 이미 수능이 결정되어 알려졌지만 그 누구도 경험해 보지 못한 시험 준비를 무식하게 하고 있었다. 수학능력시험은 8월과 11월에 두 차례 예정이 되어 있었다. 첫 번째 수능을 보던 날은 무던히도 더웠다. 어머니께서 준비해주신 도시락을 싸 들고 간 시험장에서 첫 번째 언어영역시험을 마치고 무수히 많은 친구들이 쏟아내는 한숨 소리를 들었다. 시험을 보고 집에 돌아와 EBS를 보며 채점을 했는데, 성적은 생각만큼 나오지 않았다. 시험 결과 언어영역은 60점 만점 중에 하나를 틀렸으나, 나머지 과목은 처참했다. 1년 내내 모질게 대하셨던 담임선생님은, 우리 모두에게 본인 성적으로 원하는 대학교 원서를 쓰라고 하셨다.

난 유독 가고 싶은 학교가 있었다. 사학과를 지원하기로 정했는데, 부모님께 말씀도 드리지 않고 시험을 봤다. 경쟁률은 2:1이었다. 장학금을 받는 거 아닌가 기대했지만 불합격이라는 통지가 돌아왔다. 예상 못한 불합격에 부모님이 더 충격을 받았다. 더구나 내가 부모님 모르게 사학과를 지원했다는 말에 부모님은 아연실색하고 말았다. 어머니는 당장 서점에 가서 입시를 위한 여러 가지 자료들과 책자들을 사 오셨다. 점수를 보고 전년도 커트라인 점수를 비교해 몇 개의 학교로 추린 후 지원하기로 했다. 전기에서 한 개의 학교만 지원한 건 전략의 실패였다. 당시에는 그 학교 아니면 안 가겠다는 생각으로 지원을 했지만 전략상으로는 실패였다. 당시에는 후기 전형이 있었다. 후기에는 점수를 한참 낮추어 썼음에도 나는 다시 불합격 통지를 받았다. 재수를 하겠다는 나에게 아버지는 사학과를 갈 거면 재수를 못 시키겠으니 군대나 가라고 엄포를 놓으셨다. 경제학이나, 법학처럼 인기 학과를 지원할 게 아니면 재수는 안 된다고 하셨다. 하는 수 없이 나는 거짓말을 했다. 열심히 공부해서 경제학과에 지원하겠노라고.

부모님이 준비하셨던 대학 입학금은 다음 날 재수학원 등록비로 충당이 될 예정이었다. 그런데 그날 밤 열 시, 후기 전형을 치뤘던 학교에서 전화가 왔다. 추가 합격이 되었으니 이틀 안에 입학금과 등록금을 내라는 연락이었다. 지금 생각해보면 그 전화를 받았던 게 내 인생에서 중요한 전환점이 되었던 것 같다.

합격을 했음에도 재수를 하겠다고 고집을 부리던 나

의 의견에 부모님은 결사반대하셨고, 난 공부하고 싶던 역사를 공부할 수 있게 되었다. 원서를 쓰면서도 어머니는 나에게 이런 이야기를 하셨다. "밥 빌어먹을 것 같은 과에 가서 취직이나 될 지 걱정이다."라고. 그렇게 시작한 역사는, 밥 빌어먹을 학과가 되었다.

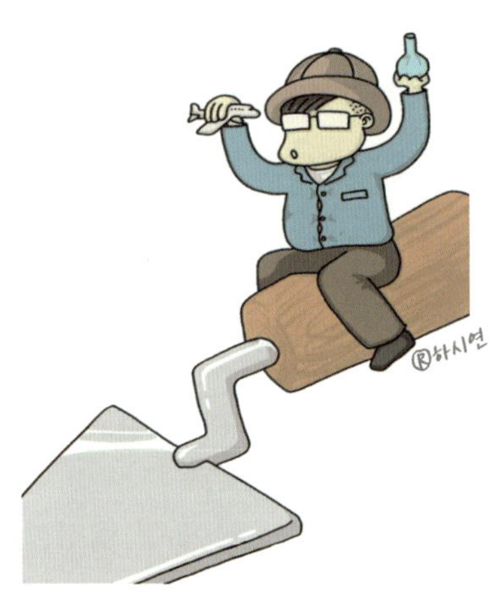

조선 정조와 같은 방을 쓰다

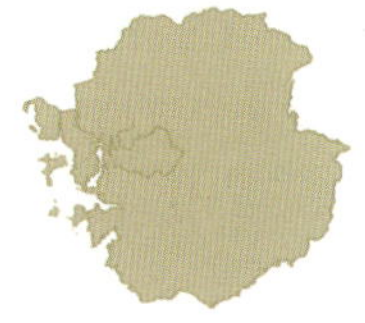

대학교 2학년이던 1995년 여름방학, 학교 박물관에서는 발굴조사를 위한 아르바이트생을 모집하고 있었다. 사학과 교수님들이 주로 박물관장을 맡고 있어서 정보를 쉽게 얻을 수 있었고, 용돈을 마련할 목적으로 발굴조사에 참여하기로 했다.

발굴조사팀은 주로 복학생 형들과 재학생들로 구성되었다. 여자 선배가 한 명 있었는데 주로 행정적인 부분을 맡아서 진행했고 남학생들은 삽을 한 자루씩 들고 열심히 구덩이를 파는 작업을 했다. 나는 군대 다녀온 선배들을 흉내 내려고 동대문에 가서 군화 비슷한 신발을 하나 샀다. 그 신발은 밑창이 튼튼해 한참 동안 삽질에 활용됐다.

당시 책임을 맡았던 선배는 학부 졸업 후 대학원을 마친 분이었다. 우리는 그 선배의 지도를 받아 조사를 진행했다. 당시 학교 박물관장이었던 교수님은 일주일에 한 번 정도씩 현장을 방문하셔서 가끔 맛있는 저녁을 사주셨다.

생애 처음 발굴조사 현장은 과천에 있는 온온사지였다. 온온사穩穩舍는 과천 중앙동사무소 뒤편에 있는 조선시대 객사다. 정조가 화성행궁에 행차할 때 남태령고개를 넘어서 하루를 묵고 갔다는 이야기가 전해지는 곳으로 유명하다. 현재 한 채의 건물만 남아 있지만 이 객사는 조금 더 큰 규모였을 것으로 추정된다.

온온사 자리 주변에 몇 개의 긴 구덩이를 파서 기단부를 파악했는데, 나는 온온사 동쪽의 공터를 주로 발굴조사했다. 기억에는 당시 일본식의 건물 기초부가 확인되었었다. 문헌조사 결과, 일제 강점기에 그 자리가 면사무소와 같은 역할을 했다는 것이 확인되기도 했다.

당시 조사단은 숙소를 별도로 구하지 않았다. 대부분

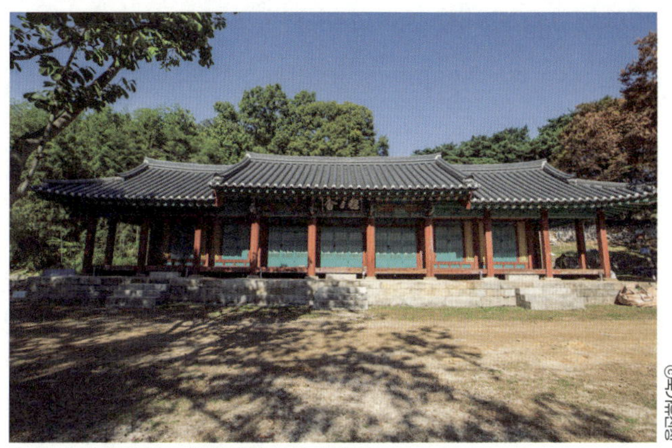

❖ 조선 시대 객사로 활용됐던 온온사穩穩舍

의 조사 참여 인력이 출퇴근을 선호했고 주변에 마땅한 숙소로 사용할 만한 곳도 없어서였다. 발굴조사단과 조사를 의뢰한 과천시 측은 목조 건축물인 온온사에서 취사를 하지 않는 조건으로 온온사 한켠을 숙소로 활용하도록 승인해 주었다. 그렇게 온온사는 우리의 숙소로 활용되었고 출퇴근을 하는 학생들을 제외하고 2~4명의 남학생들이 한 곳에 거처를 마련했다.

정조가 사도세자의 묘소인 현륭원을 방문하고 한양으로 돌아가는 길에 머물렀다는 곳 온온사의 온穩은 평안함을 담은 한자어다. 온이 두 번이나 반복된 것은 그만큼

평안하기를 바라는 정조의 마음이 담긴 곳이어서였는지
도 모른다. 온온사의 사 또한 절을 뜻하는 사寺가 아닌 머
무는 곳을 뜻하는 사舍다. 때문인지 발굴조사 기간 내내
우리는 정조가 머물며 평안하기를 바라는 마음으로 발
굴 조사에 참여했다.

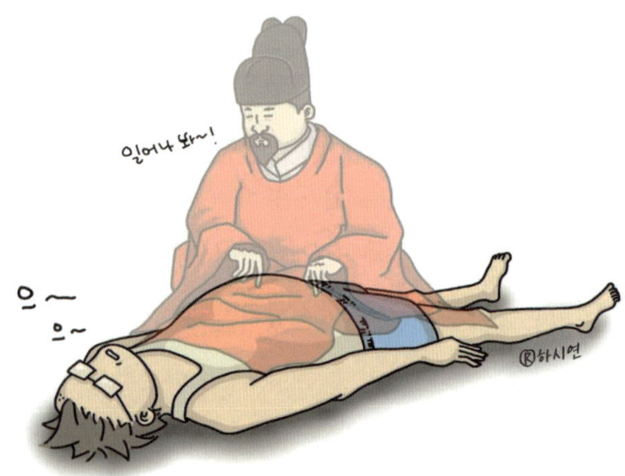

나를 키운 8할

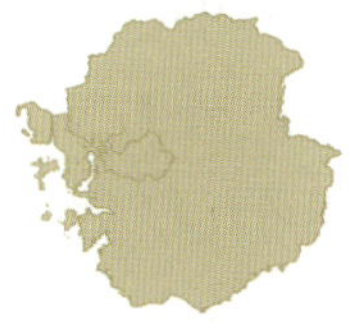

대학원생이면서 연구소의 연구원이던 시절, 수업이 없는 날이면 나는 어김없이 현장에 가야 했다. 당시 서울에 위치한 본교의 박물관에서도 발굴조사를 진행했고, 안산에 위치한 연구소에서도 발굴조사를 했는데, 주로 선사시대 유적의 조사를 담당한 연구소의 발굴조사에 중점적으로 참여하면서 박물관의 발굴조사 중 중요한 일정에 참여했다. 대학원생에게 현장 조사 참여는, 수업이 실습과 연결되는 좋은 기회를 제공했다. 하지만 학업과 함께 진행하는 것은 여간 힘든 일이 아니었다.

어느 봄날 학교 박물관팀에서 조사하는 하남의 이

성산성에서 중요한 회의가 있었다. 발굴조사 과정 중 관련분야 전문가들을 모셔서 발굴조사의 성과와 향후 방향 등에 대한 논의를 하는 중요한 회의였다. 회의를 준비하기 위해 모든 대학원생들이 소집되었고, 나는 안산에서 일정을 보다가 조금 늦게 하남 이성산성에 도착했는데 어쩐 일인지 분위기가 심상치 않았다. 준비가 되었어야 하는 것들이 조금 빠져 있었고 대학원생들은 분주하게 움직이고 있었다. 대학원생 중 가장 고참인 선배는 대학원생들을 통솔하느라 바빴는데 평소와 다르게 목소리가 격앙되어 있었다. 틈을 노려 간단하게 인사하고 함께 이것 저것 준비하려는 순간 그 고참 선배가 나를 불러세웠다.

"너 오늘 회의 준비에 참여하라고 했는데, 왜 지금 왔어?"

"네, 안산에서 이것 저것 정리 좀 하고 오느라 좀 늦었습니다."

"대학원 들어온 지가 얼마 되지도 않았는데, 이 따위로 할 거면 당장 때려쳐! 오늘 회의 끝나고 가서 당장 책상 빼!, 내가 교수님한테 책임지고 이야기할 거니까 그런 줄 알아!"

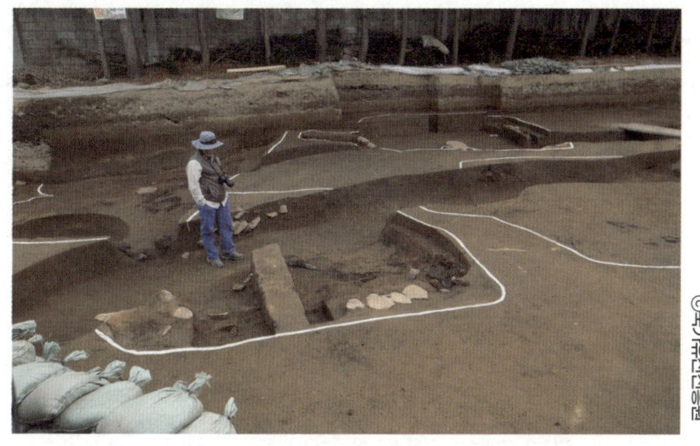

❖ 발굴 현장에서는 무수히 많은 고민을 한다. 공부하고 경험한 것들이 총 동원 되는 곳이다. 2013년 춘천 율문리 철기시대 주거지 발굴 현장에서 고민 중인 필자.

정신없이 혼이 나고 회의를 진행하는 동안 내내 도대체 이게 어떻게 된 일인가 싶었다. 나중에 들어보니 내가 함께 준비하기로 했던 파트가 뭔가 제대로 준비가 덜 되었다고 했다. 열심히 준비한다고 했는데, 제대로 못하고 거기에다가 늦게 오기까지 했으니, 선배 입장에서는 화가 많이 났던 모양이다. 너무 속이 상했지만 내가 잘못한 부분도 있었기에 삭히고 인정할 수밖에 없었다.

얼마 지나지 않아 나는 그 선배가 이끄는 발굴조사에 참여하게 되었다. 상처가 아물기 전이라 처음에는 같이 하기가 싫었다. 하지만 현장에서 선배는 나에게 일정 부분 업무를 맡기면서 믿음을 가지고 내가 그 일을 할 수 있게 하였다. 고고학에 대해서는 제대로 알지 못하고 아르바이트로 삽질하는 것만 할 줄 알았던 나는 그 현장에서 선배로부터 많은 것을 배웠다. 물론 그 현장에서도 수없이 혼이 났다.

대학원 과정을 마치고 현장을 이야기할 때 나는 현장에서 그 선배로부터 배웠던 것이 나의 발굴조사 실무능력 중 8할 이상이라고 고백하곤 한다. 가끔 사석에서 그때 하남에서의 왜 그렇게 심하게 했냐고 물으면 선배는 "내가 그랬어?, 난 기억에 없는데!"라며 멋쩍게 웃는다. 선배는 지금 나의 가장 훌륭한 멘토이자 아직도 같은 분야에서 종종 함께 일하는 든든한 동료다.

청동기 유적지에서 태극전사 응원하기

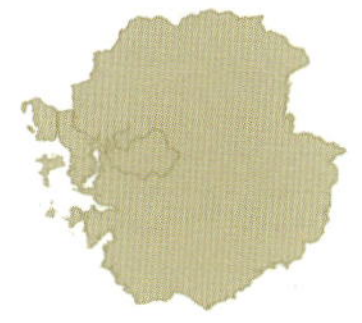

대학원 진학과 동시에 아무것도 모르는 상황에서 대학 부설 연구소의 일원이 되었다. 수업에 참여하며 실질적인 현장 조사에도 참여할 수 있게 구성된 학교만의 방식이었다. 별도의 연구진을 구성하기 어려운 학교의 상황도 반영이 되어 있었다. 그만큼 역할도 많아졌다. 상반기 동안 수업을 들으면서 수업이 없거나 짬이 나면 안산시의 지정문화재를 조사하고 기록하는 업무를 진행해야 했다. 당시 전국의 지자체들은 광역지표조사의 이름으로 전국의 문화유산에 대한 기록화를 진행했다. 훗날 이 자료들은 국가유산청에서 만든 국가유산공간정보 사이트의 기초가 되었다.

2002년 상반기 수업이 종강하고 방학이 시작될 무렵부터는 부천 고강동 발굴 조사에 참여하게 됐다. 부천 고강동은 그 동안 네 차례에 걸친 조사가 진행된 한강변의 청동시 시대 유적으로 청동기시대의 주거지는 물론 당시에 제의를 지냈던 장소로 추정되는 시설과 삼국시대 무덤 등이 발견되면서 부천시에서 연차발굴을 통해 유적공원으로 조성할 계획을 세운, 의미 깊은 곳이었다.

그해 여름은 어느 해보다 뜨거운 열기가 대한민국 전체를 감쌌던 시기다. 한일월드컵이 있었고, 발굴단 구성원들도 대한민국 사람으로서 열기와 응원을 함께했다. 발굴 조사를 하는 현장 근처 반지하에 몇 달간 지낼 수 있는 숙소가 마련되었고, 남자와 여자가 각각 방을 나누어 현장 조사에 참여하며 숙식도 함께 해결했다. 보통은 저녁에 각자의 전공 분야에 대한 스터디를 했는데, 월드컵 기간은 그럴 수 없었다. 조별 예선이 있는 날이면 어디선가 붉은색 셔츠를 구입해 와서 입었고, 저녁은 먹는 둥 마는 둥, 치킨과 야참을 잔뜩 시켜놓고 응원에 참여했다. 발굴 조사가 계속되던 시기라 길거리 응원은 어려웠다. 우리는 반지하의 큰 방에 모여서 태극전사를 응원했다. TV앞에는 좌식 의자들이 일렬로 늘어섰고 각자 의자 하나씩을 차지하고 오른손 옆에는 시원한 캔맥주가 하나씩 놓여있었다.

이탈리아전이 있던 그날도 모두는 숨을 죽이며 응원을 했다. 환호성을 지르고, 때론 야유를 보내기도 하고 우리는 점점 TV속으로 빠져 들어갔다. 경기 마지막에 안정환이 역전 헤딩골을 넣는 순간 내 옆에 있는 여학생 한 명은 짧은 비명과 함께 사라졌다. 등받이가 있는 의자에 앉아 응원을 하다가 본인도 모르게 소리를 지르며 상체를 뒤로 눕혔는데, 멀쩡하던 의자가 순식간에 부서지며 뒤로 나뒹굴었던 것이다. 손에 들고 있는 맥주는 온 방에 뿌려졌다. 뒤로 누운 채 웃고 있는 그 여학생을 보며 역전골로 감싸안고 소리를 지르던 우리는 또 한번 크게 웃었다. 허리의 굴곡에 맞게 제작된 **백이라는 의자는 순식간에 폐가구가 되었고 그 여학생은 창피함에 두 손으로 얼굴을 가리고 어쩔 줄 몰라 했다. 그래도 괜찮았다. 이겼으니까.

그날 우리는 새벽 늦게까지 축배를 들었다. 다음 날은

비가 예보되어 있었다. 비가 오면 현장 작업을 할 수 없으니, 그나마 조금 여유가 있다고 생각했다. 그러나 새벽 4시가 되었을 무렵 현장 책임자는 반지하 너머 창밖을 한 번 보더니 날씨를 검색했고, 이렇게 말했다.

"안 되겠다. 다들 얼른 자라!"

새벽 다섯 시였다. 비가 예보되었던 하늘은 다른 의미의 어두운 그림자로 반지하 창을 두드렸다. 우리는 급하게 잠자리에 들었고 두 시간 정도 잔 후에 초인적인 힘으로 기상했다. 이미 잔뜩 취해 있었고 속도 말이 아니었다. 현장까지 겨우 도착하긴 했으나, 머리가 계속 빙빙 도는 느낌이었다. 결국 임시 천막 밖으로 나가서 어제 먹은 것들을 직접 확인해야 했다. 삽질을 하려고 고개를 숙일 때마다 머리가 빙빙 돌았고, 자꾸 올라오는 무언가와 숙취로 하루 종일 힘든 하루를 보냈다.

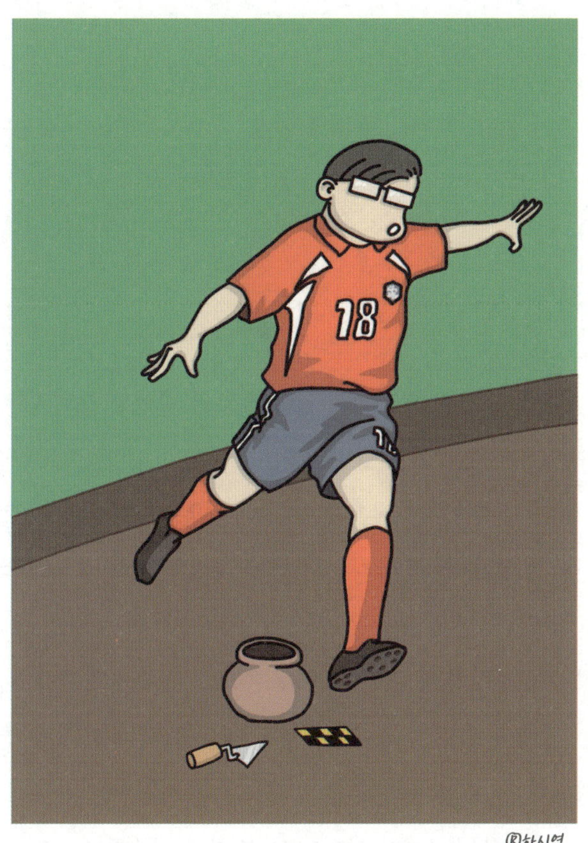

태양 가득한 한기

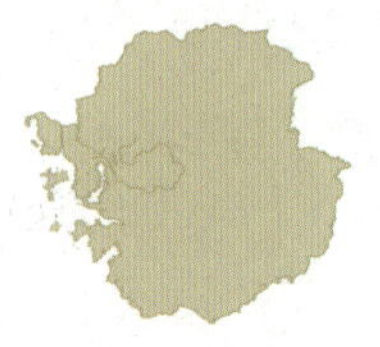

　　부천 고강동 유적에서 많은 유구가 확인된 곳의 남쪽
에는 작은 구릉이 있었다. 이미 도시화가 진행되고 개발
되어서 유구가 집중된 곳으로부터 남쪽으로 흐르는 능
선이 도로로 인해 잘리면서 남은 구릉이 남쪽에 위치하
고 있었다. 남쪽 구릉을 우리는 3-2지점이라 불렀고, 3-2
지점의 정상부에 대한 조사의 권한이 내게 맡겨졌다. 나
는 선배들에게 셀 수 없이 많은 질문을 하며 조사를 진
행했다. 구릉의 동쪽 부분 경사로를 조사할 때였는데 그
곳에서 회곽묘 1기가 확인되었다. 회곽묘灰槨墓는 무덤 양
식의 일종으로 무덤을 위한 구덩이를 파고 그 안에 안치

되는 관또는나무상자틀을 보호하기 위해 석회층을 만든 후 안치하는 방식이다.

　회곽묘는 3-2지점에서도 유구가 집중된 능선의 중심부로부터 떨어진 곳에서 발견됐다. 중심부에 소리를 쳐야 의사소통이 될 정도의 거리였다. 와중에 노출된 회곽묘 덮개 주변으로 조금씩 흙을 파 내는데 갑자기 '쉬익~' 하고 바람이 새는 것이 느껴졌다. 그리고 알 수 없는 냄새가 잠깐 새어 나왔다. 순간 온몸에 소름이 돋았다.

　회곽묘는 석회층 안쪽을 밀폐한 상태로 유지하기 때문에 대체적으로 그 안의 시신이 잘 보존되어 있는 경우가 많은데 의아했다. 흙들을 제거하고 보니 뚜껑과 관 사이에 약 10센티미터 정도의 틈이 있었다. 안에 무엇이 있을지 궁금했다. 밖에서 보기에는 짙은 어두움이 가득 차서 아무것도 볼 수 없었지만 분명 그 안에 인골이 있을 건 뻔했다. 순간 다시 한번 등골이 오싹해졌다. 나는 흙을 파던 장비를 내팽개치고 사람들이 많이 있는 곳으로 달려갔다. 한여름이었지만 따뜻한 믹스 커피 한잔이 필요했다. 상황을 인부 어르신들에게 설명했더니 같이 가 보자고 했다.

결국 어르신 몇 분과 함께 주변의 흙들을 제거하는 작업을 진행했다. 회곽은 매우 단단했다. 그 주변의 흙을 조금씩 걷어내는 작업을 했는데, 봉분을 어떻게 쌓았는지 확인하기 위해서 가운데 부분은 파지 않고 절반 정도만 굴착을 한 상태였다. 전체적으로 흙이 어떻게 쌓여 있는지는 절반 가량 흙을 판 후에 남은 단면을 그림으로 남겨야 했다. 실측은 보통 혼자서 하기 때문에 실을 활용해 격자를 만든 후 흙이 쌓인 양상을 측정하여 그림을 그린다. 그런데 자꾸 회곽의 틈으로 눈길이 갔다.

무언가 그 속에서 튀어나올 것 같은 상상이 머릿속에서 끊이지 않고 재생됐다. 겨우 정신을 차리고 빠르게 그림을 그리기는 했지만, 그때는 어떤 정신으로 그림을 그렸는지 모르겠다. 그린 그림마저 몇 차례 선배들에게 퇴짜를 맞았다. 다섯 번은 재차 그렸던 것 같다. 나중에 들어보니 내 그림을 퇴짜 놓은 건 일부러 담력을 길러주려고 그랬다고 했는데, 지금 같으면 욕을 했을지도 모르겠다.

회곽의 두꺼운 뚜껑은 결국 굴삭기를 이용해서 들어냈다. 그 안에는 언제부터 계셨을지 모를 인골이 가지런하게 뉘어 있었다. 후손들이 알았으면 이장을 했겠지만 무연고 묘였다.(고고학 조사를 하다 보면 무연고 묘는 많이 발견된다).

한낮의 태양이 뜨겁던 현장에서 동료들은 더워서 땀을 흘리는데 나는 때 아닌 식은땀을 연신 닦으며 그림을 그리고 흙을 팠던 날이다. 태양 가득한 열기 속에서 충만하게 느낀 한기가 유난히 오래 남았던 현장이었다.

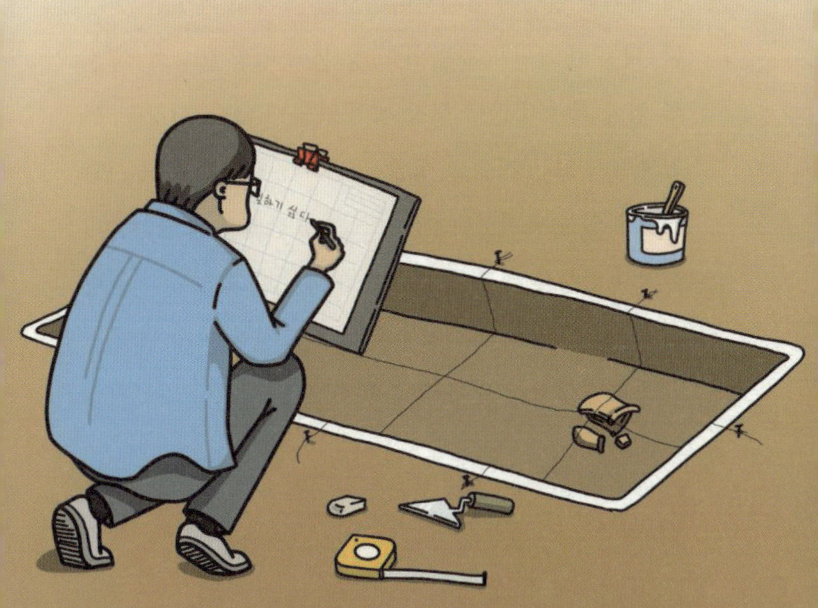

총성이 울리는 현장

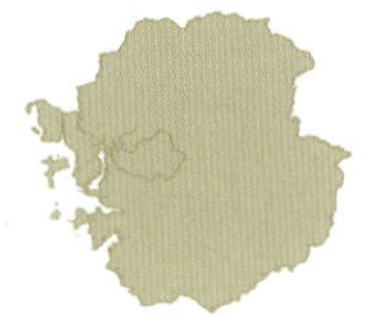

　대학원 시절 지도교수님은 대학원 과정 중 한 번은 현장 책임자로 현장을 이끌어 봐야 고고학 분야 취업 전선에 뛰어들 실력이 갖춰진다는 기준을 갖고 계셨던 것 같다. 나는 대학원 조교였던 시절 봄에 결혼을 했고, 결혼 후 얼마 지나지 않아 현장 책임을 맡게 됐다. 현장은, 연천군청이 있는 작은 도심에서도 무려 자동차로 한 시간 거리에 있는 곳이었다. 가는 도중, 중간 중간에 군인들의 통제와 검문을 세 차례 받아야 도착할 수 있었다. 이른바 민.통.선. 그 안쪽의 현장에서 발굴 조사를 하게 되었다. 밭으로 경작하기 위해 작업을 하던 중 석기가 발견되면서 연천군에서 의뢰해 조사를 진행하게 된 거였다. 현장은 남방한계선 철책이 위치한 곳에서 내려다보이는 한탄강변에 위치하고 있었다. 현장 서쪽으로는 한탄강이 북에서 남으로 흐르고 동쪽은 급경사의 산이 있었다. 산자락에서 서쪽으로 경사가 흘렀고, 강과 만나기 전 평평한 대지에 현장이 자리하고 있었다.

숙소는 연천 읍내에 마련했고 이제 신혼 2개월차인 아내를 집에 두고 올 수가 없어서 방을 하나 따로 마련했다. 모두 지도교수님의 배려 덕분이었다. 지금도 아내는 그때처럼 책을 많이 읽은 적이 없다는 말을 종종 한다. 아는 사람 없는 한적한 동네에서 친구라고는 책이 유일했던 걸 생각하면 미안한 마음이 든다.

점심을 먹으러 나갈 시간이나 장소도 마땅치 않아서 연천의 한 식당에 부탁해 매일 점심을 공수받았는데, 일을 하다가 멀리서 달려오는 파란색 다마스가 점심시간을 알리는 알람 역할을 하였다.

발굴 조사 초기였다. 갑자기 위쪽 초소 쪽에서 마이크 켜지는 소리가 나더니 "잠시 후 강쪽을 향한 사격이 있을 예정이니 주변에 계신 분들은 안전한 곳으로 대피하시기

바랍니다."라고 했다. 이게 무슨 소리인가 하고 있는데, 같이 일하던 인부 어르신들이 얼른 하우스로(당시 하우스가 임시 현장 사무실이었다) 들어가라로 재촉했다. 그러나 하우스로 들어가기도 전에 이미 우레와 같은 소리가 연달아 나기 시작했다. "탕탕 타 타탕 두두두" 사실 탕탕이라는 표현이 너무 적절하지 않지만, 귀에 들리는 소리는 폭탄이 터지는 소리 같았다. 그도 그럴 것이 좌우로 가파른 경사의 산으로 둘러싸인 곳이라 소리가 증폭되었기 때문이다. 하우스에 들어가 놀란 가슴을 쓸고 있는

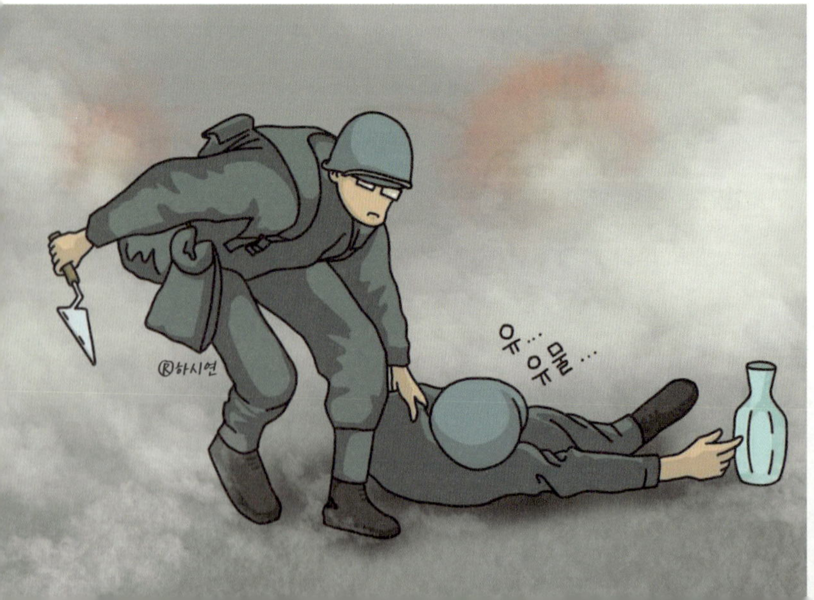

데, 인부 어르신들이 자리를 잡고 앉아 설명했다. 한탄강이 북쪽에서부터 흐르기 때문에 강을 타고 내려올 수 있는 간첩이나 기타 군인들에 대비해 주기적인 훈련을 한다는 것이다. 그러고 보니 강물 속에 철책이 있을리 만무하니, 바로 이해가 됐다. 군대에서 처음 사격을 했을 때 엄청 큰 소리에 놀랐던 기억이 새삼 떠올랐다.

이후로도 발굴 조사가 진행되는 동안 불시의 사격과 대피 방송은 몇 차례 더 있었다. 방송이 나오면 우리는 태연하게 하우스로 이동해서 나름의 쉬는 시간을 가지곤 했다. 분단국가 발굴자여서 경험한 시간이기도 했는데, 대한민국에서 당시의 우리 팀보다 북쪽에서 발굴을 해본 사람들이 과연 더 있을까 싶다.

동물의 왕국 라이브

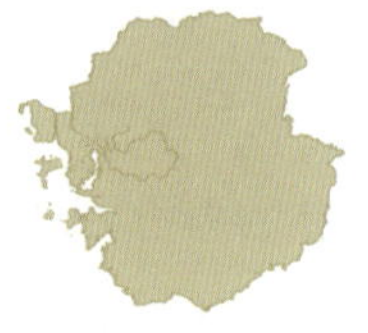

고고학 조사 중 가장 깊게 구덩이를 파게 되는 유적은 구석기 유적이다. 구석기 시대가 현재로부터 가장 오래 전이기 때문에 가장 아래쪽에 퇴적 되어 있어서다. 그래서 구석기 유적을 발굴할 때는 지구의 속살^{생토}이 나올 때까지 확인하는 경우들이 종종 있다. 인간의 활동이 확인되지 않는, 지구의 피부 면까지 파고 내려가는 것이다.

횡산리는 소규모의 사람들이 살고 있는 동네였다. 특히 우리가 조사했던 횡산리 구석기 유적은 사람들의 왕래가 없는 곳이었다. 그도 그럴 것이 현장 가는 길가에는 철조망이 길게 둘러쳐져 있었고 그 철조망 마다에는 또 수많은 위험표시판이 있었다. '죽거나 혹은 다치거나'라는 문구와 함께 붉은색 해골이 그려져 있는 섬뜩한 경고판을 쉽게 볼 수 있었다. 아침에 현장에 도착하면 강에서 피어오른 물안개가 현장을 덮는 날이 대부분이었고 안갯속을 헤치며 발굴 조사를 시작하곤 했다.

우리가 조사하고 있는 곳 주변으로는 넓은 논이 펼쳐져 있었다. 그러던 어느날, 점심 때가 되어 갈 무렵 인부 어르신 한 분이 소리를 쳤다.

"멧돼지, 멧돼지, 멧돼지!"

우리는 모두 어르신이 가리킨 쪽으로 눈을 돌렸다. 멧돼지 세 마리가 논둑 위를 어슬렁거리며 걸어가고 있었다. 어미로 보이는 덩치 큰 녀석 한 마리와 그 뒤로 작은 아기 멧돼지 두 마리였다. 동네 어르신들은 멧돼지가 위험한 동물이라고 말하며 혹시나 우리 쪽으로 달려들까 주시하며 쳐다보고 있었다. 커다란 녀석이 우리가 있는 쪽을 한번 힐끔 보기는 했지만 다행히 녀석들은 논두렁을 건너 숲으로 사라졌다.

그리고 얼마 후 아침 조사 준비를 하고 있던 어느 날

이었다. 현장을 먼저 확인하던 어르신들 사이에서 한바탕 난리가 났다. 얼른 와보라고 손짓을 하고, 누군가는 소리를 쳤다. 아무것도 챙기지 못한 채 얼른 달려 올라갔는데, 약 2미터 깊이로 판 구덩이에 작은 동물이 다소곳이 앉아 있었다. 노루인지 고라니인지 모를 동물의 새끼인 거 같은데, 우리가 판 구덩이에 빠져서 나오지 못하고 힘이 빠져 있었다. 아마 지난 밤에 주변에 왔다가 구덩이에 빠진 것 같았다. 어르신들과 어떻게든 구해낼 방도를 찾다가 우선 사다리를 가져달라고 이야기하고 뒤돌아섰는데, 순간 나는 심장이 멎는 줄 알았다. 사실 고고학 조사현장은 작은 나무나 풀을 모두 제거하고 조사를 하기 때문에 숨어 있을 곳이 없어서 어디에 숨어 있었는지 모르겠지만, 어미로 보이는 커다란 고라니 한 마리가 절규하는 듯한 소리를 내며 달려와서 내 옆을 쏜살같이 스쳐지나간 거다. 하마터면 소중한 그곳을 머리로 들이받힐 뻔했다. 어미는 조사구역에서 멀리 있는 풀숲으로 순식간에 사라졌다. 아마도 밤새 전전긍긍하며 새끼가 빠진 구덩이 주변에서 계속 맴돌았던 모양이다. 우리가 오는 소리를 듣고 숨었다가 갑자기 존재감을 나타냈다. 놀라

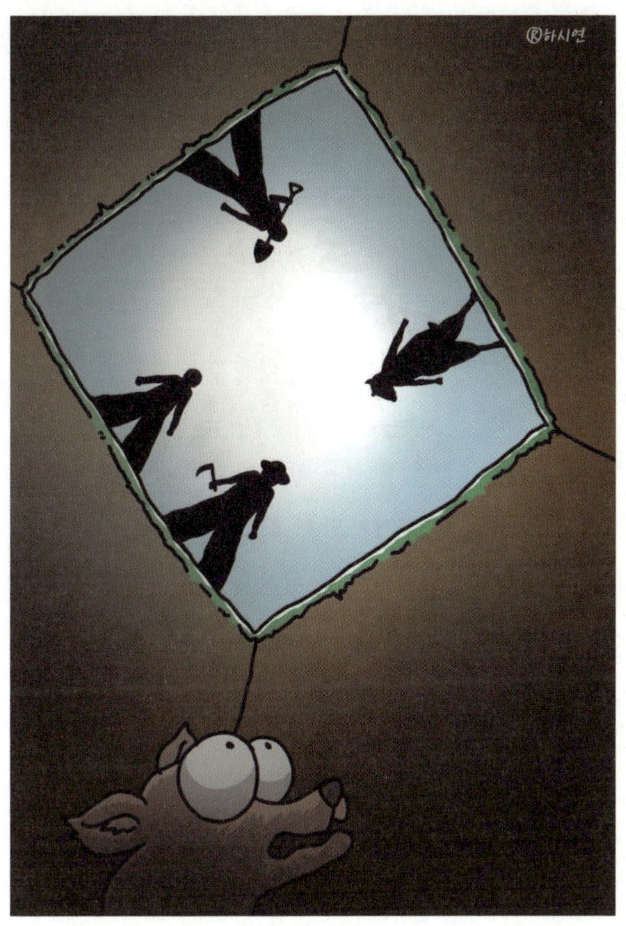

건 우리도 마찬가지. 고라니의 소리에 놀라 뒤로 자빠질 뻔한 정신을 겨우 수습하고 사다리를 구덩이에 내렸다. 그리고 어르신들과 발버둥치는 새끼 녀석을 겨우 구덩이 밖으로 꺼냈다. 새끼 고라니는 쏜살같이 내달렸고 이내 어딘가 숨어 있던 어미도 달려왔다. 우리를 살필 새도 없이 두 마리는 순식간에 나무가 많은 숲으로 사라졌다.

발굴 조사를 하다 보면 수많은 동물과 곤충 등을 만나게 된다. 땅속의 벌집을 건드리기도 하고, 동남아의 경우 뱀이 똬리를 틀고 있는 걸 보기도 하고, 누군가는 작은 전갈에 쏘여서 병원에 가기도 하고, 별의 별 경우가 허다하다. 와중에 가끔은 아이들과 현장을 지나는 부모님이 이렇게 이야기하는 소리도 듣는다.

"너 공부 열심히 안 하면 저 아저씨처럼 된다."

나는 언제나 흙먼지가 잔뜩 묻은 옷을 입고 일하고 있었다.

주말부부

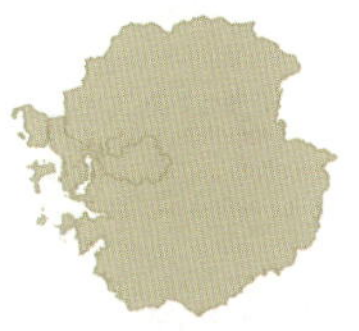

　나는 고고학을 공부하고 대학원 과정을 수료한 시기에 결혼을 했다. 당시 장모님은 월급 40만원밖에 못 받고 있던 나의 미래를 많이 불안해 하셨다. 그와 반대로 아내는 아무튼 내가 무언가를 할 수 있을 거라는 믿음이 있었다고 생각했단다. 내세울 것 없고 직장도 없고 미래도 불투명했던 나와 결혼해 준 아내에게 지금도 항상 감사한 마음이다. 그것도 스물세 살에 연애 한 번 못해 보고 나와 결혼했으니 말이다.

　나는 대학원 조교 생활을 1년 정도 하고 결혼한 다음 해에 직장을 구했다. 다행히 전공을 살릴 수 있는 회사에 입사했다. 비록 계약직으로 출발했지만 최소한 나와 아내가 살 수 있는 정도의 생활은 가능하다고 생각했다. 나중에 알게 된 이야기지만 그때 월급으로는 생활하는 데 꽤 모자랐고 장모님이 지속적으로 도움을 주셨다고 한다. 참 못난 사위이고 신랑이었던 시절이다.

게다가 발굴 조사란 게 하루 이틀 출장으로 일이 끝나는 게 아니었다. 결혼 후 1년 남짓 우리는 부모님과 같이 살았고 이후 둘 만의 보금자리를 꾸렸다. 하지만 아내에게는 반쪽 자리도 안 되는 보금자리였을 것이다. 발굴 조사 현장이 김포에 있었기 때문에 나는 일주일에 한 번 겨우 집에 들렀다. 주말부부를 면할 길이 없었다. 게다가 당시 우리나라는 아직 토요일 오전까지 근무를 하던 시기였다. 주 5일 근무가 정착되기 전이어서 토요일 오후가 되어서야 겨우 집에 얼굴을 비치고는 일요일 저녁이면 다시 현장의 숙소로 가야 했다. 도저히 안 되겠다 싶어 때때로 김포로, 인천으로 집을 옮기고 현장 근처에서 가족들과 함께 생활을 하기도 했지만 아이들이 생기면서 도저히 아내 혼자 두고 일을 할 수는 없었다. 다행히 아내는 아이들은 본인이 직접 보살펴야 한다는 교육

관을 가지고 있어서 아이들이 엄마와 항상 같이 있을 수 있었지만 아빠는 주말에나 한번 놀러 오는 아저씨, 그 이상도 이하도 아니었다.

자연스럽게 주말에는 아이들에게 잘 해야겠다는 생각에 뭐든지 다 해주려고 했다. 그러나 주말이 지나고 다시 혼자 양육해야 하는 아내 입장에서는 오히려 주말로 인해 깨진 리듬이 주중의 생활을 더 힘들게 했다. 그러다가 가끔은 아내와 싸우는 일이 잦아지기 시작했다. 결국 주말에도 주중처럼 아이들을 보살피는 방식이어야 월요일이 힘들지 않다는 것을 알게 되었다. 나는 아내의 방식에 따르면서 주말을 보내기로 했다. 그러면서도 아이들이 많은 것을 보고 느끼도록 캠핑을 다니게 되었다. 캠핑은 많이 힘든 일이었지만 아이들과 아내가 정서적 교감을 느낄 수 있어서 만족스러워 했고, 또 소중한 가족 모두의 취미생활이 되어 주었다.

내 친구들은 내가 오랜 기간 주말부부를 할 수 있었던 건 전생에 나라를 구했기 때문이라고 했지만 주말부부는 우리 모두에게 정말로 힘든 일이었다. 그러다가 일주일 중 같이 보내는 2~3일이 소중한 시간들이라고 생각하게 되면서 비로소 서로에게 애틋해지기 시작했다. 주말부부 때문인지는 모르겠지만 서로의 일상을 가감 없이 공유하고 그렇게 공유한 일상들을 자세하게 이야기하기 시작하면서 우리 부부는 서로에 대해서 조금씩 더 알아가는 시간을 나눴다. 힘들거나 어려운 일은 되도록 집에서 이야기하지 않으려고 했지만 때론 그러한 일을 함께 고민하고 나누는 것이 부부관계를 더 단단하게 하고 있다는 것을 알았다.

2005년부터 약 10년 동안 이어진 주말부부 생활은 2016년 본사로 발령이 나면서 막을 내렸다. 하지만 다시 해외 현장으로 자주 출장을 가야 하는 나에게 아내는 주말부부의 새로운 버전이라면서 나한테 역마살이 낀 게 분명하다고 한다. 지금도 아내와 스스럼 없이 안팎의 힘들었던 이야기를 할 수 있는 건 주말부부로 지냈던 기간 내내 서로에게 배려한 시간이 얼마나 소중한지 각자 느꼈기 때문이다. 이제 더 이상 떨어져 지내지 말자는 게 우리의 계획이지만 앞으로 또 어떤 일들이 우리 앞에 펼쳐질지는 아무도 모르는 일이다.

발굴 현장의 파트너들을 소개합니다

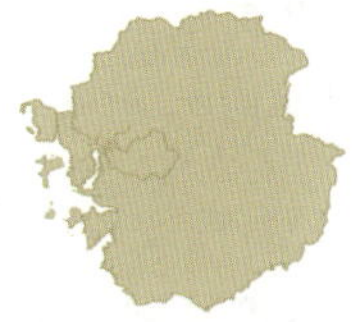

발굴 현장에는 보통 발굴 조사를 맡은 기관의 직원들 보통 연구원이라 부른다과 인부 어르신들, 그리고 굴삭기 기사들이 한 팀을 이루어 조사를 진행한다.

먼저 연구원들은 발굴 조사를 주로 담당하는 집단이다. 발굴 조사를 전문으로 하는 기관의 직원들과, 현장을 경험해 보려는 아르바이트 보조원으로 구성된 경우가 대부분이다. 보통은 한 현장에 세 명, 많게는 다섯 명이 넘게 배치되는 경우도 있다. 인부 어르신들과 함께 직접 땅을 파는 작업을 하며 유물이 출토되면 사진을 찍고 기록

한 후 수습하는 업무를 한다. 때로는 전체 유적에 대한 그림을 직접 그리고 땅 속의 흙이 어떻게 퇴적되었는지 그리는 등 발굴 조사가 진행되는 모든 과정을 함께 한다. 그 중 한 명은 현장을 통솔하는 역할을 한다. 이런 사람을 현장 책임자라고 부르기도 한다.

인부는, 보통 발굴 조사에 참여하는 어르신들을 말한다. 현장 주변의 동네분들이 상당수 포함된다. 하지만 발굴 조사를 전문적으로 하는 인부 어르신들도 상당수 있다. 이 중 리더십이 강한 분들을 보통 반장으로 선임한다. 반장님은 연구원들의 지시나 전달 사항을 인부들에게 전달하고 안전, 현장 조사를 통제한다. 어르신들 중 상당수는 어지간한 연구원들보다 현장 경험이 많으며 유적이 나왔을 때 어떤 방식으로 조사를 해야 하는지, 유물은 어떻게 수습해야 하는지 등에 대한 방법을 잘 알고 계신다. 경험이 많은 분들이 다수 포진되면 그 발굴 조사 현장은 굉장히 원만하고 부드럽게 운영된다. 또한 이분들은 가끔 집에서 싸온 음식이나 주변에서 얻은 식재료들을 연구원들과 함께 먹거나 나눈다. 연구원들은 이분들을 위

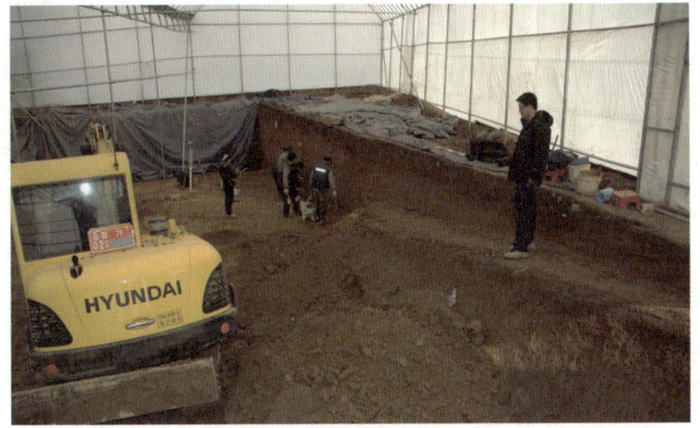

❖ 현장 굴삭기

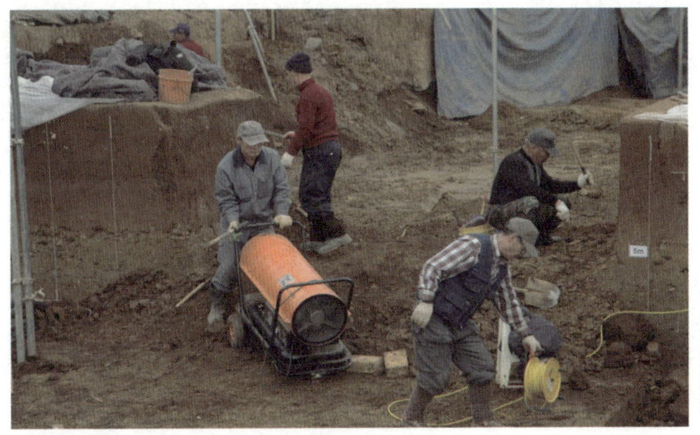

❖ 현장에서 일하시는 인부 어르신들

해서 가끔 돼지도 한 마리 잡고 피로를 회복할 수 있는 회식 자리를 마련하기도 한다.

굴삭기 기사. 예전에는 발굴 조사 현장에서 굴삭기를 사용하는 것이 말도 안 되는 일이라고 생각했다. 실제로 내가 입사를 했던 2005년 당시 구석기 유적을 조사할 때도 초기에 굴삭기는 구덩이 밖으로 던져진 흙을 모아서 한 곳에 쌓은 역할만 하게 했다. 그러나 조사의 면적이 엄청나게 커지고 대규모 택지개발이 진행되면서 발굴조사 분야의 업무를 전문적으로 하는 굴삭기 기사들과 업체들이 생겨났다. 이 분들 중에는 센티미터 단위로 땅을 팔 수 있는 능력자들도 있다. 힘과 속도를 자유자재로 조절할 수 있기 때문에 유물들이 훼손되는 경우는 드물다. 또한 이분들 중에는 매의 눈을 가진 분들이 많아서 실제로 굴삭기를 운전하고 땅을 파면서 급하면 뛰어 내려와 훼손될 뻔한 유물을 살려내는 경우도 허다하다.

어느 조직, 어느 집단을 가든지 각자 맡은 일을 열심히 하는 사람들이 모여 있으면 일은 순조롭게 진행된다.

특히, 인간적으로 관계가 잘 형성되고 서로 신뢰가 쌓인 집단은 일의 결과가 더욱 빛나고 훌륭하게 마무리된다. 그 사람들이 직원이든 같이 일하는 보조원이든, 인부 어르신들이든, 굴삭기 기사들이든. 한 가지 목표를 향해서 같은 마음과 상호신뢰를 가지고 움직일 때 비로소 일이 제대로 완성이 된다. 그래서 일보다 사람, 특히 조화로운 관계를 우선시 하여 일을 하려고 한다. 다 사람이 하는 일이기 때문이다. 사람 때문에 스트레스 받고 상처받는 일이 많으면 아무리 뛰어난 사람들이 모여 있어도 그 조직은 탄탄하고 안정적으로 성장할 수 없다.

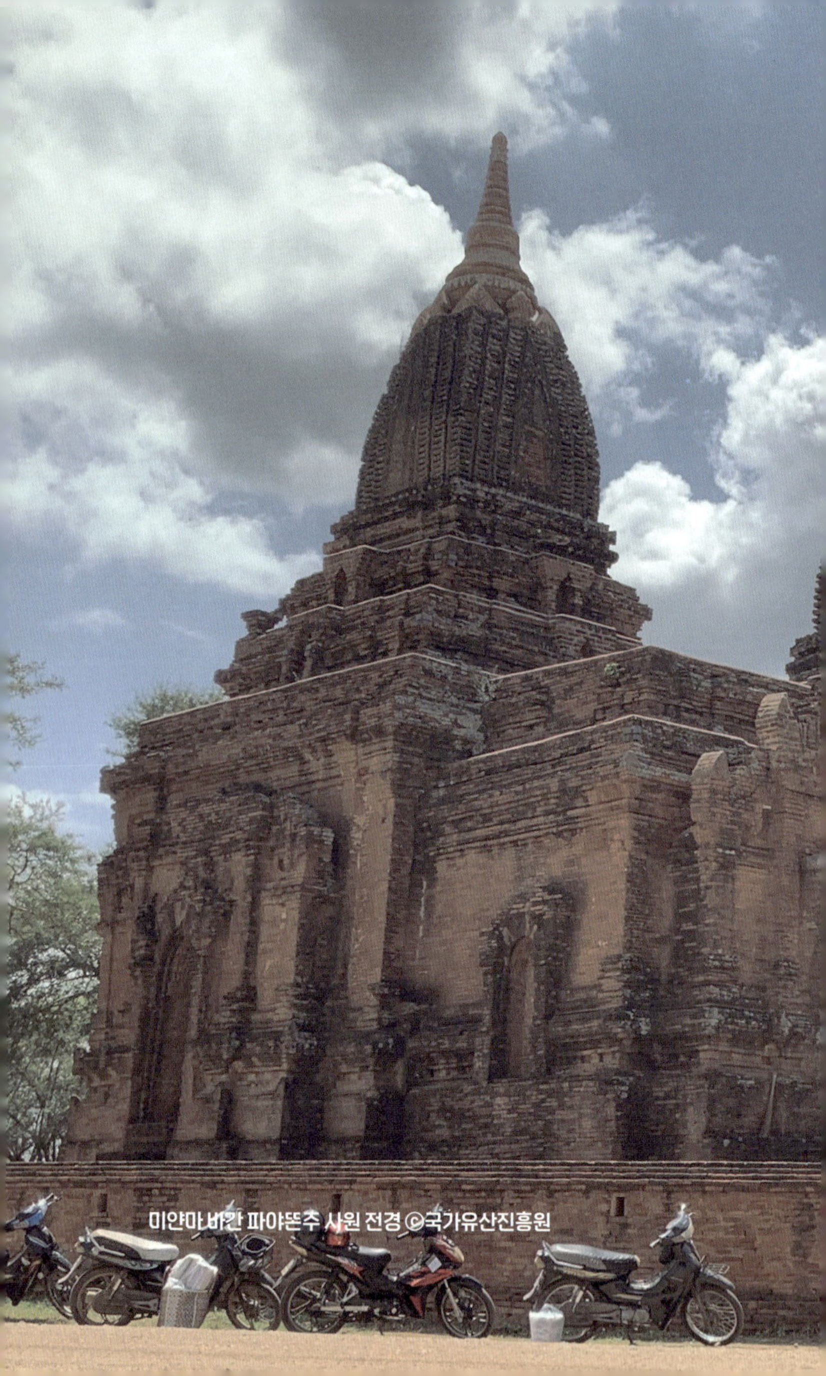

미얀마 바간 파야똔주 사원 전경 ⓒ국가유산진흥원

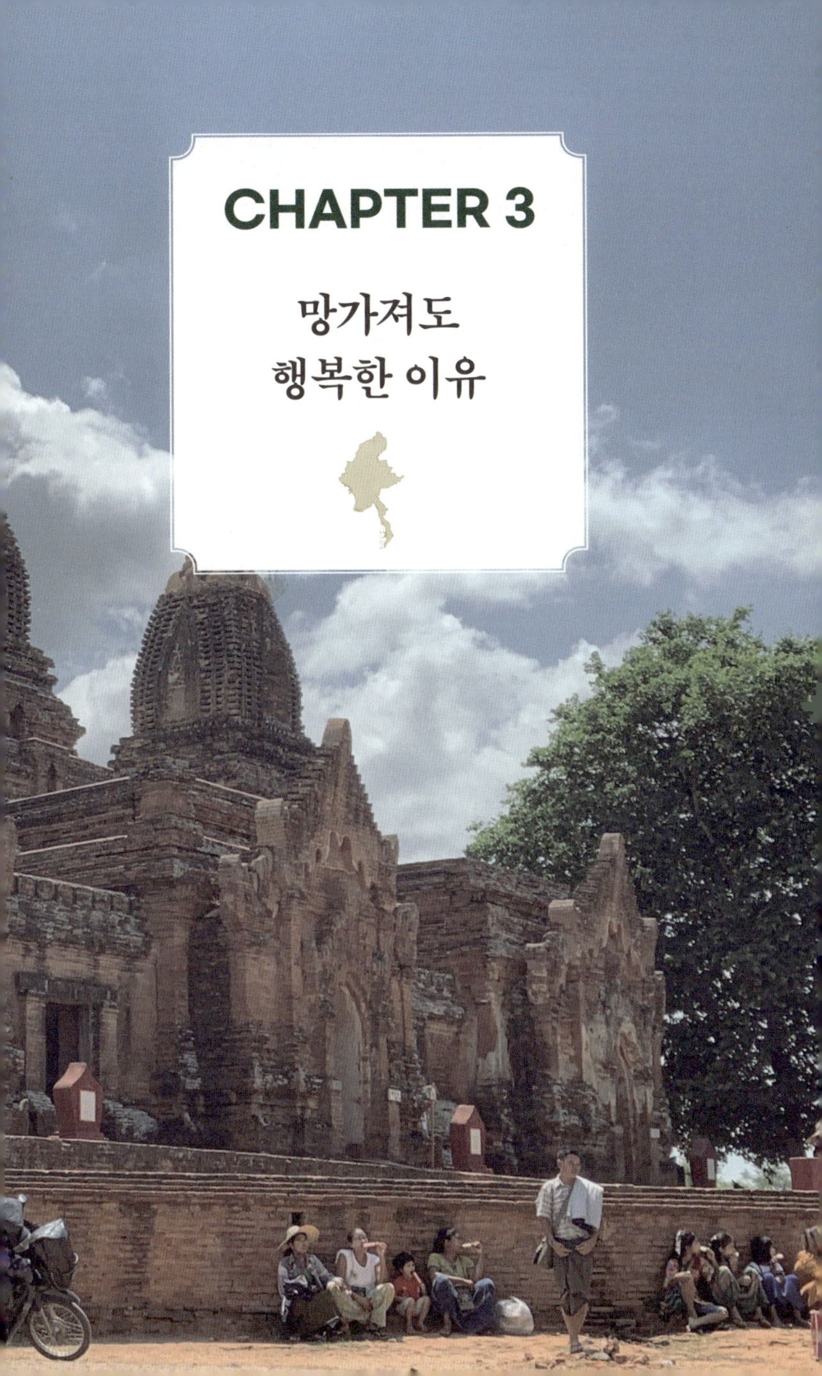

CHAPTER 3

망가져도
행복한 이유

맨발로 박쥐의 똥을 밟고 다니다

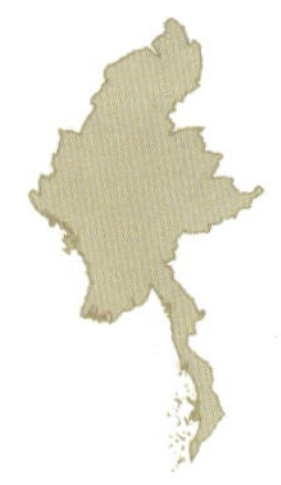

2016년 8월 24일 미얀마 바간 남서부 차욱^{Chauk}지역에서 6.8도의 지진이 발생했다. 이 지진은 미얀마 바간에 있는 수많은 문화유산을 흔들어 놓았다. 미얀마 바간의 살아있는 불교도들의 마음도 흔들었던 이 지진으로 인해 바간에 있는 3,822개의 사원과 탑 중 400여 개의 건축물들이 심각한 피해를 입었다. 유네스코와 연계된 전문가들이 급하게 현장에 파견되었고 당시 바간의 국립박물관을 지원하고 있던 한국팀도 급하게 현황 조사의 필요성을 어필하고 현장으로 출발했다. 소규모의 사업을 조금 더 확장된 사업으로 가져갈 수 있는 중요한 시점이라고

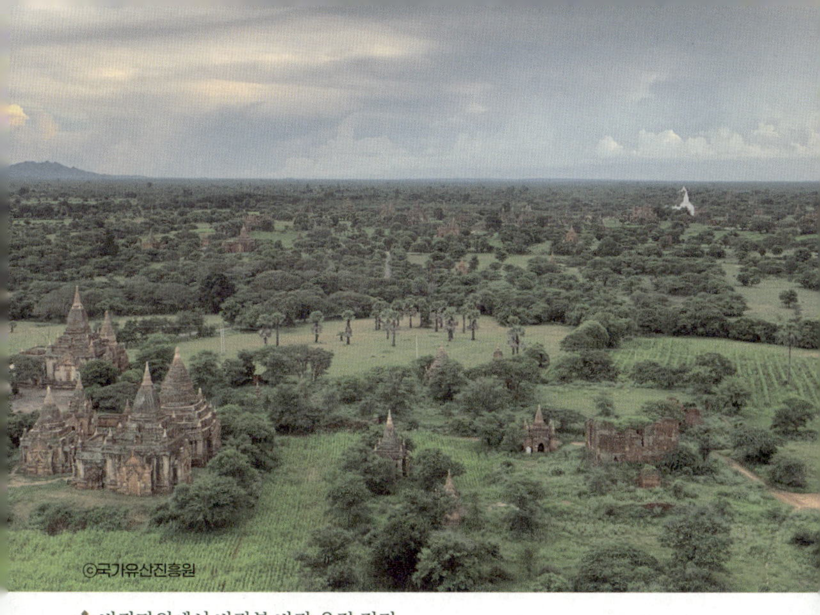

❖ 바간타워에서 바라본 바간 유적 전경

생각했고 이 판단은 추후 미얀마 사업이 대규모 프로젝트로 이어질 수 있는 중요한 조사가 되었다.

바간의 사원들과 탑들은 대부분 벽돌을 사용해서 만들어진 건물들이었으며, 많은 수의 사원 안에는 벽화들이 잘 남아 있었다. 건축, 건축구조, 벽화 등의 전문가들로 구성된 한국 출장 조사단은 도착 후 바로 현황조사에 들어갔다. 미얀마 고고학박물관국 직원들도 매우 적극적이었다. 출장단은 우선 피해를 입은 사원을 중심으로 현황조사를 진행했다. 유네스코에서 파견한 전문가들과의 미팅을 통해 기존 조사 내용에 대한 정보를 얻을 수 있었고, 현재의 상황이 어떠한지 살펴보았다.

미얀마의 지진은 하루 이틀의 문제가 아니었다. 규모를 달리하는 지진들이 상존하는 지역이며 주변의 지진에도 바간의 유적들이 쉽게 훼손되었던 건 구조적인 문제이기도 했다. 벽돌을 쌓아서 만든 바간의 유적들은 동남아 다른 국가들의 사암 재질 건축물보다 진동과 떨림에 취약한 구조를 가지고 있었다. 사실 미얀마 바간의 유적에 대한 대대적인 보수작업은 1975년대 지진 이후 미얀마 건설부에서 한 차례 진행한 바 있다. 하지만 문화유산에 대한 이해와 유적의 구조적인 문제에 대한 근본적인 접근 없이 급하게 보수를 진행했고 시멘트 등을 무분별하게 사용하면서 원래의 구조물과 보수된 구조물 사이에서 발생하는 강성 차이가 문제가 되었다. 결국 2016년 지진은 1975년 지진 이후 복원된 부분들이 집중적으로 파손되는 결과를 가져왔다. 원래의 구조물과 보수된 구조물 사이의 구조적인 균형과 재료의 이질감에서 발생할 수 있는 틈 사이로 진동이 파고들어 피해가 더 커진 것이다.

우리 일행은 최대한 많은 수의 피해 유적 현황을 기록해 나갔다. 미얀마 정부측의 도움으로 관광객이 쉽게 접근할 수 없는 곳까지 확인했으며 피해를 입은 수많은 유적에 대한 현황을 기록해 갔다. 일반인들이 쉽게 접근하지 못하는 유적들은 이미 오래 전부터 비둘기와 박쥐들의 안식처가 되어 있었다. 바간의 유적들은 종교적인 이유로 인해 신발을 신고 출입할 수가 없었다. 양말도 허용이 안 되는 사원들에 들어가 맨발로 조사를 진행해야 했다. 어떤 유적은 입구에서부터 바닥에 가득히 쌓인 비둘기와 박쥐의 배설물을 피해서 조사를 했다. 특히 박쥐 배설물에서 풍기는 고약한 냄새는 불쾌하다 못해 스트레스가 되었는데 이마저도 적응한 우리는 나중엔 맨발로 아무렇지 않게 박쥐 배설물들을 밟고 다녔다. 발에 붙은 박쥐 배설물이야 사원에서 나와 툭툭 털어내면 그만이었다. 오래된 배설물들이 대부분이라 발바닥을 몇 번 털어내면 다 떨어지곤 했다.

약 열흘 동안의 사전 조사로 개략적인 유적의 피해 현황을 정리한 이후 미얀마 정부에서는 지진피해 복구를 위한 협력 사업을 한국정부에 요청했다. 이를 바탕으로 대한민국 정부에서 ODA사업을 통한 미얀마 바간 지진피해 복구 사업을 추진하게 되었다.

가장 힘들었던 출장

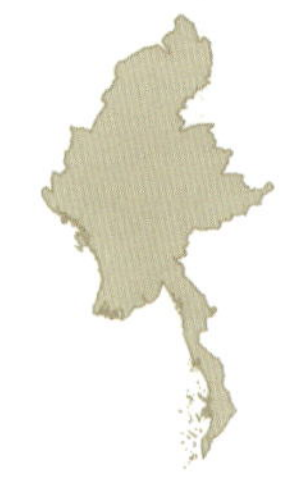

2016년 12월, 바간에서 발생한 지진으로 인한 피해 현황조사를 마친 후 2017년 문화재청^{현 국가유산청}과 재단^{한국문화재재단;현 국가유산진흥원}은 바간 사업의 신규사업화를 하기 위한 본격적인 업무의 일환으로 사전타당성조사를 진행했다. 정부의 재원으로 추진되고 지원되는 ODA사업의 경우 수원국의 요청과 이 요청을 바탕으로 한 타당성조사를 반드시 거치게 되어 있다. 외교부가 주관하는 심의에서 이것들은 필수적인 제출서류였고, ODA사업으로서의 타당성을 명확하게 하기 위해 우리는 한 번 더 현장으로 향했다. 이번 조사단은 문화재청과 재단, 그리고 각 분야 건축,구조,벽화의 저명한 학자들이 함께 했다. 학자들은 대부분 대학의 교수님들로, 방학을 이용해서 8월에 진행하는 것으로 계획을 세우고 조사를 진행했다.

조사의 일정은 굉장히 빠듯했다. 하나라도 더 보고, 하나의 사실이라도 명확하게 기록해야 했다. 미얀마의 사정을 조금 더 객관적이고 명확하게 파악해야 정부의 예산이 투입될 수 있었기 때문에 어느 것 하나라도 놓칠 수 없었다. 현장을 살피고, 미얀마 정부 관계자와 셀 수 없이 많은 미팅과 소통을 했다. 다른 국가에서 파견되어 나와 현지에서 활동하고 있는 전문가들과 회의를 진행하기도 하고, 유네스코에서 파견한 전문가들의 의견도 들으며 하나라도 놓치지 않으려고 집중해 정리해 나갔다.

무엇보다 중요한 것은 과연 우리의 사업을 통해서 미얀마 정부의 문화유산 보존관리 역량이 강화되느냐, 그리고 대한민국에서 지원한 것들이 전 세계에 효과적으로 알려질 수 있느냐 등이었다. 사실 신경 써서 살펴야 할 것들이 한두 가지가 아니었다.

약 100여 기가 넘는 사원과 탑들을 살펴보면서 우리는 체크리스트를 통해 각각의 사원과 유적이 가지는 특징과 사업으로서의 타당성 여부를 검증했다. 우선순위 유적을 선별하기 위한 회의가 저녁마다 진행되었다. 원고를 작성하기 위한 시간들은 점점 더 빠듯해져 가고 시간이 지날수록 교수님들은 조금씩 지쳐갔다. 매일 저녁 식사 후 진행되는 회의에 불만들이 조금씩 쌓여갈 즈음, 교수님들로부터 선언이 나왔다.

"이렇게는 못하겠습니다."

낮에는 뙤약볕에서 좁아터진 사원들을 맨발로 돌아다니고, 그런 중에 이것 저것 기록도 놓치지 않아야 했고, 돌아와 본인들이 보고 찍은 자료들을 정리하기에도 바쁜데 정책적인 보고서 작성을 위해서 밤마다 진행되는 회의에 참여해야 하니 모두가 힘든 상황인 건 맞았다.

문화재청과 전문가 사이에 놓인 당시 두 명의 재단 일행은 이를 중재해서 저녁 회의 시간을 간소화 하기로 했다. 회의가 없는 날도 마련해 재충전할 수 있게 조치하자고 했다. 서로 필요한 상황과 출장을 통해서 정리해야 하는 것들을 문제 없이 진행할 수 있게 협의했다. 그럼에도 불구하고 당시의 출장은 매우 많은 일들을 한 번에 처리해야 하는 상황이어서 내게는 가장 힘들었던 출장으로 기억에 남았다. 하지만 불가능할 것 같았던 내용들은 교수님들의 노력과 미얀마를 생각하는 마음으로 어느새 다 정리가 되었고 마무리 되었다.

발바닥 패치

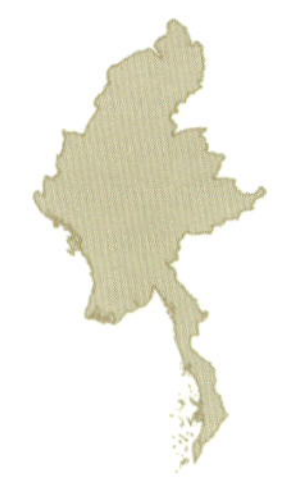

새로운 유적을 보고 새로운 사람을 만나고 새로운 일을 시작하는 것만큼 설레는 건 없다. 그 일의 난이도가 어떻든 간에 새로운 무언가를 시작하는 건 흥미롭고 긴장감도 적당히 유지시켜 주는 매력이 있기 때문이다. 물론 그렇지 않은 일들도 있다.

2016년 미얀마 바간에서는 큰 지진이 났다. 바간은 현재 유네스코 세계유산으로 지정되어 보존관리가 조금씩 이루어지고 있지만 2016년 당시에는 일부 국제기구와 이웃 나라들의 도움이 있었을 뿐, 미얀마 정부가 많은 수의 유적들을 직접 보존 관리하고 있는 실정이었다. 당시 소규모로 미얀마 바간의 문화유산 분야를 지원하고 있던 우리나라는 지진 후의 상황에 대한 조사에 착수했다. 바간의 수많은 불교사원과 탑, 그리고 여러 가지 건축물들이 상당수 피해를 입었고, 우리는 이에 대한 현황을 조사하는 것이 우선이었다. 미얀마 바간의 건축물들은 4천여 기 중 한두 개를 제외하고 모두가 다 벽돌로 만들어졌다. 어떻게 저런 높이까지 벽돌을 쌓아서 만들었을까, 당시의 기술력에 감탄을 하면서 최대한 많은 사원을 조사하려고 했다. 바간의 유적 중 관광객에게 개방된 사원은 극소수에 이르는데, 대부분은 관광객들의 접근이 어렵고 조사와 관리를 위한 출입만 가능했다. 그리고 모든 사원은 절대 신발을 신고 들어갈 수 없었다. 아무리 조사를 위해 왔다고 하지만 우리 일행은 유적에 대한 미얀마인들의 존경심을 따라야 했다. 심지어 양말까지 벗고 맨발로 들어가야 했기 때문에 유적 앞에 나란히 벗어놓은 신발들을 보는 건 우리 정서에 진풍경이나 다름 없었다. 일부 신발 안에 꾸겨 넣은 양말까지.

사람들의 발길이 거의 닿지 않는 유적에 들어설 때면 바닥에 있는 이것 저것을 피해다니기 바빴다. 건물의 안쪽 천정은 매우 높았고 그것은 박쥐들이 낮 동안 거처하기 좋은 환경을 갖추었다. 자연스럽게 모든 배설물은 아래로 아래로 바닥에 쌓여 있었다. 박쥐 배설물은 쥐의 그것과 형태가 유사한데 때로 바스락 하면서 발바닥 아래에서 부서지는 것이 느껴졌다. 때로 비둘기들의 그것이 있는 경우도 많았다. 하루 이틀이 지나면서 이제 그것들을 밟고 다니는 건 일도 아니었다. 아니 피해갈 수 있는 양이 아니었고 피할 수 없을 만큼 밀도가 높게 바닥에 잔뜩 도사리고(?) 있었기 때문에 그저 박쥐 배설물 위를 물 흐르듯 지나다니는 수밖에 없었다. 사원 하나 하나를

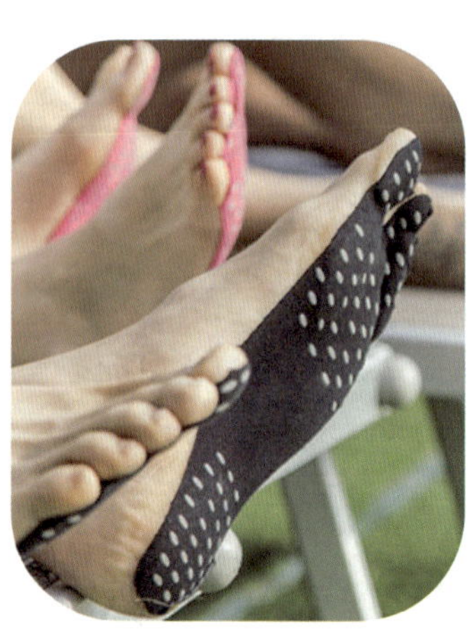

❖ 발바닥 패치

조사하고 나올 때 쯤이면 발바닥은 온통 부서진 박쥐 배설물들이 붙어 있었고 아무렇지 않게 털어내고 다음 사원으로 향했다.

조사를 하면서 발바닥 패치에 대한 이야기가 나왔다. 발바닥 모양의

스티커 비슷한 물건인데, 바닥에 붙이면 이물질이 묻지 않을 건 확실했다. 우리는 그걸 미얀마에서 관광객들에게 팔면 많은 돈을 벌지 않을까 이야기를 나눴다. 실제로 그 다음 출장에서 김 연구원은 그 물건을 사서 들고 왔다. 하지만 며칠 붙이고 다니더니 불편한지 다시는 붙이지 않았고 그의 발바닥은 다시 까만 무언가가 덕지 덕지 붙어 있었다. 바간에서 장사를 하려면 신형의 발바닥패치를 개발해야 할 것 같기는 하다.

미얀마에서 준비한 DR콩고 사업 제안서

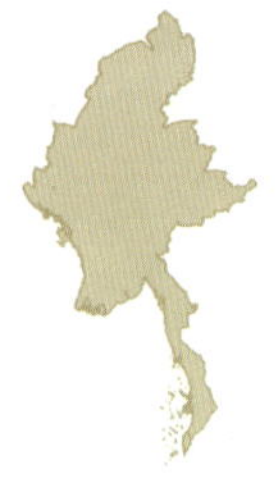

2017년 한국국제협력단KOICA에서는 글로벌 연수 사업의 일환으로 DR콩고 박물관의 직원 역량 강화를 목적으로 하는 프로그램을 수행할 업체를 선발하는 공고를 냈다. 당시 재단은 KOICA의 사업으로 방글라데시 박물관과 함께 역량강화 사업을 하고 있었다. 방글라데시 사업을 맡아서 하고 있는 서남아시아실을 통해 재단의 사업을 알게 되었고 글로벌연수실에서는 재단에 참여를 검토해 보라고 연락이 왔다. 우리는 내부의 검토를 마치고 보고를 한 후에 제안서를 제출하기로 했다. 제안서는 서류 제출을 통해서 심사한 후 확정된다고 연락을 받았고, DR

콩고 박물관의 현황을 분석하고 필요한 사항들의 추진에 대한 계획을 담아서 제안서를 제출했다. 그리고 얼마 후 나는 미얀마 사업의 사전타당성조사를 하기 위한 출장길에 올랐다. 출장지인 미얀마에서 코이카측으로부터 연락을 받았는데, 제안서를 제출한 기관들이 많아서 제안서에 대한 PT를 진행하는 것으로 바뀌었다는 내용이었다. 당초 계획에 없던 일정이 생긴 데다가 PT를 통한 제안서 발표가 미얀마에서 귀국하는 날이라 당황스러웠다. 미얀마에서 오전 일곱 시경 인천에 도착을 하는데 우리는 어쩌면 참석을 못할 수도 있겠다는 생각을 했다. 미얀마에서 급하게 한국으로 연락을 해서 당초 이야기에 없던 발표를 하라는 것부터 일정에 없던 일이라고 하였으나, 코이카측에서는 부득이 제안사가 많아서 우수 기관 선별의 방법을 수정했으니 그날 발표를 안 하면 제안서 심사에서 제외가 될 거라고 했다. 달리 방법이 없었다. 당시 미얀마에 함께 출장을 갔던 직원이 제안서 준비 팀원이었던 게 다행이었는지 모르겠지만 그날부터 우리의 수험생 입시 공부와 같은 작업이 시작되었다. 가지고 있는 자료와 인터넷 자료를 모두 뒤지고 현황분석 자료를 바탕으로 프레젠테이션 자료를 한 페이지씩 만들어갔다. 귀국하는 비행기에서도 발표자료를 수정하느라 한숨도 못 잔 상태로 인천에 도착했고, 집에 들러 노룩으로 캐리어를 패스한 후에 코이카로 달려갔다. 우리를 제외한 많은 기관들이 발표를 이미 진행했거나 준비하고 있었다. 떨리는 마음으로 여기가 미얀마인지 한국인지도 인지하지 못한 상태로 준비한 내용을 무사히 전달했다.

얼마 후 재단이 사업의 담당자로 선정되었다는 연락을 받고 한숨을 돌렸다. 이후 우리는 DR콩고의 박물관 운영이 잘 될 수 있도록 하는 3개년의 역량강화연수,교육등를 진행했다. 한국의 박물관 수준과 관리, 그리고 운영 역량이 DR콩고에 잘 전달되기를 바라는 마음으로, 그리고 코이카가 지원하여 건축한 DR콩고의 국립박물관이 많은 사람들에게 휴식공간이자 교육의 공간, 그리고 대한민국과의 교류의 결실이라는 게 잘 알려지도록 무던히도 애를 쓰며 사업을 진행했다.

난생 처음 비즈니스 업그레이드

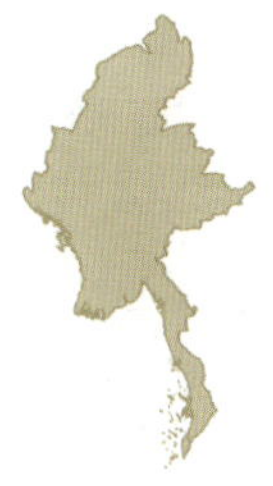

힘겨운 일정을 정말 어렵게 마치고 있었다. 과연 우리가 미얀마에 해 줄 수 있는 것은 무엇이고 어떻게 하면 미얀마 문화유산 분야의 발전을 위해서 함께 할 수 있겠는가를 고민하는 사이에 출장 일정이 마무리되었다.

귀국을 하루 앞둔 날이었다. 바간의 사원 건축을 위해서 쓰이는 벽돌을 아직도 옛날 방식 그대로 재연해서 만들고 있는 곳이 있다는 것을 확인한 건축팀은 그 현장을 방문하기로 했다. 현장에 쌓인 벽돌과 그 벽돌을 말리는 곳, 그리고 벽돌을 구워내는 방식이 예전과는 다르지만 벽돌을 만드는 온도를 조절하는 가마를 확인하기 위해서였다. 교수님들은 거기서 일하는 사람들에게 수많은 질문을 하고 하나라도 놓치지 않기 위해서 엄청난 양의 사진을 찍었다.(나중에 이 사진들을 정리하느라 정말 진땀을 뺐다).

그러던 중 잘 보이지 않는 곳의 촬영을 위해 그곳에 놓여 있던 수레 위에 올라간 교수님이 사진을 찍으려던 찰나 수레의 바퀴가 굴렀다. 수레 위에서 사진 촬영을 하시던 교수님이 순식간에 "쿵" 하고 바닥에 떨어졌다. 다행히 크게 다치지는 않은 것 같았으나, 잘못 디딘 발 때문에 왼쪽 발목이 심하게 부어 올랐다. 무언가 지탱할 것이 필요해 결국 목발을 짚지 않고서는 이동하기 어려운 상황이 되었다.

다음날 귀국길. 공항에서 출국 수속을 하던 중 대한항공 직원이 내게 비즈니스로 업그레이드를 해주겠다고 했다. 옆에는 우리 일행들이 표를 받고 있었다. 짧은 순간에 많은 생각이 머릿속을 스쳤다. 나는 태어나서 비니지스를 타 본 적이 한 번도 없었다. 이런 비즈니스 업그레이드는 자주 찾아오는 기회가 아니었기 때문에 순간 설렜다. 하지만 옆에 다리가 불편한 교수님이 보였다. 결국 비즈니스석은 교수님께 양보를 했다. 불편한 다리를 이끌고 여섯 시간이 넘는 비행을 하기에는 무리인 게 너무 당연했고 별도의 조치를 취할 수 없었던 우리 일행은 그나마 천만다행이라 생각했다. 하지만 나도 사람인지라 속으로 조금 아쉽다는 마음은 떨쳐버릴 수가 없었다.

그러나 귀국 비행기 안에서 내내 마음은 굉장히 편안했다. 기내식도 잘 먹고 마음 편하게 한국까지 올 수 있어 좋았다. 비행 중 한 승무원이 나에게 무언가를 가져다주었다. 볼펜과 샤프가 함께 들어있는, 고급스런 브랜드의 필기구였다. 앞쪽 비즈니스석에 앉으신 교수님께서 미안함에 선물을 주신 것이었다. 속으로 잠시 아쉬운 맘을 가졌던 내 자신이 실망스러웠다. 나는 앞쪽 비즈니스 좌석으로 가서 교수님께 감사의 인사를 전했다. '이런 건 안 주셔도 된다'고 했으나, 교수님께서는 너무 미안하니 꼭 받아달라고 하셨다. 운수 좋게도 그해 늦은 가을 나는 아프리카에서 오는 길에 또 한번의 비즈니스 업그레이드를 경험했다.

진토닉 금주령이 내려진 사연

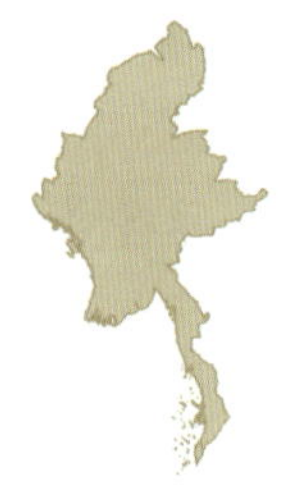

2019년 나는 미얀마에서 한 해의 절반을 살았다. 그때의 삶은 나에게 커다란 기회를 주었다. 팀장 보직으로만 방문해 봤던 미얀마 바간, 그리고 타톤과 양곤 등 쉽게 방문하기 어려운 도시들을 가 보았고, 쉽게 만나기 어려운 문화유산들을 접해봤다. 여러 달 일터였던 바간은 지금도 그리운 곳이다. 그리고 잊혀지지 않는 사건도 있다. 그곳엔 나와 함께 호흡을 맞추며 일한, 진토닉을 사랑했던 한 젊은이가 있었다.

2019년에 복직한 나는 상반기에 미얀마 사업팀에 배속되었다. 당시 바간 사업을 끌고 있던 김 연구원이 바간에서 고고학 조사가 일부 필요함을 확인하고 나에게 도움을 요청했다. 휴직 후 딱히 임무를 배정받지 못해 어정쩡한 상태가 될 뻔한 나는, 당시 팀장님께 이야기해서 바간 사업에 참여할 수 있게 됐다. 지금 생각하면 그때 김 연구원의 제안이 나의 인생에 있어서 정말 소중한 시간으로 남을 거라고 생각하지 못했다.

상반기 출장은 약 3개월가량으로 계획되었다. 장기 출장에서 중요한 것은 뭐니뭐니 해도 먹는 것과 자는 것이다. 나는 출장 팀에 숙소를 알아보겠다고 자원했다. 마침 휴직 중 수영을 생활화 했던 나는 숙소를 선택하는 기준 중 하나가 수영장이 있는 곳이었다. 호텔 사이트를 수도 없이 뒤지고 또 뒤졌다. 장기 출장이었기에 되도록 여가생활도 함께 하고 싶어 기본 수영장 옵션을 선택해 정말 마음에 드는 숙소를 찾아냈다. 여행자 거리와 멀지 않아서 저녁식사 등을 해결하기 좋은 위치였고, 수영장은 물론, 숙소 전체가 마치 방갈로처럼 개별 방이 별도의 건물로 구성된 곳이었다. 나무도 많아서 그늘 아래에서는 왠지 더 시원할 것 같았다. 그리고 숙소에 한 달을 머물면 일주일에 한 번씩 저녁 특식을 제공해 준다고 했다.

또 한 달에 한 번씩 마사지를 할 수 있는 기회가 주어지는 곳이었다.(마사지는 한번 받고 몸살이 날 것 같아서 다시는 안 받았다).

숙소는 정해졌고 금액도 여비의 범위를 벗어나지 않아서 나는 바로 동료들에게 확인하고 예약을 했다. 도착해서 생활해 보니 숙소는 생각보다 좋은 점이 너무 많았다. 당시 바간은 기상이변으로 인해 바간 사람들조차 한 번도 경험 못한 폭염이 이어졌다. 매일 40도를 오르며 기록을 갈아치웠던 때였다. 우리가 지낸 숙소는 방 주인이 에어컨을 켜 놓고 나가면 저녁에 들어올 때까지 켜져 있었다. 그리고 매일 미얀마 비어 두 캔이 냉장고에 비치됐다. 같이 출장을 갔던 동료들도 모두 만족해 하는 숙소여서 그해 하반기에도 우리는 같은 숙소에서 바간 출장 업무를 진행했다.

호텔의 레스토랑은 수영장 바로 옆에 별도의 건물로 붙어 있었다. 바간에서 아이스 아메리카노는 쉽게 마시질 못한다. 그래서 나는 매일 아침 커피와 얼음을 따로 주문했다. 며칠 그렇게 주문을 하자 어느날부터 내가 조식을 먹으러 가면 종업원이 얼음이 담긴 아이스커피를 갔다 주기도 했다. 레스토랑에서 다 같이 특식을 먹기로 한 어느날 저녁이었다. 특식은 몇 개 메뉴 중 골라서 먹을 수 있는데, 미얀마 정식, 스테이크, 꼬르동블루 중 선택을 할 수 있었다.곁들일 특별 음료도 서비스를 해줬는데 콜라나 맥주를 자주 마셨던 우리 일행은 그날 왜 그랬는지 진토닉을 주문했다. K선생은 진토닉이 처음이라고 했다. 칵테일을 자주 먹어봤던 나도 진토닉은 그때가 처음이었다. 그날 저녁 식사와 함께 한 진토닉은 왜 그리 맛이 좋았던지 모르겠지만 우리는 한 잔씩을 마셨고 저녁 늦게 레스토랑에서 나와 각자의 방에 들어가 잠자리에 들었다.

당시 바간의 날씨가 무척 더웠기 때문에 우리는 미얀마 현지 스텝들과 상의해서 업무를 일곱 시부터 시작하고, 열두 시부터 두 시까지 점심시간을 좀 길게 가졌다. 그리고 저녁 해가 지기 전인 다섯 시까지 업무를 진행했다. 점심을 먹고 두 시에 일을 하는 건 정말 고행이었다. 그래도 달리 방법을 찾기가 어려웠다. 그렇다고 점심시간을 더 길게 하자니 여러 사람들의 반대가 심했다.

그런데 진토닉을 마신 다음 날 아침 출근을 하려고 각

자 방에서 나왔는데, 태어나서 진토닉을 처음 먹어본다는 K선생이 나타나질 않았다. 방문을 열고 들어가는 것도 예의가 아니라고 생각해서 몇 번이고 전화를 해봤지만 받지 않았다. 슬슬 걱정이 되기 시작해 다른 선생님이 안 되겠다며 방으로 가서 문을 두드렸다. 문이 열리고 그 방으로 들어간 선생은 깜짝 놀랄 수밖에 없었다. 방 한켠에는 진토닉 잔으로 보이는 유리컵 다섯 잔이 놓여 있고, 그 옆에는 다 마시고 난 미얀마 맥주가 몇 캔 찌그러져 놓여 있었다. K선생은 도저히 출근할 수가 없다면서 너무 힘들다고 했다. 화가 머리끝까지 났지만 정신도 차리지 못한 그를 두고 우리는 현장으로 향했다. 현장에 도착하니 다들 출근해서 우리를 기다리고 있었다.

전 날 밤에 K선생은 저녁 식사 후 레스토랑이 문을 닫는 시간 직전에 자신이 묵고 있는 방으로 진토닉 여러 잔을 추가로 주문했다. 거기에다가 맥주도 잔뜩 들이켰다. 일을 하러 온 출장에서 업무를 못할 정도로 술을 마시고 다음 날 아침까지 혼자 숙취를 앓고 있던 그에게 화가 났지만 우선은 정신을 먼저 차려야 했기에 며칠이 지난 후에야 강력하게 이야기했다. 그는 본인도 그럴 줄 몰랐다

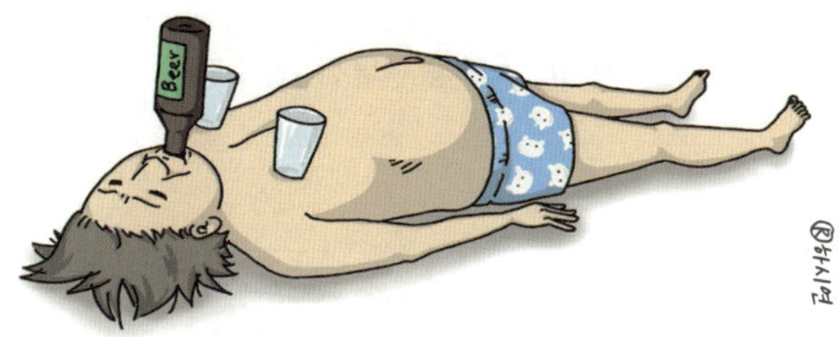

고 했다. 진토닉이 맛있다고 우습게 보고 들이켰다가 몸이 그 지경이 된 거다. 그 뒤로 자체 진토닉 금지령이 내려졌다. 누구랄 것도 없이 자체적으로 다시는 진토닉을 주문하지 않았다. 그 뒤로도 진토닉은 다시는 입에 대지도 못하고 우리의 출장은 마무리됐다. 진토닉은 마치 앉은뱅이 술과 같은 효과가 있다는 것을 알게 된 계기였다.

한국 음식을 대접합니다

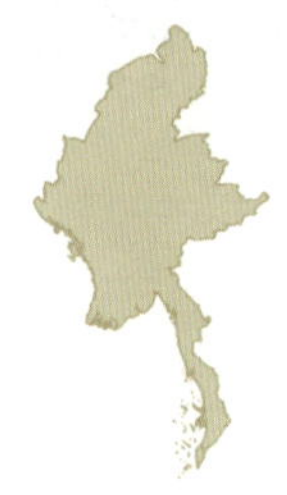

    2019년 미얀마 사업과 관련한 출장은 이야깃거리가 너무 많다. 그간 보직을 맡아서 진행한 문화유산 관련 국제개발협력 사업에서 현장 업무인 장기 출장은 극히 제한적이었기 때문에 더 특별했다. 그러나 그해는 운 좋게도 미얀마 장기 출장 허락이 났고, 우리 연구원들이 어떻게 현장에서 지내고 일하는지 다시 한번 생각하고 경험해 볼 수 있는 기회가 됐다.

    2019년 남자 셋이 떠난 미얀마 바간 출장은 40도가 넘는 날의 연속이었다. 우리는 하루 하루를 견디고 견디고 견디며 시간을 보냈다. 그래도 함께한 연구원들과의 합이 잘 맞았던 탓에 지루할 틈 없이 일정을 보냈다. 상반기 출장이 막바지에 접어들었을 때 우리는 작당 모의를 했다. 여러 달 함께한 미얀마 동료들에게 한국에서 가지고 온 여러 가지 양념들과 조미료들을 이용해 음식을 대접하기로. 정확하게는 한국의 맛을 보여주고 싶었다. 하지만 우리 중에 음식을 잘하는 사람은 없었다. 그래도 다방면으로 정보를 공수하고 일을 만들기 시작했다.

미얀마 바간사무소 식구들과 함께 하는 저녁식사는 상반기 현장을 마무리하기 전에 우리가 꼭 해 보고 싶은 일이었다. 미얀마 바간사무소 식구들에 대한 고마움을 전하기 위해 선택한 방법이었다. 우리는 운전기사를 통해 바간에서 통채로 빌릴 수 있는 식당을 알아봤다. 미얀마에 관광객이 아주 많은 시즌이 아니었기 때문에 저녁 시간대에 텅빈 식당들이 더러 있었고, 우리는 괜찮아 보이는 식당을 운전기사에게 일러주었다. 우리가 알아본, 저녁마다 텅빈 식당은 미안하게도 운전기사의 사촌형이 운영하는 식당이었다. 최근 통 장사가 안 된다고 했는데, 우리는 소액을 지불하고 식당을 통째로 빌리기로 했다. 주방을 쓰는 조건을 제시한 건 물론이다.

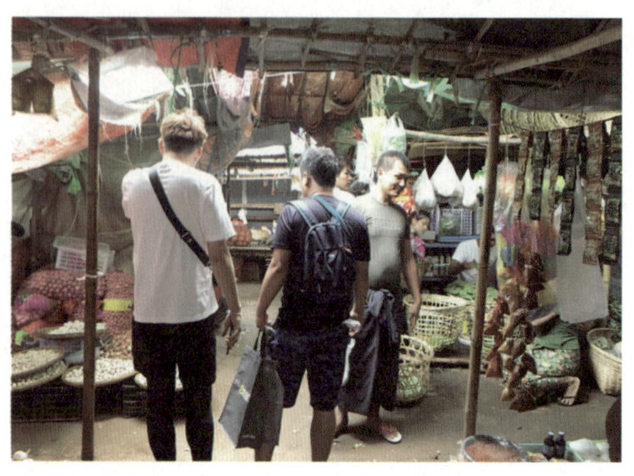

❖ 출근 전 바간의 새벽시장에 나선 한국 연구원들

드디어 D-Day. 우리가 선보이려고 한 메뉴는 제육볶음과 야채샐러드, 그리고 짬뽕이었다. 우리가 한국에서 가져간 짬뽕 가루는 호텔에서는 물론 대접 메뉴 선정에 어김없이 존재감을 과시했다. 현장 출근 전 몇 명은 새벽시장에도 갔다. 싱싱한 재료를 사고 필요한 것들이 더 있는지 확인하기 위해서였다. 그리고 최종적으로 정해진 메뉴는 제육볶음, 야채 샐러드, 짬뽕, 가지볶음. 그리고 닭볶음탕이었다. 밥은 별도로 식당에 주문해서 받기로 하고 재료를 사서 식당 냉장고에 두고 출근했다. 이미 사전에 바간사무소 소장님을 비롯한 직원들을 초청한다는 공지를 한 덕분에 그날 모두의 업무는 빠르게 마무리되었다. 음식은 김 선생과 K 선생이 담당했다. 음식에 자신이 없던 나는 현장에서 업무를 정리하기로 했다.

식당의 주방은 회색빛의 시멘트가 발려진 채였고 특별한 인테리어도 없었다. 나무로 만들어진 선반은 위태로워 보였다. 그 위에는 냄비들과 조리도구들이 제멋대로 놓여 있었고 그 선반 아래에서 두 'K요리사'가 메뉴에 대해 이야기하고 있었다. K 선생이 갑자기 오이김치를 하겠다고 했다. 마침 잔뜩 사온 오이를 활용할 모양이었다. 김 선생은 제육볶음을 빠르게 만들어냈다. 옆에서 닭볶음탕까지 순조롭게 만들어내고 있었다.

약속 시간이 되자 소장님을 비롯한 바간사무소 직원들 30여 명이 속속 도착했다. 우리와 함께 현장에서 사업을 하고 있는 직원들이 우리의 일손을 도왔다. 정신없이 음식을 준비하고 차려진 상을 보니 제법 그럴 듯했다. 마지막으로 밥을 접시에 담아 개개인에게 전달하고 드디어 '한 말씀'을 누군가 해야 하는데 모두가 연장자인 나를 쳐다봤다. 나이 많은 것도 서러운데 이런 걸 시키다니. '한국의 음식을 준비했는데 맛이 있을지 모르겠다'는 말을 했다. 말이 끝나기 무섭게 우리는 맥주를 들어 건

배를 외쳤다.

모두 맛있게 먹는 눈치였지만, 오이 김치는 그들의 입맛에도 잘 안 맞는지, 여러 테이블에서 얼마 먹지 않은 오이김치들이 발견됐다. 흥겨운 분위기가 이어지고 일어서서 노래를 부르는 사람도 있고 이 테이블에서 저 테이블로 옮겨 다니며 맥주 한잔에 더위를 날리는 이도 있었다. 요리 준비를 하며 이미 온몸이 땀으로 흠뻑 젖은 두 연구원도 합류해 분위기가 고조 되어갈 즈음 바깥은 어느새 어둠이 깊이 내려와 있었다.

식사가 마무리될 무렵 우리는 맛있게 먹어준 바간사무소 직원들에게 감사를 표하고 식당 앞에 모여 줄을 지어 서서는 사진을 찍었다. 우리 팀은 당시 사업을 알리는 플랜카드를 상시로 들고 다녔는데 그날도 누군가 어김없이 작고 앙증맞은 플랜카드를 들고 나왔다. 누구는 취한 채, 누구는 즐거운 채, 또 누구는 집중 안 한 채, 그렇게 한 장의 사진을 찍었다. 초대받은 30명은 모두 너무 잘 먹었다며 여러 번 감사 인사를 하고 돌아갔다. 맛있게 먹어준 게 더 고마웠던 우리는 다음에 한 번 더 기회를 마련하겠다고 했다.

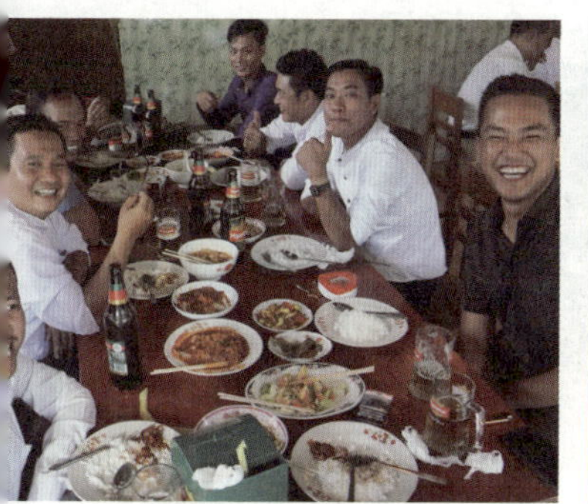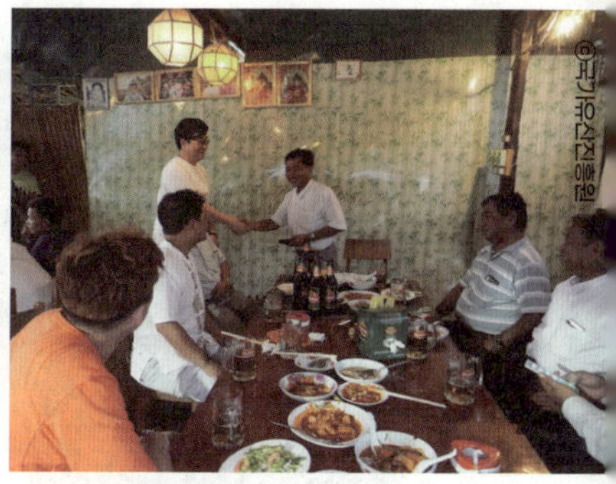

❖ 바간사무소 직원들과 함께(왼쪽). 바간사무소 소장님의 감사 인사(오른쪽).

모두가 돌아가고 텅빈 식당에서 우리는 맥주 한 잔씩을 더 들이키고 귀가(?)했다. 그때 설거지를 누가 했는지 정확하게 기억이 안 난다. 미얀마 식구들이 함께 도움을 줬던 것 같다. 오랜만에 수입이 생긴 식당 사장님도 머쓱하게 인사를 했고 이내 우리도 숙소로 발걸음을 옮겼다. 숙소로 돌아가는 길에 우리는 오늘 한 일에 대해 이야기를 했다. 이야기 중에 누군가 바간에서 토스트 사업을 하면 정말 인기가 많겠다고 말했다. 취한 나머지 다음에 셋이 같이 투자해서 토스트 가게를 차리자고 약속까지 했다. 수익금 분배로 한참 큰소리로 떠들다 보니 어느새 숙소에 도착해 있었다.

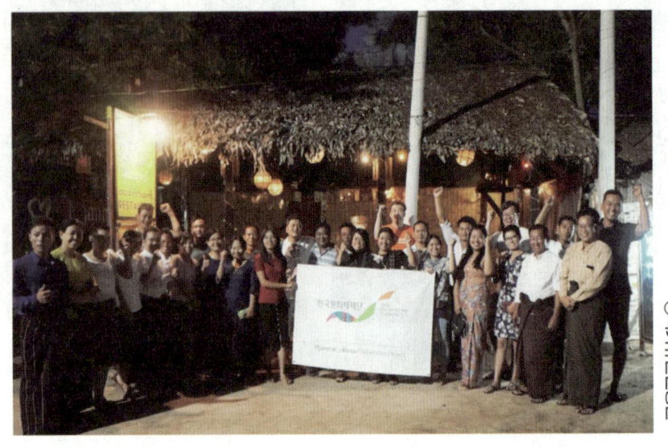

ⓒ국외소재문화재단

❖ 미얀마에서 문화유산ODA사업을 통해 만난 현지 동료들과의 파트너십은 특별했다. 협력을 위해 간 우리도 얻은 것이 많았던 시간이다. 한국에서 간 연구원 세 명이 직접 준비한 초대 만찬은 그래서 더 의미가 컸다.

당신 방에서 이상한 냄새가 나요

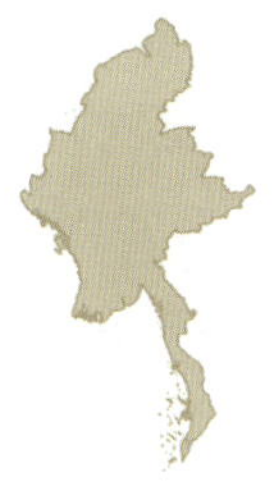

바간에서의 출장 일정이 마무리되고 있었다. 3개월 이상의 장기 출장이어서, 한국의 향을 품은 음식들을 각자 조금씩 챙겨왔는데 그 중의 압권은 짬뽕가루였다. 사실 엄청 큰 통에 담긴 빨간 가루를 처음 보았을 때, 저런 걸 굳이 왜 가지고 왔을까 속으로 생각했었다. 호텔에서 가끔 한 방에 모여 저녁을 먹을 때가 있는데 그땐 참치통조림, 깻잎, 김치통조림 정도로 그리움을 달랬었다. 그러던 어느 날 드디어 짬뽕가루가 등장했다.

그날은 퇴근길에 미리 바간의 번화한 골목길 식당에 들려 꼬치구이를 샀다. 오징어, 소고기, 돼지고기, 채소

등도 골고루 준비한 다음 호텔 측에 부탁해 재료들을 넣고 끓일 수 있는 장비를 갖추었다.

작은 냄비에 물을 받고 한참을 끓인 후 짬뽕가루를 넣고 다시 끓을 때까지 기다렸다가 밖에서 사온 꼬치를 넣었다. 이미 다 익은 꼬치지만 짬뽕의 향이 베어 골고루 매운맛이 입혀졌다. 짬뽕이 끓고 있을 때 우리는 호텔에 주문을 했다. "그냥 맨밥만 주세요!" 호텔리어에게서 '이 사람들 대체 뭘 하려는 거지?' 하는 표정이 보이다가 이내 입꼬리가 올라갔다. 이미 눈빛으로 알아챘지만 어쩌겠는가, 손님이 주문한 건 달랑 맨밥 세 개였으니 말이다. 밥은 커다란 접시에 한 공기씩 엎어져서 방으로 배달됐다.

짬뽕가루는 마법의 가루였다. 한국 중식당의 짬뽕을 거의 그대로 동결건조해 온 느낌의 첫 맛을 시작으로 숟가락들이 쉴새 없이 냄비로 향하고 밥은 금새 동이 났다. 옆에 있던 반찬들은 대부분 그대로 남아 있어서 그걸 처리할 방법을 찾느라 고심을 했다. 결국 호텔에 밥을 더 요청했다. 그리고 남은 반찬을 밥과 함께 먹어치웠다.

한국의 맛이 그리운 날, 그리고 매운 맛이 땡기는 날에 우리는 어김없이 짬뽕을 먹었다. 어쩌겠는가, 아무리 미얀마 음식이 한국 사람에게 잘 맞는다고 하더라도 우리는 K인류인 걸. 그리고 그리운 건 조금이라도 해소를 해야 하지 않겠는가.

짬뽕으로 호강하는 날엔 어김없이 소주를 반주 삼았다. 플라스틱에 고이 담겨 있는 소주는, 출장 기간 내내 아끼면서 먹었지만, 현지에 도착 후 얼마 안 가 동이 났다. 길거리에서 무척 값싼 양주를 먹은 적이 있는데, 마신 후 심한 두통을 앓고서 다시는 마시지 않았다. 생긴 건 마치 조니워커처럼 생겨서 라벨도 비슷했는데, 그게 아닌 모양이었다.

그런데 짬뽕을 먹고 다음 날. 현장에 갔다가 돌아왔더니 방의 창문이 온통 열려 있었다. 항상 에어컨을 틀어놓는 호텔이기 때문에 방문은 일부러 열지 않는 한 열려 있던 적이 없는데, 웬일인지 그날은 방의 창문도 다 열려 있는 것이 아닌가. 이상한 낌새를 눈치채고 도둑이 들었다고 생각했다. 방안에 있던 짐을 뒤적이며 없어진 게 없는지 확인하다가 테이블 위에서 하나의 쪽지를 발견했다. 쪽지에는 이런 메모가 적혀 있었다.

"방에서 이상한 냄새가 나서 창문을 열어두었습니다.

환기가 필요합니다.”

우리는 모두 빵 터졌다. 어제 짬뽕을 신나게 먹고 환기를 시키지 않고 그대로 잠들었는데 방안엔 짬뽕 냄새가 가득 차 있었던 거다.

그 뒤로 짬뽕을 먹을 때면 식사 후 꼭 환기를 시키는 버릇을 들였다. 그러다가 어느날부터인가 귀찮아지기 시작하더니 사 먹는 식습관으로 바뀌어 갔다. 그때 먹었던 짬뽕의 기억은 환상적인 맛은 아니었지만 아직도 아련한 추억의 맛으로 남아 있다.

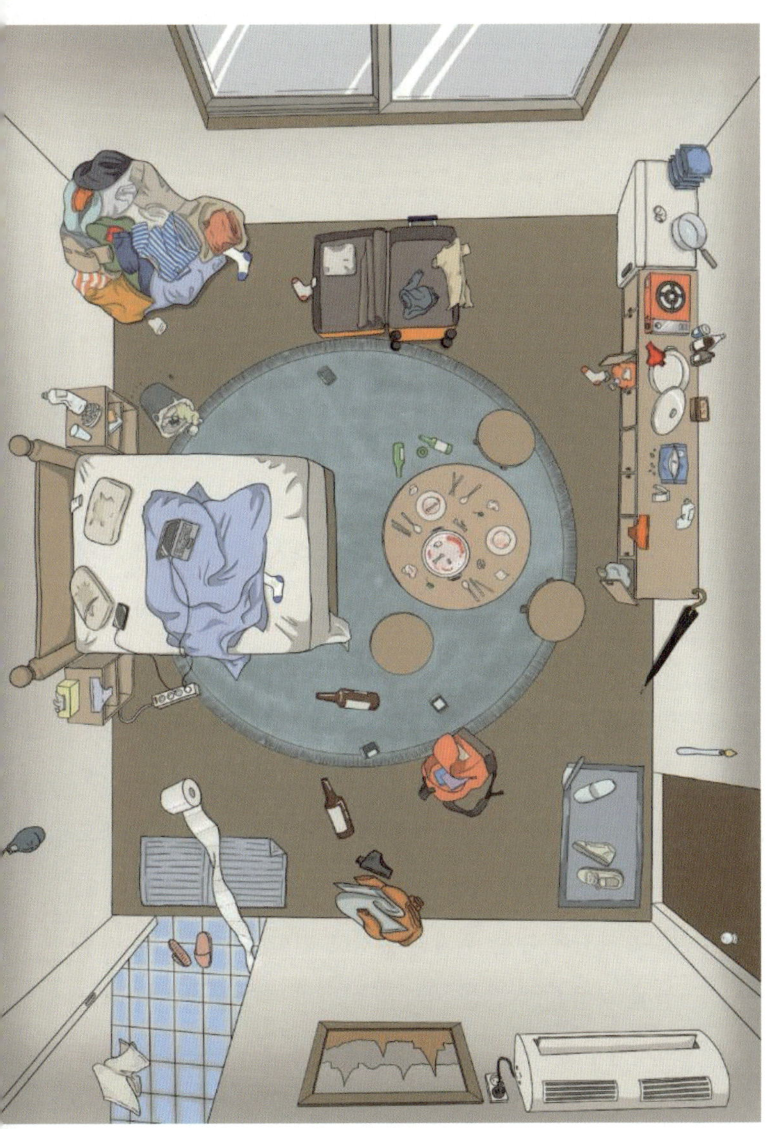

Ⓡ하시연

코끼리도 아파 눕는, 치쿤구니야

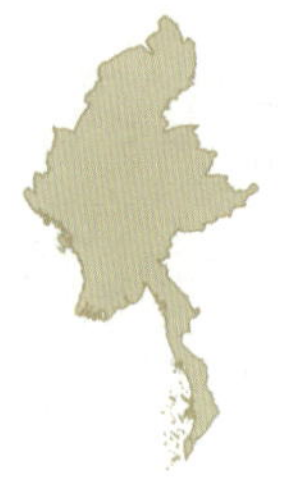

2019년 하반기도 약 3개월을 다시 미얀마에서 지냈다. 상반기에 묵었던 숙소가 다행히 가격을 유지하고 있어서 같은 숙소를 정했고, 이번에는 미얀마 남부 타톤 지방의 문화유산에 대한 사례조사를 통해 본 사업의 품질을 높이고 향후 신규사업 개발의 기초자료를 확보하기도 했다. 하반기는 상반기에 비해 날이 덥지 않았다. 그래도 동남아는 동남아. 연일 푹푹 찌는 듯한 더위는 변함이 없었고 사업에 대한 우리의 열정도 변함이 없었다. 우리와 함께 사업을 추진한 기관은 미얀마 종교문화부의 고고학박물관국이었다. 특히 세계유산을 관리하는 바간사무소의 직원들이 우리와 함께 했다. 다들 건축이나 고고학을 전공한 전문가들로 우리는 우리를 하나의 팀으로 불렀다. 미코MyKo팀. 우리는 내심 My Korea팀이라고 생각하고 있었고, 미얀마 동료들은 미얀마Myanmar의 앞자My를 앞에 두고 뒤에 코리아를 합성한 미코팀이라고 여기며 팀 이름을 정했다. 어떠하든 미코팀은 파야똔주 사원과 그 안의 벽화를 잘 보존 관리, 지속적으로 알려서 관광객이 많이 도착할 수 있도록 한다는 목적을 향해 달려갔다.

미얀마 종교문화부 고고학박물관국의 국장과 면담이 예정되어 있던 일요일이었다. 화요일로 예정된 면담의 안건은, 사업의 추진현황을 공유하고 향후의 방향에 대한 논의였다. 중요한 미팅을 이틀 앞두고 저녁을 먹고 잠에 들려 하는데 어딘가 불편하여 자꾸 잠을 설쳤다. 다음 날인 월요일 아침에 일어나려는데, 온몸이 무겁고 뼈마디가 쑤시듯 아팠다. 특히 관절이 있는 부위는 침대에 닿기도 어려울 정도로 통증이 심해서 결국 이리 누웠다 저리 누웠다를 반복했다. 전날 밤에도 아파서 중간 중간 깨기를 반복하며 잠을 설쳤는데, 아침에는 그 통증 강도가 더 심해져 있었다.

　동료 연구원의 방문을 두드려 증상을 이야기하고 도저히 오늘은 현장에 못 나갈 것 같다고 했다. 동료는 그럼 병원에 가야 하지 않겠냐며 허둥댔다. 겨우 정신을 차리고 운전기사의 도움으로 병원에 갔다. 알 수 없는 고열과 뼈마디의 통증, 특별하게 치료약은 없는 듯했다. 진통제와 해열제, 그리고 몇 개의 알약을 받아 나오는 길에 운전기사는 나에게 코끼리열병인 거 같다고 했다. 코끼리열병이 뭐냐고 물으니 뎅기열과 비슷한 증상이 보이는 병인데, 아무래도 뎅기열은 아닌 것 같고 코끼리열병인 것 같다는 것이다. 코끼리열병은 코끼리도 아파 누울 만큼 심한 고통이 동반되는 병으로 미얀마에서만 그렇게 부르는 것 같았다. 정식 명칭은 치쿤구니야 열병. 아프리카나 동남아에서 모기를 매개로 전달되는 감염성 질병이다. 고열과 관절통과 같은 증상이 특징이고 뎅기열과 증상이 유사하여 감별하기 어렵다.

　나의 경우, 아무래도 동남아의 날씨가 덥고 물의 관리가 훌륭하게 되지 않다 보니 모기가 발생하는 건 어쩔 수 없는 일이라 생각했다. 가끔 모기에 물리면 약 바르고, 낫기를 반복했는데, 다행히 숙소에도 모기가 그리 많지 않았었다.

뎅기열일까봐 마음을 조리고 있었던 터라 병원 진단 후에 안심은 하였으나, 몸의 증상은 이미 안심할 상태가 아니었다. 고열과 관절통은 물론 오른쪽 다리는 바닥에 딛기조차 어려웠다. 결국 이튿날 차량으로 네피도까지 이동해 진행하기로 한 미팅은 다른 동료들만 가는 것으로 결정되었다. 그 사이 나는 아무도 없는 호텔에서 혼자 관절통과 씨름했다. 그날 저녁 어두운 창밖의 달은 왜 그리도 밝은지, 서러워서 더 아프고, 그러니 눈물이 났다. 약을 먹고 진정이 된 건 3일이 지난 후였다. 이후로 현장에도 출근을 했다. 하지만 발목의 통증은 그 후로도 오래가서 현장에서 일하는데 여간 불편한 게 아니었다. 통증과 씨름한 사흘간 이러다 죽는 건 아닌지, 뎅기열 아니라는 이 동네 병원 진단이 잘못된 건 아닌지, 집에 연락을 해야 할지 등 수없이 많은 고민과 갈등을 했다. 결과적으로 회복이 되고, 뎅기열이 아니었던 것에 너무 감사했다. 그리고 코끼리도 견디기 힘든 그 병은 다시 나에게 오지 않기를 바랐다. 누구는 말했다. 이미 한번 걸려서 면역이 생겼을 거라고. 제발 그랬으면 좋겠다.

근로자의 날엔 체크인을

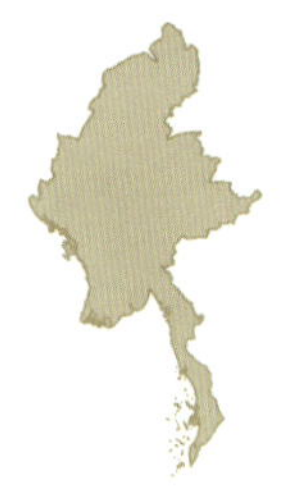

　결혼을 하고 아내는 나의 출생의 비밀을 바꾸어 놓았
다. 보통 음력을 기준으로 해마다 달력에서 달라지는 내
생일을 주민등록증 상의 날짜로 못박아 버린 것이다. 기
억하기 어려우니 해마다 같은 날이었으면 좋겠다는 게
그 이유였다. 바뀐 내 생일은 그렇게 매년 근로자의 날
에 맞게 됐다. 회사를 다니다 보니 이 날에 축하를 받는
건 거의 드문 일이다. 가끔 SNS나 메신저로 축하를 받기
는 하지만 그것도 대부분이 동남아에서 만난 SNS의 친
구들로부터다.

　2019년 복직 후 미얀마팀에 소속되어 출장을 준비하

며 바간에 있는 여러 곳의 호텔들을 알아 보았던 나는, 바간의 비성수기라 호텔의 가격이 아주 저렴하고 사진으로 본 호텔 중 괜찮은 호텔을 선택했다. 현장 사무실도 가까웠고 현장까지 거리도 이동이 수월한 위치가 아주 좋은 곳이었다. 더군다나 관광객들이 많이 다니는 식당가에서도 멀지 않은 곳이라 탁월한 선택이라고 만족해 했다.

그렇게 예약을 하고 양곤을 거쳐서 바간 숙소에 들어간 첫날 저녁. 짐을 풀고 있는데 방문 밖에서 노크 소리가 들렸다. 네, 라고 대답을 하고 꾸물거리다가 문을 열었다. 이미 해는 져서 빛이라고는 내 방에 켜진 노란색의 불빛뿐인데 그 빛 맞은 편에 호텔 직원 다섯 명이 서 있었다. 한 사람은 와인을 들고 있고 한 사람은 케이크를 들고 있었다. 그리고 그 뒤에 한 사람은 반짝이 술이 달린 모자를 들고 있었다. 멀뚱멀뚱 바라보고 있는 내 앞에서 그들이 다짜고짜 생일 축하 노래를 부르기 시작했다. 순간 당황한 나는 어쩔 줄 몰라서 얼음처럼 자리에 멍하니 서 있었다. 이게 무슨 일이야, 속으로는 벌어지고 있는 일의 정황도 파악하지 못한 채 노래가 끝날 때까지 그렇게 서 있었다. 한바탕 노래를 끝낸 후 그들은 "생일 축하해!" 라고 말하고는 케이크와 와인을 어디에 둘지 물었다. 나 역시 입실한지 얼마 안 된 상황이라, 언능 방안을 둘러보고는 빈자리를 가리켰다. 그들은 자신들의 소명을 다 한 것마냥 공손하게 인사를 하고 총총히 사라졌다.

문을 닫고 생각해 보니 도착한 날은 한국의 근로자의 날이었다. 아내가 만들어준 내 공식 생일이었다. 그런데 저들이 어떻게 내 생일을 알았을지 너무 궁금했다. 호텔 체크인 때 여권을 복사했던 직원이 생각났다. 내 여권에 기재된 출생일이 바로 그날이었다. 순간 아내에게 감사한 마음이 들었다. 생일을 마음대로 바꿨다고 투덜거리며 살았는데, 여권이 아니었으면 오늘 내 생일을 호텔에서도 알지 못했을 게 아닌가.

호텔 체크인 첫날 저녁은 갑작스런 파티에 기분이 한 번에 업 된 채 잠을 청했다. 케이크는 방안의 작은 냉장고에 보관하고 와인은 그 위에 올려두었다. 수없이 출장을 오갔던 바간이었지만, 첫날의 환대에 그 호텔에 대한 나의 생각은 매우 긍정적인 10점 만점을 이미 주고 있었다. 아무래도 내가 호텔을 잘 선택한 것 같다는 생각에 침대에 누워서도 계속 히죽거리다가 잠이 들었다.

미얀마에 가면 그들에게서 풍기는 어딘가 모를 순수함이 항상 좋았다. 호텔의 정책대로 손님들을 대하겠지만 노래 한 소절 한 소절에 담긴 그들의 진심이 느껴지는 마음과 친절이 있어 우리 한국팀은 출장의 일정을 즐겁게 진행할 수 있겠다는 생각이 들었다.

케이크는 출장 후 돌아올 때까지도 다 먹지 못하고 귀국해야 했다. 그러나 사진으로 남아 아직도 내 폰에서 가끔 등장한다. 볼 때마다 미소를 짓게 만드는 사진이다. 첫인상이란 이렇게 소중한 것. 아름다운 미얀마 바간의 출장은 시작부터 그렇게 행복했었다.

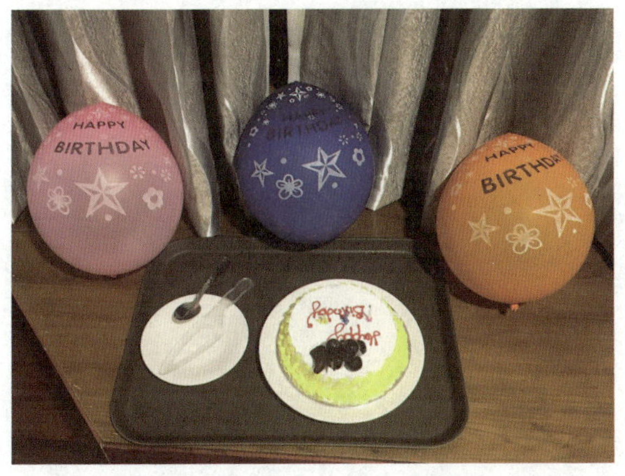

❖ 바간 숙소 직원들로부터 받은 생일 케이크.

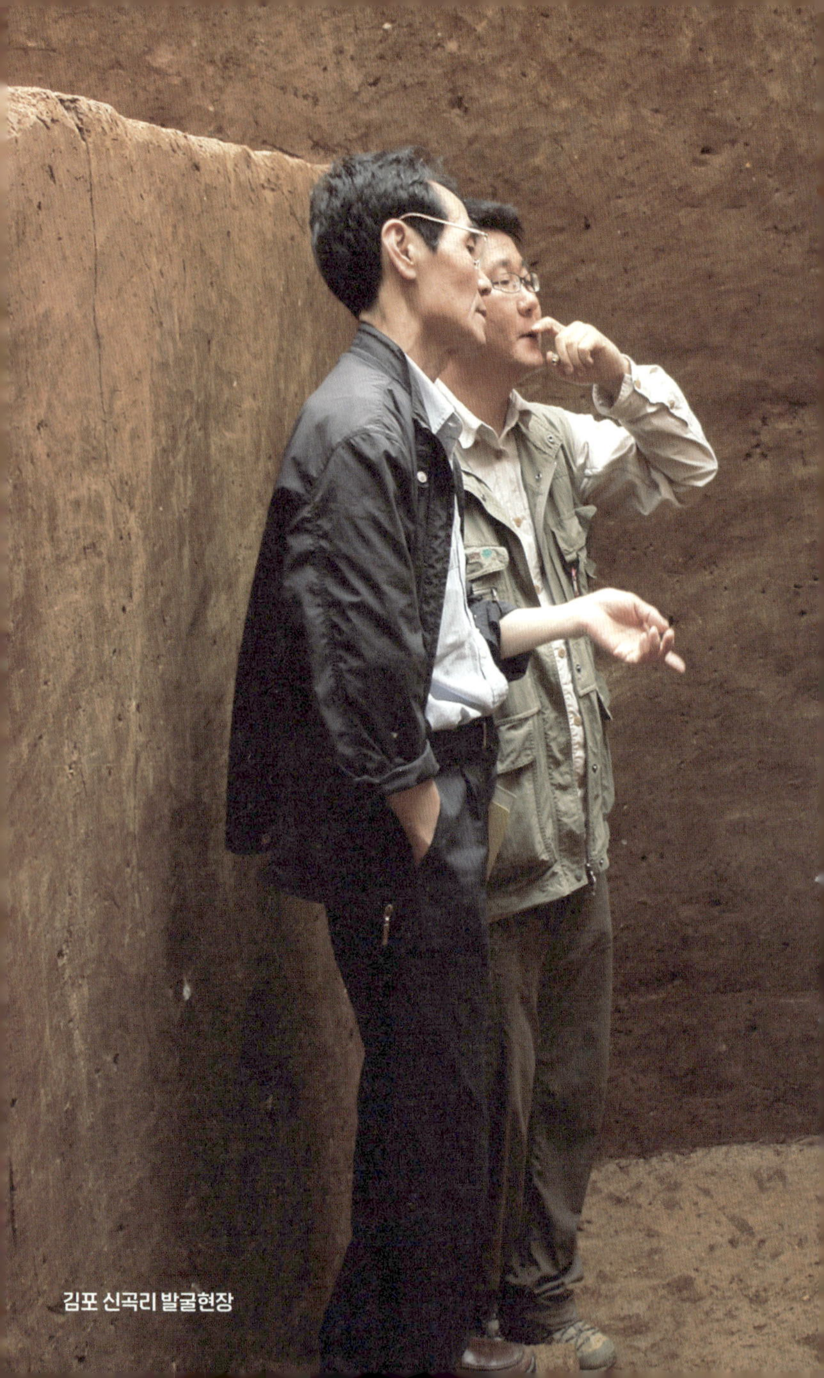

김포 신곡리 발굴현장

CHAPTER 4

월요일에 출근 금요일에 퇴근

직장의 역습

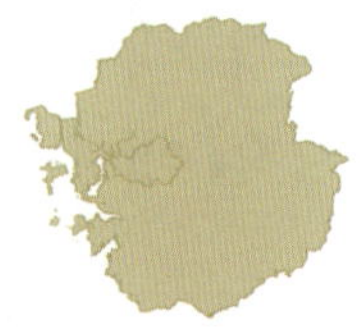

2005년 새해가 시작되고 추운 날씨가 이어지던 어느 날, 조교였던 나는 여느 때처럼 연구실에서 업무를 보고 있었다. 그때 전화 한통이 걸려왔다.

"전 군, 김포로 얼른 오게. 담당자가 전화할 거야!"
느닷없이 전화해 이 말만 남기고 교수님은 전화를 빠르게 끊으셨다. 그리고 5분 쯤 후에 다시 걸려온 전화 한통.

"안녕하세요. 저는 한국문화재보호재단 000입니다. 지금 배기동 교수님께서 현장에 계신데 장소를 자세하게 알려드리라고 해서요."
전화한 담당자로부터 자세한 위치를 전달받은 나는 바로

카메라와 야장을 챙겨 김
포로 향했다. 안산에서 김
포까지는 시간이 퍽 많이
걸렸다. 알려준 곳에 도착
하니 이미 사방에서 굴삭
기와 덤프트럭들이 바쁘
게 움직이며 흙을 퍼 나르
는 작업을 하고 있었다.

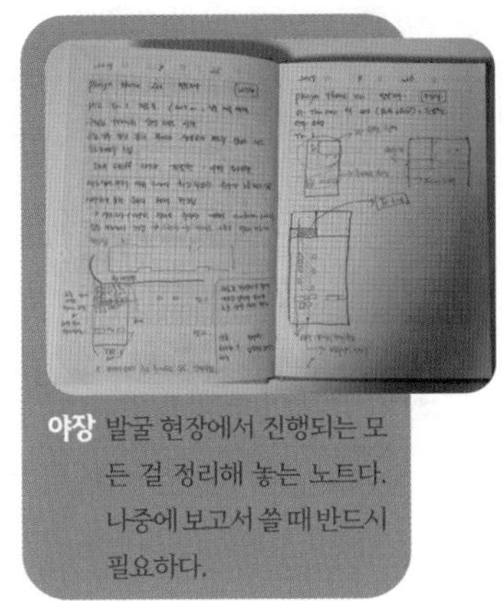

이미 와계신 교수님을 따라 여기 저기 흙밭을 걸어 한
곳 한 곳을 살펴보았다. 그날따라 바지는 긴 걸 입어서 바
지 아래를 한단 접어올리고, 유적을 안내하시는 연구원
을 따라 바쁘게 다니며 교수님이 말씀하신 내용을 적어
나갔다. 예상 못한 현장에 신고 간 구두때문에 여기저기
서 미끄러질 뻔한 걸 겨우 모면하면서. 그러다가 주변이
다 보이는 높은 곳에 올랐다.

북쪽으로 곧고 길게 뻗은 구덩이들은 이곳에서 시굴
조사를 진행했음을 알게 했고, 교수님은 검지로 여기 저
기를 가리키며 무언가를 열심히 설명하셨다. 현장의 연
구원들도 교수님의 이야기를 열심히 경청하며 받아적고,

나도 속기사처럼 열심히 받아적었다.

"전 군(교수님은 공식적인 자리이거나 무언가를 지시하실 때 낮은 목소리로 본인의 제자들을 남녀 상관없이 군으로 호칭하셨다.), 저기 보이는가? 저쪽에서 이쪽까지." 손가락은 허공을 이리 저리 가리키고 있었지만 나는 교수님이 어디를 가리키고 무엇을 말씀하시는지 명확하게 알 수 있었다. 여러 개의 긴 트렌치가 뻗은 공간 어느 구역을 명확하게 설명하고 계셨다.

"자네가 여기 와서 3개월 정도만 도와줘야겠어." 갑작스런 제안에 잠시 멍했지만 이내 무슨 말인지 알 수 있었다. 교수님은 당시 김포 장기 신도시 발굴 조사에 지도위원 자격으로 참석, 의견을 개진하셨다. 당시 한국문화재재단은 구석기 권위자인 교수님께 연구원의 부족으로 발굴 조사 진행이 쉽지 않음을 토로했고 교수님은 나를 염두해 두고 현장에 부르셨던 거였다.

"3개월 말씀이십니까?"

"그래, 3개월. 그 정도 시간이면 어느 정도 자리를 잡고

조사를 알아서 진행할 수 있
을 거야."

　　며칠 후 한국문화재보호
재단에서 연락이 왔다. 그런
데 연락하신 분은 이상하게
도 연봉이 어떻고 처우는 어

떠하고, 이런 이야기들을 했다. 내가 "3개월 정도 같이 하
는 건데요."라고 답하자 규정상 3개월만 진행하는 건 어
렵고 우선 3개월을 하더라도 전체 연봉 기준으로 무언가
를 산정해야 한다고 했다. 그때까지 학교 연구소 생활만
해본 나는 직장생활을 해본 적도 없고, 교수님 제안으로
하게 된 일이니 그분들이 하자는 대로 진행했다. 다만 급
여 수준에 대해서는 양보할 수 없는 부분이 있다 보니 몇
번의 협의가 진행됐다.

　　이후 절차를 밟아 계약직 직원으로 임용이 되었다. 그
러나 그때까지도 몰랐다. 너무 순진했던 건지 아니면 잘
알지 못했던 것인지, 그때 교수님과 재단 사이에 무슨 이
야기가 있었던 것인지, 아니면 자연스럽게 흘러갔는지는
아직도 의문이다. 아무튼 생각지도 못한 시점에 생애 첫
직장 생활이 그렇게 시작되었다. 직장인으로 시작한 첫

발굴 조사 현장은 김포 장기 신도시가 된 셈이다. 며칠 후 재단의 이사장님이 현장에 방문하셨다. 입사한지 며칠밖에 안 된 신입이 발굴 현장 대부분의 조사 지역이 구석기 유적이라는 이유로 이사장님께 하는 현장 상황 브리핑을 맡았다. 이후 발굴 조사는 계속 이어지게 되었다.

몇 달이 지나고 교수님과 저녁을 먹을 기회가 있었다.

"전 군, 발굴 조사는 잘 진행되고 있지? 근데, 3개월이 다 되었는데 학교로 돌아올 수 있겠어?"

이미 3개월이 지난 후라는 건 재단도, 나도, 그리고 교수님도 알고 있었다. 이미 직장인이 되었고 이 회사에서 당분간 있어야 한다는 사실도.

이후 김포 장기 신도시의 구석기 유적에서는 수많은 유물이 발견되었고 주먹도끼 등 전공자들의 관심이 굉장히 높은 유적이 되었다. 만나는 전공자들마다 '전 선생은 유물 복도 많지!'라며 좋은 유물들을 한꺼번에 만난 나를 부러워 했다. 그렇게 몇 년이 훌쩍 지나 있었고 김포 장기동에서의 발굴 조사도 막바지에 이르고 있었다. 와중에 김포에서 또 다른 구석기 유적을 조사하고 김포에 사무실을 둔 채로 강한강 건너 파주 운정지구 신도시에서 또 한번 대규모 조사를 진행하기도 했다.

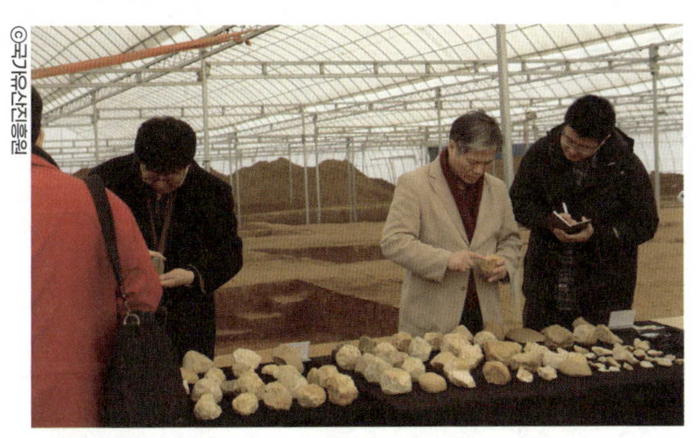

❖ 김포 장기발굴현장에 지도위원으로 방문했었던 배기동 교수와 함께.

그렇게 10년, 신나게 발굴 조사를 하다 보니 인생의 전환점이 된 2016년을 코 앞에 두고 있었다. 가끔 교수님을 만나면, 교수님은 내게 이런 질문을 하셨다.

"전 군, 지금 계약직인가?"

"지금은 정규직입니다."

계약직으로 시작한 나는 재단 직원으로 근무한지 2년 후에 정규직이 되었다. 교수님의 큰 그림일까, 아니면 자연스러운 결과였을까. 아직도 풀리지 않은 수수께끼 같다. 국내의 대형 발굴지를 종횡무진 다니기를 10년. 이후 이번엔 문화유산ODA를 하는 부서로 자리를 옮겨 또 한 번의 10년이 흘러갔고, 금년 4월 25일은 입사한지 만 20년이 되는 날이었다.

유물복

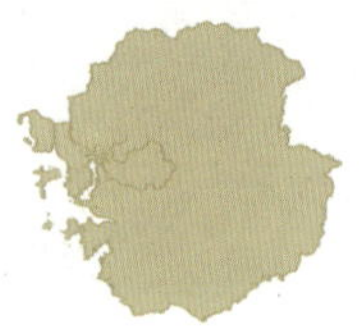

김포 장기지구의 5지점이 한창 조사 중이던 2006년의 여름. 2005년에 설치한 하우스는 철거하지 않은 채로 조사가 계속되고 있었다. 2006년도 넘길 것으로 예상되는 일정 때문에 부득이 하우스를 철거하지 않았다. 여름이 되니 지난 겨울의 아늑했던 일터는 사막 한가운데 덩그러니 놓여진 작은 핀란드식 사우나가 되어 우리를 힘들게 했다. 사우나가 끝나고 뛰어들 얼음장 같은 호수도 우리 앞에는 없었다.

유물이 확인되지 않는 퇴적층을 작은 굴삭기로 조금씩 걷어내던 중 붉은 갈색의 바닥에서 무언가 반짝이는 것이 확인되었다. 우리나라 중부지역의 구석기 유적에서 발견되는 유물들은 상당수가 규암이나 석영으로 만들어져 있기 때문에 각도에 따라 빛에 반사되기도 한다. 그때 아주 작은 반짝거림이 눈에 들어왔고, 바로 굴삭기 가동을 중지시켰다. 트라울을 들고 확인된 유물의 주변 흙을 조금씩 걷어내었다. 끝이 약간 뭉툭하긴 했지만 양쪽으로 날을 세운 것을 보니 확실히 구석기시대 유물이었다. 트라울과 호미를 양손에 들고 주변 흙을 조금씩 걷어내는데 범상치 않은 유물일 거라는 확신이 들기 시작했다. 기록을 위해 카메라를 챙겨 들고 사진을 찍었다. 다시 조금씩 주변의 흙은 걷어내다가 1/3쯤 노출되었을 때 짧은 감탄사가 나왔다.

"와 ……!"

구석기 전공자들이 가장 아름답다고 생각하는 석기 중의 석기. 구석기 고고학을 전공했음에도 평생 직접 발굴해 보지 못한 사람들이 대부분인 바로 그 석기, 주먹도끼였다.

우리나라의 주먹도끼는 연천 전곡리에서 발견된 것이 처음으로 세계에 알려졌다. 주먹도끼는 당시 인도를 중

심으로 서쪽의 주먹도끼문화권유럽과 동쪽의 찍개문화권
아시아을 나누는 기준이 되는 유물이었다. 주먹도끼가 발견
되는 곳이 더욱 발전했다는 모비우스의 서구 우월적 이
론이 연천에서 발견된 주먹도끼로 인해 완전히 뒤짚히는
계기를 만든 유물이었다. 그리고 연천 전곡리의 주먹도
끼가 발견된 이후 이 학설은 완전히 폐기되었다.

그 주먹도끼가 내 눈앞의 땅속에 얌전하게 서서 잠들
어 있었다. 주먹도끼는 구석기시대의 맥가이버 칼이라
는 별명도 가진 유물이다. 그 유물을 내가 직접 발견하게
될 것이라고는 생각도 못하고 있었다. 로또에 당첨되는
기분이 이럴까. 마치 중세 시대의 뉴턴이 된 기분이었다.

아마 그때부터였는지 모르겠다. 유물복이 많은 구석
기 연구자라는 수식어가 뒤에 따라붙기 시작한 것이. 그
것은 한강의 하류에서 처음으로 발견된 주먹도끼였고,
이 주먹도끼를 시작으로 수많은 유물들이 쏟아져 나왔
다. 후에 김포 장기지구의 발굴 조사 보고서에 들어간 이
주먹도끼 만큼은 직접 실측유물을손으로그림을 했고 물론 보고
서에 들어갈 사진도 직접 찍었다.

내 생에 처음 만난 이 주먹도끼로 인해 우리 유적은

ⓒ국가유산진흥원

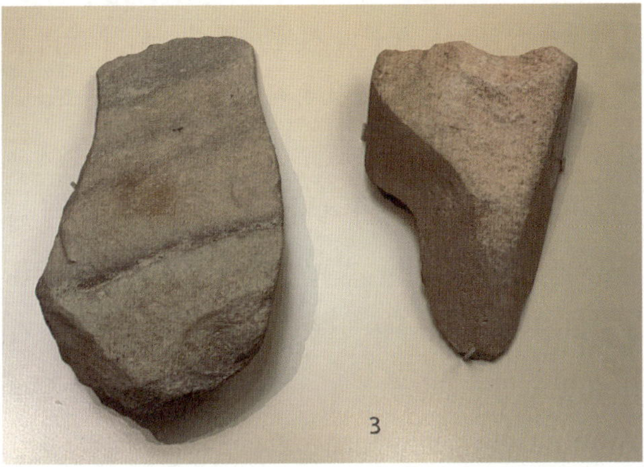

❖ 김포 신곡에서 발견된 가로날 도끼

연구자들에게 이름이 알려지고 많은 사람들이 현장을 찾기 시작했다. 그 유물로 인해 첫 만남을 갖게 된 많은 연구자들이 있었으니, 꼿꼿이 서서 나를 기다리던 그 유물로 인해 한 여름 사우나에서 흘리는 땀은 등에서 소금이 되어가도 문제가 아니었다.

그 날 이후 김포 장기동에서는 수많은 구석기시대 유물들이 발견되었고 이후 김포 신곡리, 파주 운정 등 발굴조사를 진행하는 곳마다 학술적으로, 그리고 박물관에서 볼 수 있을 만한 유물들이 쏟아져 출토되었다. 그중 일부는 현재 국립중앙박물관 선사실에 전시되고 있다. 고고학 전공자로서 좋은 유물을 자주 만날 수 있다는 것은 참 큰 행운이고 복이다. 그래서 힘들고 고되더라도 다시 트라울을 잡고 삽을 들어 땅을 팔 수 있는 동기부여가 되기도 하니 말이다.

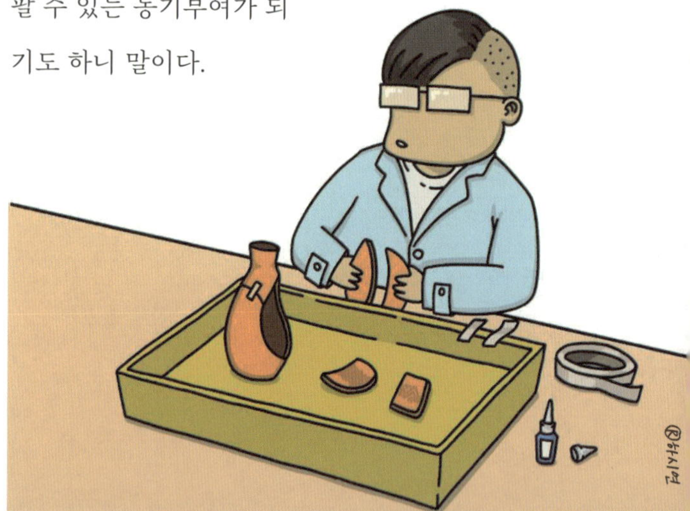

김포의 처녀귀신

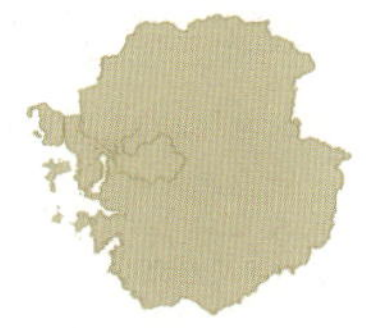

　　김포 장기동 유적의 조사는 구석기 유적과 조선시대 분묘 유적을 중심으로 진행되었다. 전체 지점 중 1,2,3,5,5-2지점은 구석기 유적을 조사하였고 4지점은 대부분이 조선시대 분묘와 나지막한 언덕의 정상부에 있는 청동기시대 주거지 1기를 조사하였다. 그 4지점에서는 조선시대 무덤이 약 100기 정도 확인되었다. 나는 구석기 유적을 맡아서 다른 연구원들과 조사를 진행했고 4지점은 다른 연구원이 맡아서 진행하였다. 당시 임시사무실은 3지점 구석기 유적에 설치되어 있었다. 사무실에서 4지점의 정상부가 보이는 위치였다. 3지점과 4지점은 가까이 있었고, 인부 어르신들은 3지점에서 주로 점심 식사를 하셨다.

어느날 아침 조사를 시작하려고 하는데 4지점 정상에서 연기가 보였다. 연기뿐만 아니라 작은 불이 난 것이 확인되었다. 급하게 현장으로 가서 확인해 보니 인부 어르신 한 분이 무언가를 태우고 있었다. 보통 현장에서 불을 취급하는 것은 금지시킨다. 유적에서 목탄^{불에탄나무}이 나오는 경우가 있는데 이를 활용해서 연대측정을 하는 방법이 있기 때문에 잘못해서 불을 피우면 유적 안에서 나오는 것과 숯이 섞일 수도 있기 때문이다. 물론 안전 때문이기도 하다. 그래서 불을 피우는 것은 물론 담배도 피우지 못하게 하는 것이 일반적이었다.

하지만 어르신은 이미 불을 피워서 무언가를 태우고 있었다. 겁에 질린 채로 연신 부채질로 빠르게 무언가를 소각하고 있었다. 태우고 있던 것은 옷이었다. 우리는 급하게 저지했지만 대부분 다 타버렸고 얼마 남지 않고서야 그 이유를 들을 수 있었다. 조선시대 무덤이 100기 가까이 확인된 4지점에서 그 어르신은 무덤을 조사하는 팀에 배속되어 조사를 진행하고 있었는데, 자꾸 밤에 처녀

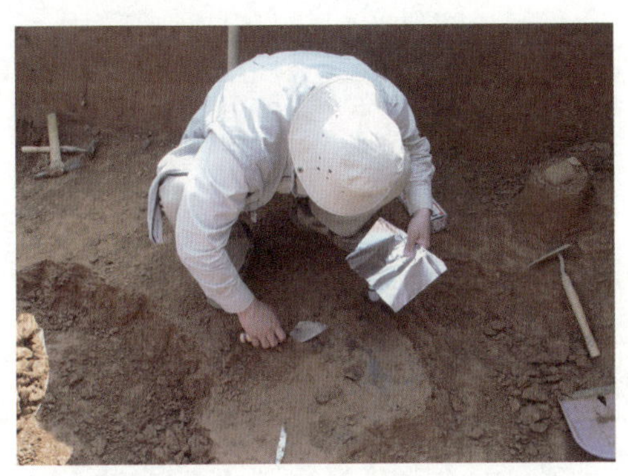

❖ 목탄 수습 현장.

귀신이 나타난다고 했다. 하루 정도는 그냥 지나갔는데, 똑같은 처녀귀신이 자꾸 나타나서 뭐라고 하더라는 것이다. 결국 전날 입었던 옷을 들고 와서 태우고 처녀귀신의 혼을 달래고 있는 것이었다. 요즘 같은 세상에 그게 말이나 되는 소리인가 싶었으나, 어르신은 단호하고 완강했다. 거의 다 탄 것을 모아 놓고 막걸리 한잔까지 뿌렸다. 정확히 어느 무덤인지도 알 수 없었으나, 우리는 혹여라도 그 처녀귀신이 더 이상 나타나지 않기만을 바라는 수밖에 없었다. 인부 어르신은 옷을 다 태우고 조퇴를 한 후 집으로 귀가하셨다. 그리고 며칠 현장에 나타나지 않으시더니 얼마 후 다시 현장에 나오셨다. 이제는 처녀귀

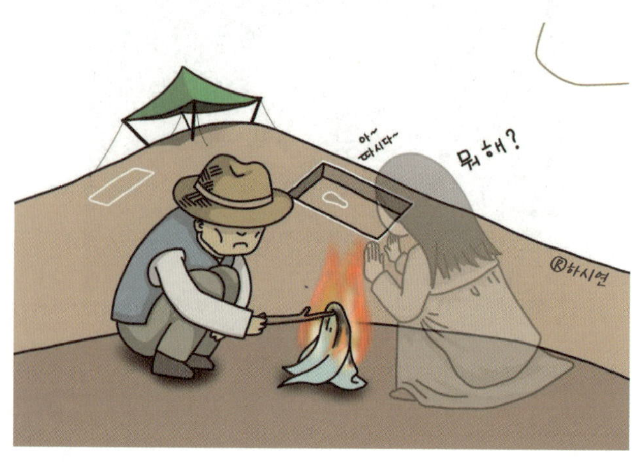

신이 꿈에 나타나지 않는다고 하셨다.

　믿거나 말거나 한 이야기들이 발굴 조사 현장에서는 실제로 일어나고 전설같은 이야기처럼 어르신들의 입을 통해 전달되기도 한다.

유적지 집수정과 워터파크, 그리고 된장찌개와 탕후루

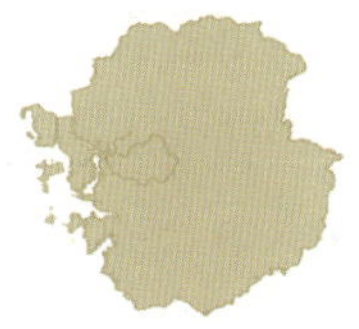

김포 장기동 유적을 발굴할 때의 일이다. 그해 여름은 비가 유난히 많이 내렸다. 비가 온다는 것은 곧 유구에 비가 들이칠 일이 있다는 이야기다. 현장에서는 언제 쏟아질지 모르는 장마철을 특히 대비해야 한다. 우리는 비닐하우스 한 켠으로 집수정을 파기로 했다. 굴삭기를 이용해 흙을 퍼내고 퍼낸 흙은 멀리 둘 수가 없어서 주변에 사다리꼴 형태로 다지면서 쌓아 올렸다. 집수정은 길이가 약 20미터는 되고 깊이도 2미터를 넘게 팠다. 그 안에서 나온 흙의 양이 어마어마했는데 집수정 주변으로 단단하게 다지며 집수정이 완성되었다. 그런데 그 이후로

비는 거의 오지 않았다.

그랬는데, 2006년 7월 12일 서울에는 약 200밀리미터의 폭우가, 김포에도 약 150밀리미터의 장대비가 쏟아졌다. 우리가 파 놓은 집수정은 순식간에 물이 차 올랐고 비닐하우스 주변으로 만들었던 물길도 쉽게 차올라서 그 물이 유적으로 스멀스멀 흘러 들어갔다. 유적에는 아직 수습하지 못한 석기들이 놓여 있었다. 다행히 대형 하우스 덕에 유적이 직접 비를 맞아 망가지는 일은 없었지만, 우리는 집수정으로 물길이 잡히도록 부지런히 삽질을 했다. 집수정을 만들어 다행이라고 생각했지만 순식간에 차 오르는 집수정이 불안불안했다.

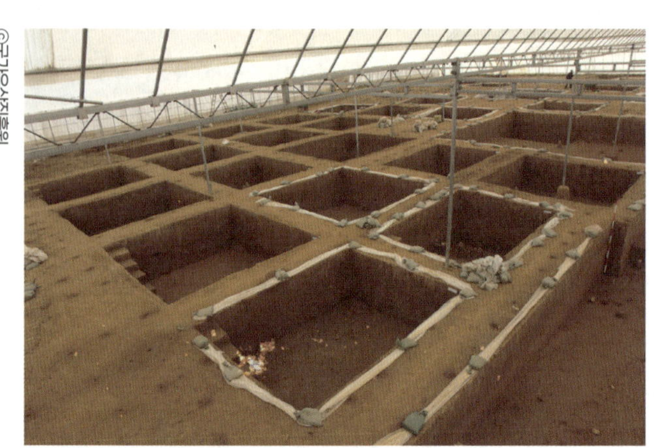

❖ 김포 장기동 유적 5지점 구석기 유적 조사

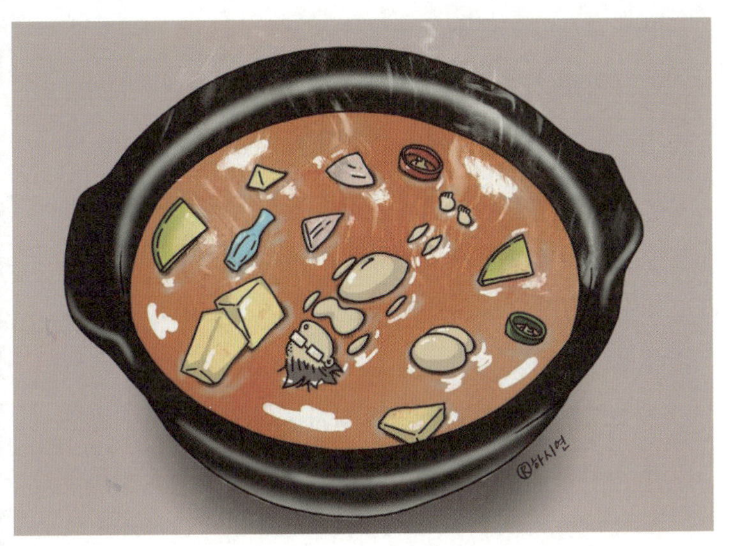

비 들이치는 곳이 없는지 한참 동안 그렇게 삽을 들고 이리저리 확인하러 다니는 사이 어느새 비는 그치고 있었다. 그러나 만들어 놓은 집수정은 용량이 꽉 차서 넘치기 직전이었다. 그 집수정 주변을 걷던 연구원 한 명이 그만 미끄러져 물에 빠지고 말았다. 다행히 수영을 잘하는 사람이었다. 그런데 그 연구원이 그 흙탕물에서 갑자기 수영을 하기 시작하는 게 아닌가. 그러자 몇몇 젊은 아르바이트생들이 뛰어들었다. 이미 모두가 비로 흠뻑 젖어 있던 터라 이판사판 같았다. 속으로는 미쳤다고 생각하면서 그들이 자유롭게 수영하는 것을 재밌게 바라봤다. 마치 아주 커다란 된장찌개에 동동 떠 있는 애호박처럼 그들은 자유롭게 개헤엄을 즐기고 있었다. 집수정을 만들 당시 너무 무식하게 크게 만드는 거 아니냐는 인부 어르신들의 말에도 기왕 만드는 거 제대로 만들어 유적에 물이 넘치지 않게 해야 한다는 나의 의견은 정말 '다행이다'로 바뀌어 있었다.

그들이 수영을 하는 사이 다시 비가 쏟아지기 시작했다. 황색의 흙탕물에 들어갔던 그들은 마치 황토색 시럽을 입힌 탕후루가 되어서 나왔다. 다시 비가 내렸지만 집수정이 넘치지 않을 것 같다는 판단에 우리는 철수하기로 했다. 탕후루가 된 몇 명은, 차량에 오르기 위해 주변에 있는 천 조가리들도 급하게 몸을 말리고 숙소로 갔다. 황사도 아닌데 목구멍이 텁텁하다는 그들이 삼겹살을 먹어야 한다고 주장해 그날 저녁은 몸 구석구석에 있을 황토흙을 삼겹살로 깨끗이 씻어주었다.

설경에 어울리는 흰색의 작은 집

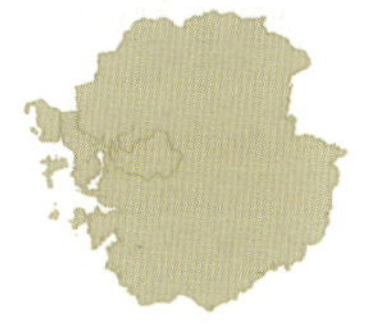

　대규모의 택지개발 공사가 진행되면 전체 지형을 평탄하게 하기 위한 토목작업이 진행되는데 발굴 조사는 주로 이런 작업과 같은 시기에 진행된다. 한국토지주택공사LH의 입장에서는 천문학적인 금액을 투입해 토지를 구매하고 신도시 전체의 각 구역을 분할, 분할된 작은 구역에 건설업체들이 들어와서 건축물을 짓는다. 토지를 구입하기 위한 비용에 대한 이자가 하루에도 억 단위를 왔다 갔다 하기 때문에 하루라도 빨리 건축이 진행되어야 유리하다. 상황이 이러하다보니 LH 입장에서는, 유물이 확인된 곳의 발굴 조사는 법적인 의무사항이기 때문에 절차를 따르되 하루라도 빨리 조사가 끝나기를 바란다.

김포 장기 신도시, 판교 신도시를 비롯해 대형의 택지개발지구들이 개발되던 2000년대 중반, 김포 장기지구 신도시를 조사하던 2006년의 일이다. 김포 장기지구 신도시에서 가장 오랜 기간 조사를 진행했던 곳은 5지점이었다. 1~5지점 중 5지점의 면적이 가장 넓었으며 하필이면 구석기 유적이 발견되어 안 그래도 바쁜 LH관계자들의 발목을 잡았다. 구석기 유적은 다른 유적에 비해서 깊이 파야 하고 시간도 많이 걸리기 때문에 다른 종류의 고고학 유적에 비해 기간과 조사비용이 많이 들어서다.

2005년 겨울이 다가오자 LH는 한 가지 제안을 했다. 보통 겨울에는 땅이 얼기 때문에 발굴 조사는 거의 하기가 어렵고 실내에서 보고서 작업을 주로 하는 기간인데, 충주 등에서 활용되는 작물재배용 대형 비닐하우스를 짓고 겨울에도 발굴 조사를 계속할 수 없느냐는 제안이었다. 우리는 협의했고, 5지점은 한동안 조사를 중지하고 열흘만에 대형 천막을 만들었다. 굴삭기가 들어갈 정도의 높이와 조사의 공간을 확보하기 위해 기둥의 수를 줄

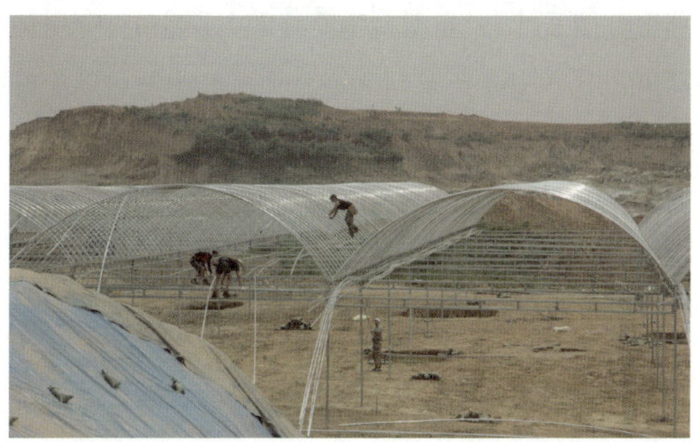

❖ 김포 장기 대형 천막 짓기

이고 대신 불가피하게 설치해야 하는 기둥은 두께를 조정해서 천막의 하중을 버티게 만들었다.

생전 처음 보는 대형 천막을 구경하러 주변 고고학자들이 다녀가고 그 대형 천막은 그 해 겨울 무렵부터 전국의 모든 대형 발굴 현장에서 겨울 발굴을 가능하게 만들었다. 김포 현장이 최초는 아니었으나 전국 대규모 현장에 대형 비닐하우스 붐이 이 시기에 일었다.

한겨울인데도 낮에는 얇은 티셔츠 차림으로 조사를 진행할 수 있게 되었으나 저녁이 문제였다. 땅에서 올라오는 냉기를 막아내야 다음 날 아침에도 원활하게 조사를 할 수 있었기 때문이다. 그때 들여온 것이 열풍기였다.

대형의 열풍기 3대를 설치하고 지름이 40센티미터 정도에 이르는 비닐을 수십 개 열풍기에 연결했다. 어렸을 적 문방구에서 사먹었던 아폴로의 대형 버전 비닐들은 일정한 간격을 맞추어 유적지 내에 일렬로 늘어섰다. 현장을 마치고 퇴근할 무렵이면 열풍기를 가동했다. 그리고 다음 날 아침이면 열풍기를 끄고 작업을 시작했다. 열풍기의 성능은 아주 훌륭했다. 땅은 거의 얼지 않았고 조사 시간을 단축시켜줬다. 열풍기 세 대를 가동하기 위해 주유소의 작은 트럭이 일주일이 멀다 하고 경유를 채웠으며 그렇게 2005년의 겨울 발굴 조사는 따뜻한 하우스 안에서 진행되었다. 덕분에 비가 오나 눈이 오나 쉬지 않고 조사를 할 수 있게 된 반면 우리 조사단 일행은 잠시도 쉴 틈도 없이 현장을 운영해야 했다. 그 대형 비닐하우스는 눈과 같은 흰색이었다.

김포 장기동 유적의 3지점은 구석기 유적이었다. 낮은 구릉의 경사면을 따라 유적이 조성되어 있었는데, 그 깊이가 아래로 갈수록 깊어지는 지형이었다. 겨울이 되었지만 3지점의 유물은 수량도 많지 않고 집중되지도 않아 고민이 되었다. 대형의 하우스를 치자니 비용 대비 효과가 별로 없을 것 같았다. 그래도 조사는 진행 되어야 하는데 날은 추워져서 땅이 점점 얼어붙으니 무언가 조치를 취해야 했다.

동네 비닐하우스 가게로 향했다. 당시 김포가 농사를 많이 짓는 지역이다 보니 비닐하우스 전문 업체들이 제법 있었다. 3지점의 조사는 5×5미터를 기본으로 하여 구덩이를 파면서 조사를 진행하였는데, 둑을 남기고 정확하게는 4.5×4.5미터 크기로 조사를 진행하고 있었다. 사장님께 이야기를 해서 5×5미터 크기의 비닐하우스 몇 개를 만들고 싶다고 했다. 사장님께서는 하우스파이프와 비닐, 그리고 부속 부품들을 내 주셨고 우리는 작은 하우스를 만들기 시작했다. 완성하고 보니 제법 그럴싸했다. 처음에는 다섯 개 정도를 만들어서 퇴근 무렵 덮어 놓고, 다음 날엔 걷어내고 작업을 진행했다. 하지만 점점 기온이 내려감에 따라 꼬맹이 비닐하우스도 큰 역할을 하지 못했다. 방법을 찾아야 했다. 최소한 유물이 집중되는 몇 개 구덩이는 5지점 대형 비닐하우스처럼 밤새 무언가 열기를 줄 수 있어야 했다. 고민에 고민을 거듭하다가 한 가지 묘책을 생각해 냈다. 대형의 화구를 마련하고 그 위에 물을 채운 들통을 얹어서 밤새 따뜻한 수증기로 구덩이 안을 촉촉하게 해 얼지 않게 하자는 전략이었다. 물론 밤새 가스 불을 켜야 한다는 부담이 있었지만 하루 정도 테스트를 해 보기로 했다. 따뜻한 가습 시설을 설치한 다음 날 아침 현장의 하우스를 걷었을 때 작은 비밀하우스 천정의 수증기는 얼지 않았고 벽도 촉촉하게 젖어 있었다. 하지만 비닐하우스를 걷어내는 순간 누군가의 방귀처럼 새어 나오는 가스는 분명 유해한 것이라는 생각이 들었다. 이산화탄소, 일산화탄소 및 기타 질소 산화물이 발생했을 가능성이 있었다.

결국 이 방법은 하루만에 폐기되었고 이후 작은 비닐하우스 벽에 보온 덮개를 잔뜩 덮고 하우스 내부를 얼지 않게 하는 방법으로 진행했다. 지금은 하나의 이야기지만 어쩌면 아찔한 상황이 발생할 수 있었을 당시 상황판단을 현명하게 하지 못하였다. 그 후 정말 신중하고 깊이 있게 안전을 고려하여 모든 일을 하고 있다.

흙탕물 샤워

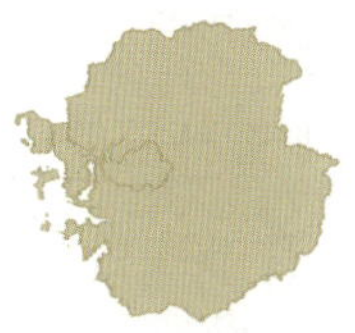

대규모 공사가 진행되는 곳에 가본 사람이라면 알겠지만 보통 공사장 입구에는 세륜기가 설치되어 있다. 공사장은 대부분 시멘트나 아스팔트가 있는 것들을 걷어내고 택지개발공사가 진행되기 때문에 공사장 내에서 묻은 흙은 반드시 입구에서 세륜기를 통해서 씻어내고 도로로 나서는 구조를 가지고 있다. 이를 보통 세륜기라고 부른다. 공사장 내를 다니면서 바퀴에 붙은 흙이나 이물질을 제거하는 장치이다.

발굴 조사가 한창이던 김포에도 조사가 시작되고 얼마 지나지 않아 세륜기가 설치되었다. 항상 진흙투성이의 바퀴를 끌고 현장을 나서면 아스팔트를 달리면서 타타다닥 하면서 흙들이 떨어져 나가곤 했는데, 좀 깨끗하게 현장을 나설 수 있게 되었다고 좋아했다.

세륜장은 보통 25톤 트럭들이 지나갈 정도의 너비에, 바퀴의 2/3 이상이 물에 잠기는 반타원형의 웅덩이가 설치되고 측면에는 물이 뿜어져 나오는 장치가 붙어 있었다. 차량이 물이 찬 곳을 왔다 갔다 몇 번 왕복하면 바퀴의 흙들이 떨어지고, 차량 측면은 강력하게 뿜어져 나오는 좌우측의 고압수로 세척되는 구조다.

비록 25톤 차량은 아니었지만, 당시 갤로퍼를 타고 다니던 우리도 입구에 서면 그곳을 통과했다. 한 번으로는 부족하고 두세 번 전진과 후진을 하면서 측면에서 쏟아지는 고압 분사 장치를 통해 시원하게 세차를 했다. 그러던 어느 날, 여느 때와 같이 퇴근길에 세륜기에 들어서서 바퀴를 담그고 고압 분사기의 물을 막 맞고 있을 때였다. 갑자기 위에서 물방울이 떨어졌다. 그러더니 갑자기 폭포수 같은 물줄기가 천장에서 쏟아지기 시작했다. 세륜기 한가운데 서 있던 우리의 차는 이러지도 저러지도 못하고 그냥 고압수를 다 받아냈고 부랴부랴 차를 앞으로 이동시켰다. 이미 앉아 있던 자리도 흠뻑 젖었고, 입고 있는 옷은 말할 것도 없이 차량 내부도 몽땅 젖어 버린 후였다. 우리는 물에 빠진 생쥐 꼴을 하고 차에서 내렸다. 차 안의 바닥은 이미 물이 차고 흘러넘칠 지경이었고 차 안의 모든 곳에서 물이 줄줄 흘러내리고 있었다. 그것도 미숫가루 같은 흙탕물 흙탕물을순환시켜세차하는구조을 흠뻑 뒤집어 쓴 채.

차에서 내려 살펴보니 차의 지붕에 실리콘으로 발라 놓은 곳의 실리콘이 어느새 날아가 버리고 손가락보다 넓은 틈으로 차의 내부가 들여다보였다. 차의 천정에서는 흠뻑 머금은 흙탕물이 한 방울 한 방울 떨어지고 있었다. 별 도리가 없었다. 결국 차의 좌석에 비닐과 신문지를 대충 깔고 다시 차를 끌고 숙소로 왔다. 밥그릇 등으로 차의 바닥에 있는 물을 퍼내고 수건 등을 가져와서 차의 천정에 고여 있는 흙탕물을 빨아들여 짜 내기 시작했다. 그 후로도 한동안 그 차는 사용할 수 없었다. 결국 회사의 발굴 조사 부서에 한 대밖에 없던 공용차는 그렇게 폐차 되었다. 이후부터 현장에 가는 모든 차량은 렌터카를 활용하는 방식으로 변경되었다.

박 부장 추억

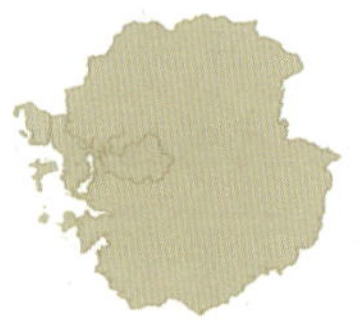

김포 장기 신도시에서 시작된 구석기 유적의 조사는 운이 좋게도 그 주변에서 지속되었다. 일반적으로 고고학을 공부하면서 어떤 특정 시기와 분야를 전공했다고 하더라도 실질적으로 전공한 분야의 유적을 조사하는 것은 굉장한 행운이다. 내가 전공한 분야의 발굴 조사 요청이 지속적이어야 전공한 분야를 계속해서 조사할 수 있다. 그렇지 않은 경우 회사가 의뢰받은 곳에서 조사를 하면 전공을 따질 겨를 없이 바쁘게 현장 업무를 진행해야 하기 때문이다. 회사에 입사한 후 첫 현장이 구석기 유적이었고 그런 행운이 지속되면서 나는 약 10년간 구석기 유적에 대한 조사를 계속할 수 있었다.

　김포 장기 신도시에서의 조사가 마무리될 즈음이었다. 서울에서 김포로 들어가는 초입에 위치한 고촌면의 한 아파트 예정 부지에 대한 발굴 조사 의뢰가 들어왔다. 지금의 고촌읍 한 아파트가 자리한 곳이다. 행정구역으로 고촌읍 신곡리에 위치한 이 유적은 2007년부터 조사가 시작되어 2008년 마무리되었다. 구석기 유적이 확인되어 세 개 구역으로 나누어 조사가 진행되었다. 주변에는 아무것도 없는, 허허벌판 경사가 진 곳에 위치하고 있어서 주민들의 일부는 밭을 경작하고 있었고, 아래쪽 평탄한 곳은 건물들과 주택들이 드문드문 들어서 있었다.

　조사는 대전에 본사를 둔 업체에서 의뢰해 진행되었는데, 주택 중 철거하지 않은 한 채를 업체의 사무실로 활용하고 있었다. 총 2층인 건물의 1층은 사무실로 쓰였고 2층은 아마도 직원들의 숙소로 활용되었던 것 같았다. 발굴 조사를 의뢰한 업체 관계자와 처음 미팅은 외부에서 진행되었고 두 번째 본격적인 논의를 진행하기 위해 방문했던 그 사무실은 무척 인상에 남았다. 등골이 오싹할 정도로.

　　사무실 안에 들어가 보니 내부 중간에 큰 탁자가 있고 벽 쪽에 책상 몇 개가 있었다. 중간에 놓인 탁자의 왼쪽 벽에는 알루미늄 야구방망이와 죽도, 그리고 긴 나무 막대기들이 하나로 묶여서 세 묶음 정도가 벽에 기대어 세워져 있었다. 그리고 반대편 벽에는 고급스러운 받침대 위에 한 자루의 칼이 놓여 있었다.

　　'여기는 뭐 하는 곳이지?'

애써 그 물건들을 의식하지 않으려고 해도 자꾸 눈이 갔다. 그때 박 부장이라는 사람이 나와 조사에 대해서 논의했다. 나는, 조사는 구역별로 나누어 진행될 예정이고 현장 업무를 원활히 하기 위해 조사대상지 한 켠에 임시컨테이너를 활용해서 사무실을 설치할 예정이니, 전기를 공급해 줄 것을 요청했다. 박 부장은 바로 직원에게 전기 설치에 대한 내용을 지시했다. 발굴 조사를 위한 임시컨테이너가 설치되면서 전기 문제도 한 번에 해결이 되었다.

　　조사를 착수하고 한여름을 대비해 비를 막기 위한 대형 천막을 1지점에 설치하던 날이었다. 경사를 따라 천막을 설치하려다 보니 여간 어려운게 아니었다. 무사히 천막의 설치를 끝내갈 무렵 저 멀리서 러닝셔츠 바람의 누군가가 현장을 향해 다가오고 있었다. 박 부장이었다. 평소의 셔츠와 자켓 차림이 아니라 양복바지에 러닝셔츠 차림으로 연신 흐르는 땀을 닦고 있던 그가 조용히 나를 불러냈다. 속살이 드러난 박 부장의 팔에는 어깨부터 그려진 용 한 마리가 나를 노려보고 있었다.

그가 내게 두터운 흰 봉투 하나를 내밀며 '오늘 천막 치느라 모두 고생하셨을 테니 고기라도 구워 먹으라'고 했다. 봉투는 터질 듯했고 어림잡아도 몇십만 원은 될 것처럼 보였다. 내가 이러시면 안 된다고 거듭 사양을 하자 박 부장이 갑자기 인상을 썼다. 다른 뜻은 없으니 오해하지 말고 받으라는 거였다. 대학원 시절부터 지도교수님으로부터 "업체 관계자와는 커피 한잔도 같이 마시지 말라"고 배운 나였다. 딱히 그 이유 때문만은 아니었으나 박 부장이 건넨 봉투는 곧 현장 업무를 빠르게 진행해 달라는 의미를 내포한다는 걸 알고 있었기 때문에 나는 그럴 수 없다고 했다. 결국 박 부장이 내 손에 억지로 쥐여준 봉투를 나는 바닥에 내던졌다. 그리고 이내 다른 곳으로 빠르게 자리를 옮겼다.

그날 오후 업무 협의할 내용이 있어서 사무실에 들린 박 부장은 나를 보고 머쓱한 얼굴로 미안하다고 했다. 나는 뭐 살다 보면 그럴 수도 있는 일이지만 앞으로 그런 일은 없었으면 좋겠다고 전했다. 나는 대화 중에도 벽에 놓인 야구방망이들과 박 부장 어깨의 문신을 번갈아 보면서 등골이 오싹함을 느꼈다.

이후 발굴 조사가 진행되는 동안 다시는 그런 일은 없었고 박 부장은 가끔 아이스크림을 사와서 연구원들과 인부 어르신들, 그리고 업체 식구들과 함께 먹기도 했다. 나 같은 사람 처음 봤다면서 웃는 박 부장의 얼굴이 아직도 눈에 선하다. 나중에 등짝 전체를 볼 일이 있었는데, 어깨에서 얼굴만 봤던 용의 몸통이 등 전체를 휘감고 있었다. 외모와 어깨의 문신으로 잔뜩 겁을 먹으며 일을 시작했지만, 박 부장은 발굴 조사 기간 동안에 적극적으로 도움을 주어서 조사는 무사히 마무리되었다. 가끔 우리가 어려운 일이 발생하면 그들만의 방식으로 해결을 해서 도움을 주곤 했지만 법을 어기는 일은 없었다. 첫인상은 을씨년스러웠지만 그는 무척 부드럽고 순박한 동네 아저씨 같았다.

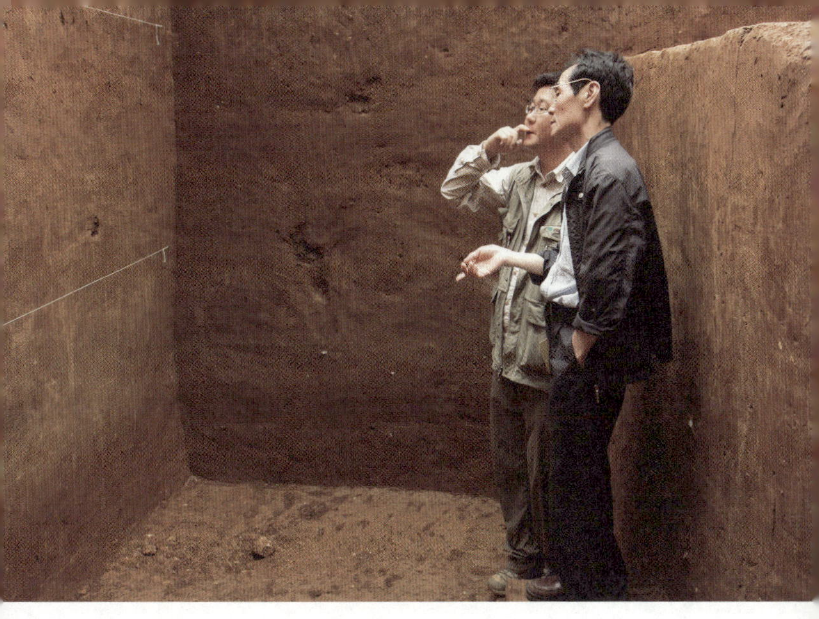

❖ 김포 신곡 발굴 당시에 팠던 구덩. 구석기 유적지라 깊었다.

　지금도 그 업체는 충청권에서 나름 규모를 갖추고 있는 회사로 운영되고 있다. 대부분의 직원들이 몸에 그림 그리는 것을 좋아하는 그런 업체를 이후로는 만나본 적이 없다. 일을 시작하면서 가지게 된 편견이 얼마나 위험한 판단인지 다시 한번 생각하게 해 주는 그런 현장이었다. 매사에 열심히 하셨던 박 부장님은 이사로 승진하셨다는 소식을 후에 전해 들었다.

이건 얼마예요?

고고학이 전공이라고 하면 처음 만나는 사람들은 우선 호기심과 감탄사, 이어서 인디아나존스를 이야기한다. 한참 고고학이 무언지를 조금씩 알아가고 있던 시절에는 그런 이야기를 들으면 답답하다고 생각을 했다. 그리고 정색하며 설명하려고 했다. 아니 물건을 훔쳐내는 영화 속 인물의 역할이 어떻게 내가 연구하는 순수한 고고학과 연결될 수 있을까 싶어 속이 상했다. 하지만 고고학을 잘 모르는 사람들은 충분히 그럴 수 있겠다는 생각이 들 무렵부터 정색하는 답변은 이내 접었다. 나를 인디아나 존스의 주인공으로 빙의해서 그들이 경험하지 못한

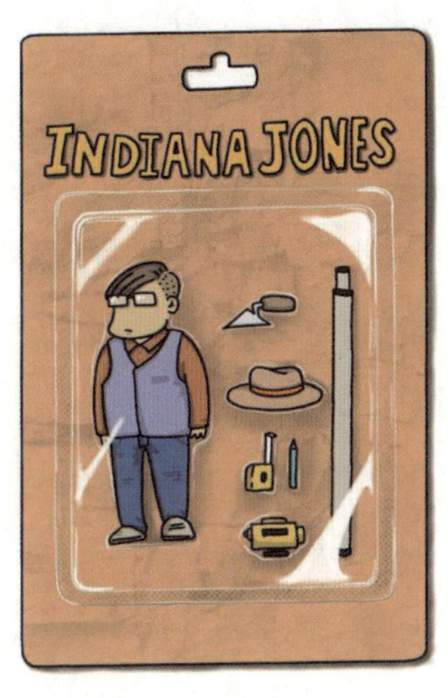

걸 재미있게 이야기로 풀어 들려주는 것이 때로는 재미있고, 정보 전달 면에서도 효과적이었기 때문이다. 물론 이야기 끝에는 항상 이런 말을 덧붙였다.

"그런데 해리슨포드와 제가 하는 일은 좀 달라요."

가족들을 포함해서 누군가와 가끔 오래된 물건이나 유물등을 같이 볼 기회가 되면 항상 받게 되는 질문들이 있다. 특히 오래된 건물이나 박물관, 그리고 인사동과 같은 곳에서 있다 보면 슬쩍 귓속말로 물어본다. "저건 얼마쯤 하는 거예요?", "어느 시대 거예요?" "저거 진짜예요?" 솔직히 세 가지 질문에 제대로 대답하는 경우는 드물다. 나는 구석기를 전공했고 구석기는 지금부터 최소 몇만 년 전 시대다. 우리가 일상에서 전시 등으로 만나는 유물들과도 엄청난 차이가 난다. 대학원에서 도자기를 그리고 사진 찍는 작업을 해 보기는 했다. 하지만 주전공이 아닌 분야라 심도 있게 연구할 대상이 아니었다. 솔직히 도자기는 잘 모른다. 내 전공 분야가 아니니까. 아직도 조선시대 백자의 진위 여부를 명확하게 구분해 내지 못한다. 하지만 작은 돌멩이 하나가 석기인지 아닌지는 자신있게 구별할 수 있다. 전공이어서다.

고고학을 공부했다고 해서 모든 유물의 가치를 알 수는 없다. 사실 유물은 값으로 가치를 매길 수 없다고 생각한다. TV의 진품명품에 나오는 전문가들 각자도 모든 시대의 유물을 다 평가 할 수는 없다. 고고학은 구석기부터 조선시대까지 다양하면서 전문적으로 연구하고, 각 시대의 유물이나 건물지도 연구 분야에 따라 세밀하게 나뉜다. 고고학이 각 시대 유물들을 다 아우르는 만물상학은 아니라는 얘기다. 역사를 전공했다고 해서 역사 다큐멘터리의 모든 내용을 다 알 수 없는 것처럼 말이다.

지표조사의 일상화

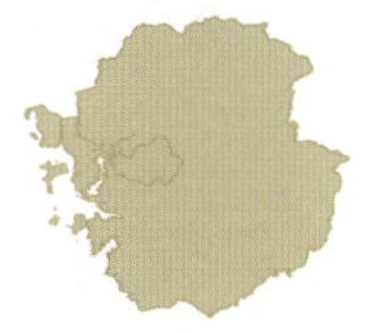

　고고학은 땅속에 있는 유형의 사물과 흔적을 찾아내어서 연구하고 과거를 객관적으로 재구성하기 위해 노력하는 학문의 한 분야이다. 특히 눈에 보이는 것들을 중심적으로 자료를 수집하기 때문에 유물론의 철학적 사고를 해석의 틀로 사용하기도 한다. 발굴 현장에서 찾은 유물을 1차로 분류하고 문헌 검토는 물론, 과학적인 방법들도 동원해 해석해야 하는 복합적 학문이다. 고고학으로만 이해하기에 부족한 부분은 인접한 다른 분야의 전문성과 결합해서 좀 더 객관적인 이해를 만들어 내게 된다.

　고고학은 기본적으로 땅을 파면서 땅속의 것을 훼

손하기도 하기 때문에 한편으로 생각하면 유적을 파괴하는 행위를 기반으로 한다고 할 수 있다. 그래서 조사는 항상 신중하게 진행해야 하고, 중요한 정보들도 놓치는 일 없도록 무던히 애를 쓴다. 한번 판 땅은 되돌릴 수 없으니까.

이런 우려 때문에 땅을 파기에 앞서서 지표조사라는 것들이 선행되는 경우가 많다. 수십 년에서 수만 년 전에 사용되었던 물건들이 지표에 노출되거나 활용되었던 흔적들이 노출되는 유적의 경우 다른 곳보다 많은 수의 흔적과 유물들이 지표에서 확인된다. 이때 지표에 노출되는 현상을 고고학적으로 기록하기 위한 방법으로 지표조사를 선행한다. 이 지표조사 결과를 반영해 발굴 조사를 계획하고 유적의 성격을 간접적으로 추론한다. 그래서 지표조사를 하게 되면 옛 지도 문헌 등을 사전에 조사한다. 그런데 현장에 나가면 주로 발 밑, 즉 땅을 바라보며 집중하는 것이 습관이 되다 보니 수십 년 이 일을 한 나로서는 낯선 동네에 가서 길을 걸어도 자연스럽게 땅을 바라보며 걷는다.

결혼 후 처가에 갔을 때의 일이다. 처가는 당시 여주

에 있는 한적한 동네에 있었다. 집 뒤쪽에는 나지막한 산이 있었고 산 정상과 처가 사이에는 넓은 밭이 있었다. 한여름날 저녁을 먹고 산책을 나와서 흙길을 걷고 있는데 그날도 역시 나는 습관적으로 땅을 보면서 걷고 있었다. 그러다가 군데 군데 조선시대의 것으로 추정되는 백자편이 흩어져 있는 것을 보게 되었다. 그중 저부라고 부르는, 도자기의 아랫부분이 온전하게 남아 있는 것을 집어 들었다. 조선시대의 백자편이었다. 같이 걷고 있던 아내가 "개 버릇 남 못 준다더니, 여기서도 일을 하고 있냐"고 핀잔 아닌 핀잔을 했다.

그로부터 몇 해가 지난 후 처가는 광주 도심으로 이사했다. 살았던 그곳은 도로부지에 편입되면서 문화재 조

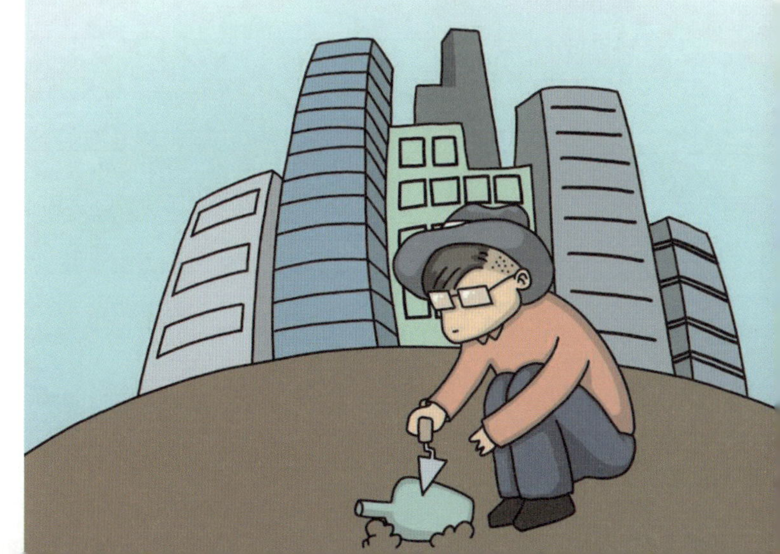

사가 한참 진행되고 있다고 했다. 지역 주민들이 불편이이만 저만해 호소 중이라고도 했다.

최근에 나는 캠핑을 가면 강변에 흩어진 강자갈들을 보면서 구석기시대 우리의 조상들이 만들었을 만한 흔적들을 찾는다. 가끔 아들도 어디선가 유물 같은 걸 주워와서 나에게 내밀며 묻는다. 그걸 보는 아내는 질색을 하면서 "아빠의 개 버릇을 너도 가질 거냐"며 핀잔하지만, 나는 옆에서 "소중하게 간직해"라고 일러주는 편이다. 사실 아이가 주워온 건 유물이라기보다 아빠의 직업을 존중하는 마음이라고 믿는다. 혹은 그런 바람인지도.

그러나 수학능력시험을 볼 시기가 된 아들에게 아내가 "아빠와 같은 전공은 어때?"라고 슬쩍 물어 봤지만 길에서 무언가를 주워와 물어보던 그때의 아들이 아니었다.

어느 초등학교 1학년생의 등교

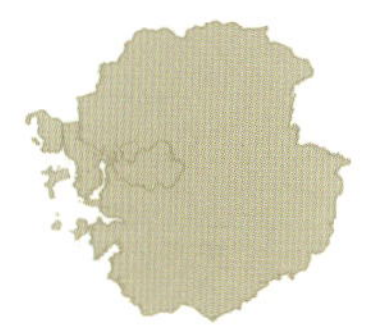

"아빠! 민호가 다시 집에 왔어요. 어떻게 해요?"

운전 중 들리는 수화기 너머 큰아들의 목소리는 당황스
러우면서도 짜증이 섞여 있었다.

"무슨 소리야! 아빠가 조금 전에 학교에 데려다줬는데.
왜 갑자기 다시 집에 돌아왔어, 민호 바꿔봐!"

나 또한 짜증이 났지만, 민호에게 무턱대고 화를 낼 수는
없었다. 전화를 받은 민호는 풀이 잔뜩 죽어 있었다. 가뜩
이나 아침에 힘겨워 하면서 일어나 학교를 안 가겠다는
걸 억지로 세수 시키고 학교에 바라다 줬던 터였다. 정말
로 학교에 가기 싫어서 돌아온 건 아닌가 하는 생각에 운

전대를 잡고 있지만 마음은 복잡했다.

민호는 보통 여덟 시가 조금 넘은 시간에 학교에 도착하는데, 아이에게 물어보니 교실에 갔는데 1학년 1반 문이 잠겨있더란다. 달리 방법을 찾지 못하고 있다가 그냥 다시 집으로 왔다고 했다. 1학년의 수준에서 판단할 수 있는 다른 방법이 없었나 보다. 아이의 말을 듣는데 순간 눈물이 핑 돌았다. 엄마 아빠의 일 때문에 부득이하게 본인의 의사와 상관없이 교실문이 열리기도 전에 등교해야 하는 막둥이가 짠했다. 그리고 그렇게라도 등교를 해야 하는 것 때문에 늦잠도 자지 못하고 엄마 아빠의 재촉에 시달리는 아이가 애처로웠다. 그런 아이를 얼마만큼 이해하려고 했었나 반성이 됐다. 아이는 불평 한 번 하지 않았다. 우리 부부는 당연히 해야 한다고 생각했고 달리 방법이 없기도 했다. 그런데 그런 상황에 대해 한 번도 아이의 의견이나 심경을 물어본 적이 없었다. 그게 더 마음이 아팠다.

수화기 너머로 막둥이의 풀이 죽은 목소리를 들으니 한없는 미안함이 밀려왔다. 문도 열리지 않은 교실 앞에서 막둥이는 어떤 생각을 했을까? 이제 겨우 초등학생이 된 아이가 매일 교실에 먼저 들어가야 하는 그 기분, 아무도 오지 않은 교실 밖에서 혼자 있어야 하는 외로움, 게다가 굳게 잠긴 교실 문밖 복도에서 느낄 두려움과 절망감…. 나는 그날 처음 아이 입장이 되어봤다. 뭐라 할 말이 없었다. 평소에는 항상 밝게 전화하고 "사랑해!"라는 표현을 자연스럽게 하는 씩씩한 막둥이의 수화기 너머의 침묵에 쓸쓸함과 외로움, 그리고 고독함이 고스란히 전달되었다.

나는 큰아들에게 동생을 학교에 데려다주라고 부탁했다. 큰아들도 등교를 해야 하는 터라 분주한 상황이어서 살짝 짜증을 냈다. 그래도 별수 없었다. 출근 중에 다시 차를 돌려 집으로 갈 수도 없는 상황이었다.

나와 아내는 왜 막둥이가 힘들어할 수도 있겠다는 생각을 깊이 하지 못했을까? 왜 엄마 아빠의 출근 시간에 맞추어 아이를 등교시켜야 한다는 생각밖에 못했을까. 다른 아이들보다 30분도 넘게 일찍 등교를 시키는 게 맞나, 그제서야 고민이 됐다.

우리는 무엇을 최우선으로 살고 있는 걸까? 과연 이

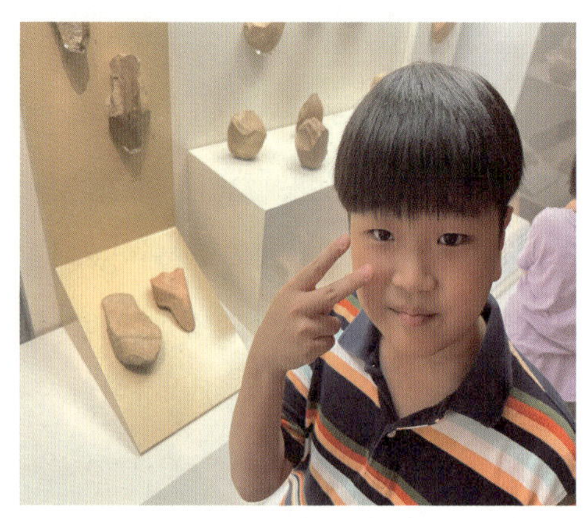

❖ 아빠가 발굴한 유물 옆에서 아들. 국립중앙박물관.

아이는 아무 탈 없이 잘 자라고 학교에 잘 다닐 수 있을까? 오만 가지 생각이 머릿속을 어지럽게 떠돌았다. 학교에 혼자 가는 연습을 빨리 시켜야 하는 걸까? 하루 종일 마음이 얹힌 것마냥 일을 하다가 퇴근을 했다. 민호는 아침에 있었던 일은 언제 그랬냐는 듯이 뛰어나와 퇴근한 나에게 안겼다. 다시 한번 뭉클했다. 오늘 있었던 일들을 이야기하는데 학교 이야기는 없고 온통 태권도장에서 있었던 이야기들만 늘어놨다. 그런 아이를 보는데 마음이 더욱 서글퍼졌다. 아이는 혼자서 신호등도 손을 들고 건넜고, 차가 오는지 안 오는지 좌우를 살피고 집에 다시

214

돌아왔다고 자랑했다. 왜 일찍 데려다준 건지, 잠겨진 교실 문을 보고 무슨 생각을 했는지, 어떤 기분이 들었는지에 대해서는 한 마디 하지 않고 태권도장에서 뭘 배웠고, 어떤 놀이를 하고 보냈는지 온통 즐거운 이야기만 했다.

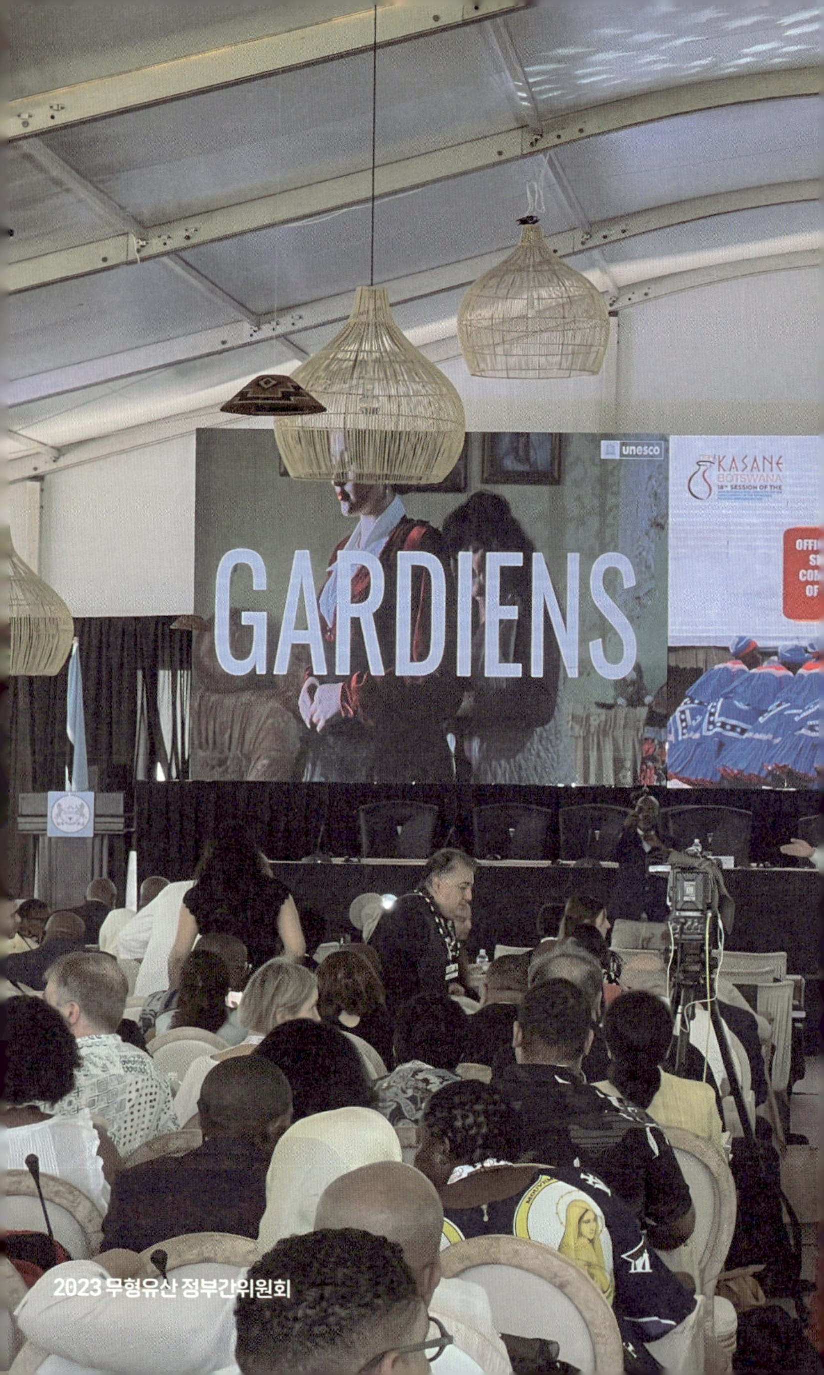
GARDIENS
unesco
KASANE
BOTSWANA
18TH SESSION OF THE

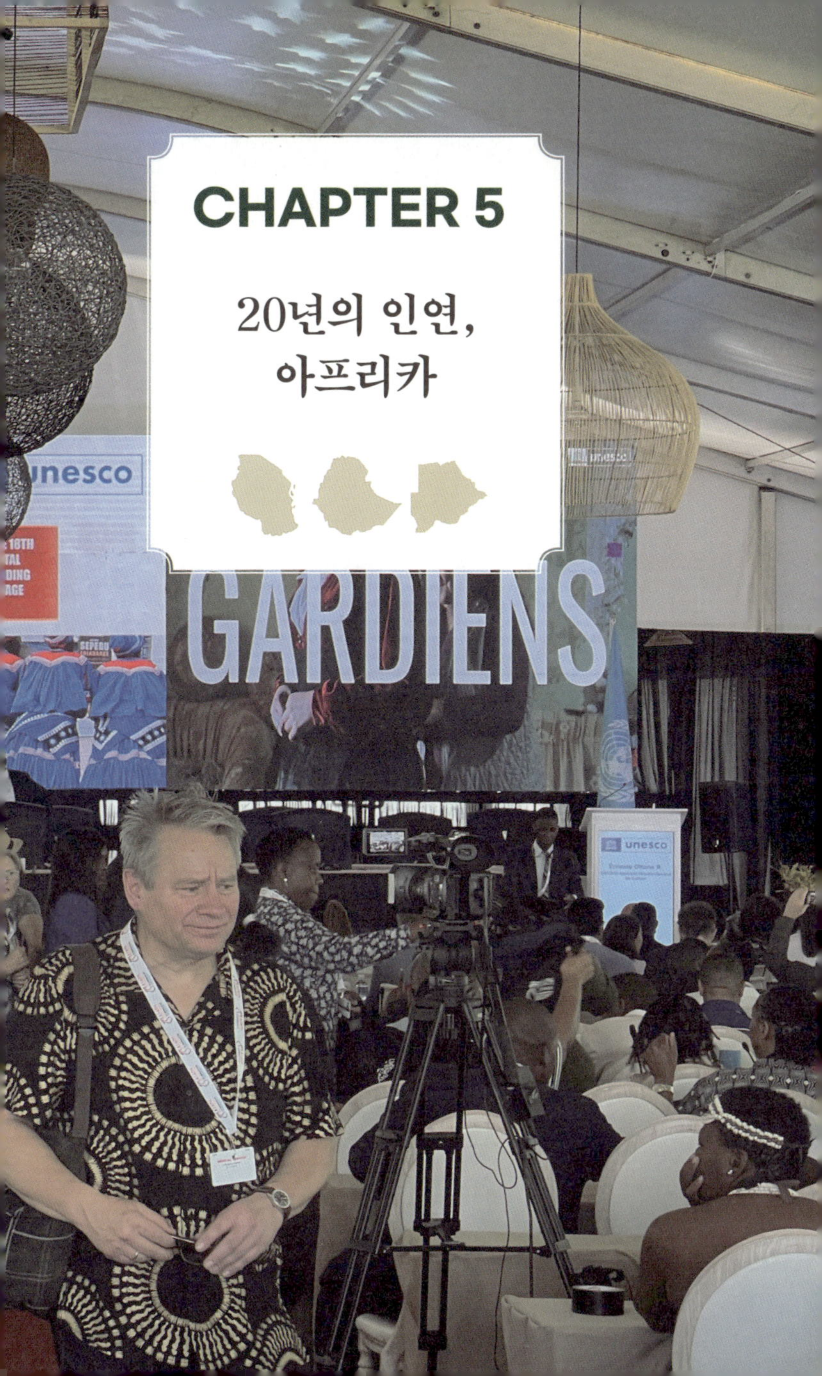
CHAPTER 5

20년의 인연,
아프리카

콘도아^{Kondo} 암벽화를 찾아

콘도아Kondo 암벽화를 찾아

　대학원생이었던 2003년 아프리카에 갈 기회가 생겼다. 지도교수님의 주도로 진행되던 한 프로젝트에서 담당자가 취업을 하는 바람에 빈 자리를 맡을 사람이 필요했다. 영국에서 1년간 어학연수를 하고 왔던 내가 해외 프로젝트의 담당자로 배정된 것이다. 그 프로젝트는 고인류의 여정을 찾는 거대 프로젝트 중 하나로 구석기, 고인류와 연관된 전공자가 필요한 상황이었다. 그런데 당시 나는 청동기 후기에 대한 공부를 집중적으로 하고 있었던 대학원 3학기 차였다. 운명이었는지 모를 일이다. 지도교수님은 국내에서도 저명한 구석기 고고학자였다.

나는 청동기를 공부했지만 교수님의 일을 도와드리는 건 언제나 구석기와 관련된 일이었다. 그때부터였다. 고민이 시작된 것이. 지도교수님의 지도를 받으려면 구석기를 공부하는 게 좋겠다는 선배들의 조언이 이어졌다. 공부하고 있던 청동기시대 유사한 논문을 한 선배가 석사논문으로 준비하고 있던 터였다. 뒤돌아보면 20여 년 전의 아프리카 프로젝트는 나의 인생에 있어서 중요한 터닝포인트였던 셈이다.

그해 여름 나는 프로젝트 팀에 합류, 탄자니아로 조사를 가게 되었다. 항공권을 예약하고, 알지도 못하는 사이트를 헤매면서 호텔을 예약했다. 조사를 떠나기 전, 지금은 서울에서도 가능한 황열병 예방접종을 인천공항에서 해야 했고, 외에도 조사를 위한 소모품을 구입하는 등 만반의 준비를 했다. 항공편은 네덜란드를 거쳐서 탄자니아로 가는 비행편을 예약했다. 당시 지도교수님은 이전에 탔던 네덜란드 항공KLM에서 무료 비즈니스 업그레이드 경험이 있으셔서 유독 그 노선을 고집했는데, 일정 내내 이코노미를 타셔야 했다.

당시 아프리카는 그야말로 아프리카였다. 어렸을 적

에 에티오피아 난민에 대한 이야기를 뉴스로 보면서 자란 내게 아프리카는, 여느 사람들처럼 그냥 발전이 덜되고 무섭고 그런 나라였다. 그런 나라에 가서 조사를 하게 될 줄은 꿈에도 몰랐다. 그렇게 도착한 탄자니아. 그곳에서 처음 느낀 건 사람이 사는 곳은 어디든 다 비슷하다는 거였다. 도착한 후 선입견만 가지고 있는 내 자신이 그렇게 창피할 수가 없었다. 다들 본인들의 생계를 위해서 열심히 살았고 친구와 이웃, 동료들을 서로 위로하고 배려할 줄 알았다. 심지어 한국 사람들보다 더 친절했다.

하지만 일하는 스타일은 우리나라와 많이 달랐다. 당시 우리는 탄자니아 오픈 유니버시티(우리나라와 정확하게 같은 학제는 없는 것 같다.) 공공대학, 열린 대학 같은 곳에 마사오라는 교수님과 공동으로 프로젝트를 진행하게 돼 있었다. 당연히 한국에서 협의를 완료한 후 현장에서 조사할 수 있는 허가 등등이 완전하게 정리된 것을 확인하고 출발한 터였다.

그런데 도착해 보니 웬걸, 아무런 행정 처리가 되어 있지 않은 상태였다. 심지어 마사오 교수는 다르에살람 Dar es Salaam 탄자니아의 수도에 없없다. 전화도 안 터지는 어느 현장에 있다는 것이 확인되었다. 먼 길을 간 우리가 다르에 살람에서 할 일이라곤 없었다. 성격이 매우 급하신 교수님은 잔뜩 화가 난 상태였다. 우리는 발굴 조사를 위한 계획서를 다시 작성하기 시작했고 하룻밤만에 다시 작성한 계획서를 들고서 물어 물어 관계 부처 공무원들에게 찾아갔다. 공무원들은 듣도 보도 못한 외국인이 느닷없이 나타나 발굴을 하겠다고 하니 쉽게 허가해 주지 않았다.

그렇게 문화재 관련 부처를 찾아다니기를 일주일. 같이 갔던 일행은 나를 포함해서 네 명의 대학원생 중 하필 영어를 잘한다는 이유로 교수님은 나만 동행하게 했다. 나머지 사람들은 호텔에서 푹 쉬는 영광을 누렸다. 교수님과 동행하는 내내 나는 콩닥거리는 가슴을 여러 번 쓸어내렸다. 교수님은 탄자이나 공무원들과 언성을 높이는 실랑이까지 했는데, 그렇게 고생해 가며 서류가 마무리될 쯤 마사오 교수로부터 연락이 왔다. 마사오 교수는 '노 프라블럼!'을 입에 달고 다니는 사람이었다. 우리가 다 만들어 놓고 허가까지 받았으니 문제가 해결되었다며, 가자는 것이었다. 이런 우라질!

우리는 다르에살람을 떠나, 훗날 유네스코 세계유산

에 등재된 콘도아Kondoa 암벽화를 조사했다. 암벽화는 콘도아의 어느 평원 한가운데 위치한 나지막한 산의 중턱에 자리하고 있었다. 전체가 바위로 이루어진 산의 중간쯤 움푹 들어간 곳에 쉴 만한 공간이 있었는데, 그 공간 위로 바위가 튀어나와 그늘을 만들어주고, 그 안쪽 벽에 붉은색 안료로 그린 그림들이 빼곡히 있었다. 사냥하는 사람, 기린, 그리고 정체 모를 동물들과 외계인 같은 형상들이 붉은 색으로 그려져 펼쳐져 있었다. 교수님은 벽화를 그려서 가자고 했다. 하지만 우리가 가지고 간 조사 용품 중 그걸 그릴 만한 도구는 없었다. 교수님은 커다란 비닐과 매직을 잔뜩 사오라고 하셨다. 우리는 차로 두 시간 쯤을 가야 있는 작은 마을에서 어렵게 수소문하여 커다란 비닐을 구했다. 교수님을 제외한 우리 일행은 벽에 비닐을 붙이고 벽화를 그대로 따라 그리기 시작했다. 바위에 붙인 비닐은 무게에 못 이겨 떨어지기 일쑤였고, 잘 붙여도 위치가 틀리면 다시 바로잡고를 반복했다.

　종일 매직으로 비닐 위에 그림을 그리는 바람에 팔은 떨어져 나갈 것 같았고, 긴장하고 그린 탓에 목도 한쪽으로는 잘 돌아가지 않았다. 뜨거운 아프리카 초원의

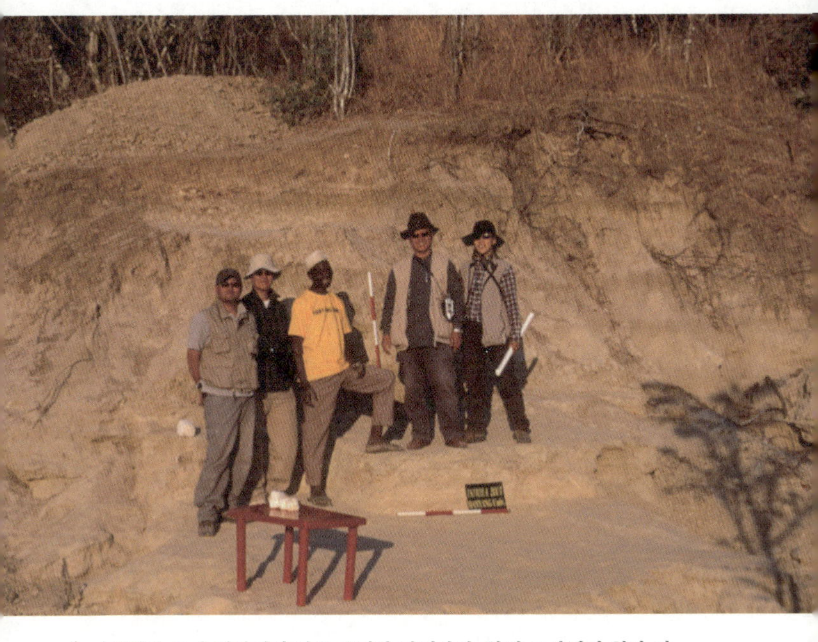

❖ 아프리카 조사 현장에서 남은 유일한 단체사진. 함께 조사했던 현장 사진들과 인부 아저씨들과 찍었던 사진들은 한 장도 남아 있는 게 없다. 최근 싸*이월드가 다시 오픈되면서 마치 유물 발견하듯 건진 사진이다. 왼쪽에서 두 번째가 필자.

한복판에 있는 작은 산에서 우리는 결국 그림을 완성했다. 혹시라도 겹친 부분에서 매직이 번질까 봐 비닐과 비닐 사이 신문과 종이를 번갈아 끼워가면서 그림을 둘둘 말아 차에 실었다.

‘동물의 왕국’을 눈앞에서

　당시 우리가 아프리카에서 빌려 탔던 차는 토요타사
의 랜드크루져였다. 2003년 당시로 봐도 대략 30년은 되
보이는 차였다. 도심을 벗어나면 아스팔트는 눈을 씻고
찾아도 찾을 수 없는 그런 국도에서 흙바닥을 신나게 달
리는 랜드크루저의 문짝 하부에서는 붉은 모래 먼지가
마치 연기처럼 쉴새 없이 차 안으로 들어왔다. 100년도
넘게 아무도 방문하지 않은 스코틀랜드의 오랜 성 안, 그
곳에 오래 방치된 피아노 위의 흰색 천이 회색으로 변해
있는 것처럼 차 안은 먼지가 자욱하게 쌓였다.
　우리는 어딘지 모르는 곳에서 잠시 쉬었다 가기로 했

다. 차량을 세운 곳 맞은편에는 작은 천막이 있었는데 놀랍게도 그곳이 식당이었다. 식당 안으로 들어가니 붉은색 카펫같은 천으로 온몸을 휘감은 젊은이 두 명이 길다란 지팡이를 옆에 두고 식사를 하고 있었다. 마사이족이었다. 우리는 그 두 명의 마사이족 옆에 자리를 잡고 주문을 했다. 주문이라고 할 것도 없었다. 그냥 자동으로 음식이 테이블로 배달 되었다. 우갈리와 이름을 알 수 없는 식물이 데친 상태로 접시에 담겨 나왔다. 그리고 다른 접시 하나에 구운 염소 고기가 놓였다. 우갈리는 옥수수, 또는 카사바가루로 만든 탄자니아 전통음식인데 커다란 호빵의 모양을 하고 있으나 속에는 아무것도 들어 있지 않고, 떡도 아닌 것이 그렇다고 빵도 아닌 무엇이었다. 우리나라의 술빵과 같은데 그 보다는 더 질퍽하고, 손으로 떼어내서 데쳐진 채소 또는 고기와 함께 먹었다. 식탁에는 우갈리와 염소 고기 말고는 아무것도 없었다. 다들 눈치만 보고 있을 때 내가 옆 테이블 마사이 청년이 우리와 같은 음식을 먹는 걸 곁눈질로 보고 있는데, 그때 일행 중 한 명이 수저 또는 포크를 요구했다. 주인아주머니의 기색이 난감했다. 내가 먼저 손으로 우갈리를 한 움큼 뜯어서 채소와 먹었는데, 나를 시작으로 옆 사람들도 투덜거리며 손으로 음식을 먹기 시작했다. 그 맛이 일품까지는 아니었어도 배가 고팠던 탓인지 그런대로 먹을 만했다. 우갈리와 염소 고기까지 뜯어 먹고 있던 중 주인아주머니가 어디서 구했는지 포크를 몇 개 가져다줬다.

다르에살람으로 돌아온 우리는 거기서 하룻밤을 자고 다음 날 아루샤Arusha로 향했다. 가수 조용필이 불렀던 킬리만자로의 표범의 그 킬리만자로산이 바로 옆에 있는 아루샤, 그곳에서 올두바이 고지로 이동하기 위해서였다. 다르에살람에서 아루샤로 이동하는 국내선 비행기는 버스보다 작은 비행기였다. 덩치가 큰 승무원은 비행기가 이륙할 때부터 커다란 부채를 들고 있더니 이동하는 한 시간 내내 연신 부채질을 해댔다. 에어컨이 나오지 않는 비행기를 타본 건 그때가 처음이자 마지막이다. 지금도 땀을 흘리면서 부채질은 하던 그 여성 승무원의 모습은 머릿속에서 잊히지 않는다.

우리는 다시 아루샤에서 하루를 묵고 올두바이에 도착하기 전 세렝게티 평원을 지났다. 동물의 왕국에서 자주 보았던 그 세렝게티 평원이었다. 수천 마리의 누우가 달려가는 모습을 위에서 찍은 영상을 수도 없이 봤고, 수많은 야생동물들이 살아 있는 그 동물의 왕국. 거기서 우리는 잠깐 짬을 내어 동물을 쫓았다.(그로부터 20년 후 나는 보츠와나에서 비슷한 경험을 했는데, 그들은 이걸 게임 드라이브라고 부른다). 마침 사자가 누우를 잡아먹고나서 자고 있는 걸 채 3미터도 안 되는 거리에서 보았다. 코끼리와 하마, 셀 수 없이 많은 기린, 그리고 아주 멀리 서 있던 코뿔소를 그들의 고향에서 있는 그대로 보고 있자니 기분이 묘했다.

세렝게티를 거쳐 오후 쯤에 도착한 올두바이 고지. 올두바이 고지에는 리키 재단Leaky Foundation에서 만든 베이스 캠프가 있었다. 주로 미국의 고고학자들과 인류학자들, 그리고 세계 각지에서 구석기 유적과 고인류를 연구하는 학생 및 학자들이 모여서 끊임없이 조사하고 연구를 하고 있는 전초기지다. 그곳엔 마침 교수님의 동료가 있었다. 덕분에 우리는 그분의 안내로 그곳을 견학할 수 있었다. 오스트랄로피테쿠스가 발견된 곳에서 사진도 찍고

리키재단Leaky Foundation 아프리카 탄자니아 올두바이 협곡에서 인류 조상 화석 발굴을 3대째 이어온 리차드 리키(Richard Leakey) 가문이 설립한 비영리 재단이다.

인류 기원과 진화에 대한 과학적 탐구와 교육, 보존 활동을 목표로 인류 고고학 분야에서 세계적으로 중요한 역할을 하며, 올두바이 협곡의 발굴 성과와 함께 인류의 기원을 밝히는 데 기여하고 있다.

루이스 리키가 발굴을 시작해, 리차드 리키, 그리고 그의 아들 리처드 리키 2세까지 3대째 활동하고 있으며 상업적 이익보다는 공공의 이익을 우선하고 있다.

구석기 전공자들이 꿈에서도 한번 가 보고 싶어 하는 곳을 방문했다.(이미 독자들은 다 눈치를 챘겠지만 아프리카의 조사가 마무리된 후 나는 전공을 구석기로 바꿨다). 베이스캠프 옆으로는 기린들이 자유롭게 지나다니고 있었다. 아프리카의 어느 한 식당에서 기린과 함께 식사 할 수 있는 곳이 있다고 TV에서 본 것 같은데, 그곳은 굳이 그럴 필요가 없는 곳이었다. 볼 때마다 깜짝깜짝 놀라는 거대한 기린의 모습에 우리는 넋을 잃고 바라봤다.

우리는 그 주변에서 하루를 묵고 다시 다르에살람으로 이동했다. 이번엔 차로 이동해 다르에살람에서 다시 현장 조사 장비를 챙긴 다음 이링가로 향했다. 이링가는 탄자니아의 중앙 다르에살람에서 서쪽으로 약 열 시간을

차로 이동해야 갈 수 있는 곳이었다. 우리는 하루 종일 차
를 타고 이동해 저녁 무렵 목적지인 이링가에 도착했다.

아프리카의 위대한 유산 이시밀라

이링가에 간 건, 단 한 가지 이유 때문이었다. 이시밀라Isimila가 거기 있어서였다. 이시밀라는 아프리카 유적 중 중석기 유적으로 무척 유명한 곳이다. 사실 조사 전 자료를 통해 알게 되었지만 당시 교수님은 그 곳에서 고인류 화석을 찾기를 기대하고 계셨던 것 같다. 신기하게 도 작은 협곡인 이시밀라 유적은 수많은 석기들이 말 그 대로 '널려 있는' 곳이었다. 이렇게 많은 석기들이 몰려 있는 현상은 지형의 영향 탓이다. 협곡은 우기에 작은 개 천이 되는데 주변에서 씻기고 씻겨 내려온 석기들이 한 곳에 모여 있을 가능성이 매우 크다. 결국 석기들은 원래의 자리에서 벗어난 것들이 많아서 분석하기 어렵다는 이야기가 된다.

　이시밀라 유적이 위치한 곳은 해발 1,600미터. 안내소에서 계단으로 200미터 정도 내려간 곳에 있었다. 가끔 물이 필요해서 안내소까지 오르락 내리락 하면 어느새 나도 모르게 숨이 가빠졌다. 그럴 때마다 해발이 높은 곳이라는 것을 몸소 느끼게 하는 곳이었다. 이시밀라 유적은 이링가에서 택시를 타고 40분가량 남서쪽으로 이동한 곳에 위치한다. 그리고 도로를 따라 계속 이동하면 잠비아 국경으로 이어진다.

　우리는 유적을 조사하기 위해서 협곡의 상, 중류에 발굴 구덩을 설치했다. 내가 맡은 곳은 중류에 위치한 작은 구릉의 사면으로 주변에 선인장이 많아서 이곳의 이름을 선인장 구덩Catus Pit으로 이름을 붙였다. 상류는 상류 구덩 Upper pit이다. 구릉 사면은 약 15미터 가량 되는 높이로 사면을 계단 형태로 파고 내려가면서 유물과 인골을 찾고자 했다. 현장 조사는 현지의 인부들을 활용하여 진행했는데, 현장 인부 반장은 고등학교에서 교장을 지내신 분이었다. 키가 굉장히 크고 마른 근육질의 반장님은 영어를 할 줄 알아서 업무에 큰 지장은 없었으나 짧은 영어

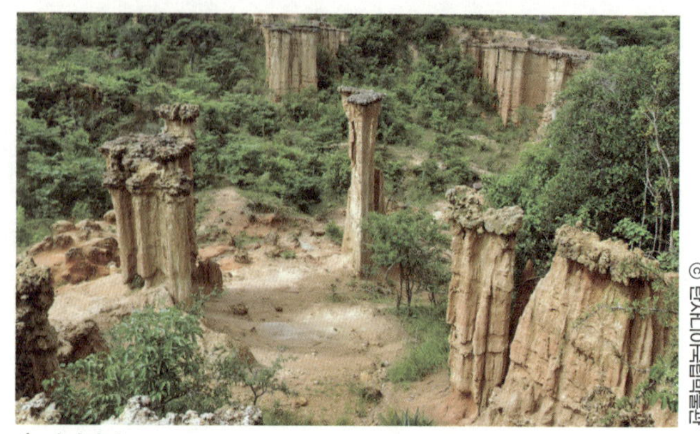

❖ 이시밀라

로 의사소통을 하려니 여간 힘든 게 아니었다. 가장 힘들었던 표현은 평탄 작업이었다. 벽면을 평탄하게 해야 흙이 쌓인 형태를 반듯하게 그릴 수 있고 바닥면을 평탄하게 해야 유물의 3차원 기록가로세로높이측정이 세밀하게 진행될 수 있다. 반장님과 내가 사용한 단어는 Flattening. 조사를 하면서 이 단어를 얼마나 썼는지 기억이 안 날 정도다. 때로 못알아 들으면 나는 허리를 숙여 엎드리고 양손바닥을 바닥 쪽으로 향하게 펴서 좌우로 움직이는 모양을 연출했다. 바디-랭기지보다 더 효율적인 기초 의사소통 수단은 없는 듯하다.

조사는 아주 짧은 시간에 효율적으로 진행이 되어야 했다. 하루하루가 정신없이 흘러갔다. 교수님은 하필 내

232

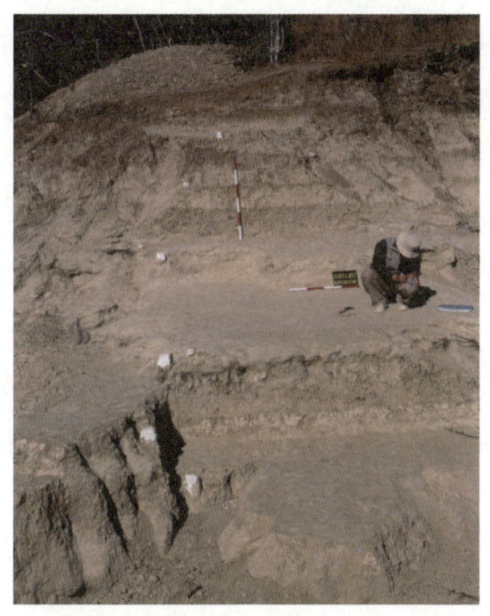

❖ 이시밀라 칵투스 피트 조사 후 고고지자기 분석을
위한 샘플 채취 중

가 일하는 구덩 앞에 그늘막을 펼쳐놓고 돗자리를 깔고
앉아서 내가 조사하는 광경을 매의 눈으로 지켜보셨다.
한번은 사무소에 물건을 가지러 갈 일이 있어 내려오던
중 교수님께서 급하게 나를 찾으셨다. 나는 숨이 헐떡거
릴 새도 없이 뛰어 내려와서 교수님이 계신 곳으로 방향
을 틀다가 그만 미끄러져 버렸다. 건기에 모래 땅에서 신
을 신고 뛸 때면 가끔은 모래가 매우 미끄럽게 작용하는

경우가 있는데 균형을 잡을 새도 없이 오른쪽으로 미끄러져 길게 슬라이딩을 했다. 결국 오른쪽 무릎과 손바닥, 그리고 팔꿈치까지 상처가 났는데 설상가상 모래 알갱이들이 그 안에 수북하게 박혀버렸다. 교수님의 지시를 듣고 반장님께 전달한 후 다시 사무소로 올라가서 모래를 물에 씻어내는데 너무 쓰라렸다. 그리고 갑자기 눈물이 났다. 그동안 발굴 허가를 받기 위해 다르에살람에서 뛰어다니며 영문 자료 정리하고, 출력하고 수정하고…. 그간의 고생들이 주마등처럼 지나갔다. 겨우 겨우 여기에 왔는데, 이리 바쁘게 짧은 시간에 해야 하는 일들이 산더미인데 이렇게 다치기까지 하나 싶기도 하고, 열심히 하고 있는데 교수님은 뭐가 불만이실까 하는 생각이 한꺼번에 몰아치면서 마음이 주저앉았다.

눈치를 채신 걸까, 할 일들이 많이 남아 있는 현장에 세수를 하고 정신을 차린 후 내려갔더니 그날 저녁에 교수님은 고생했다면서 양고기 스테이크를 사주셨다. 맛있는 요리까지 먹고 나니 마음이 진정되면서 길고도 험했던 하루가 마무리됐다. 그때 잠깐의 서운함은 훗날 현장에서 힘든 일을 만나도 멘탈을 강하게 붙잡을 수 있는 초석이 되었다. 교수님의 의도셨을까?

탄자니아 반장님과의 추억

현장 조사를 하다보면 임의의 공간에 사각형을 만들고 피트 또는 트렌치라고 부른다 그곳을 파 내려가기 때문에 말뚝과 끈은 필수적이다. 말뚝은 쇠말뚝이나 상황에 따라서는 나무 말뚝을 모서리에 두고 그 사이를 두꺼운 실이나 노끈 또는 포장끈으로 연결해서 모양을 만들고 파내려가는게 일반적이다.

우리는 이시밀라 유적의 조사를 위해서 한국에서 세 뭉치의 노끈을 준비해서 갔다. 현장의 구덩이들이 많지 않았기 때문에 두 뭉치의 노끈은 쓰지도 않은 새것으로 남았다. 현장 마지막날 며칠 안되는 기간의 조사였지만,

그새 아저씨들과 정이 들었고 특히 반장님과는 남다른 정이 들어 우리는 일상생활에서 어떻게라도 사용할 수 있을 만한 것들을 모두 챙겨서 드리고 있었다. 그때 반장님이 나에게 조심히 다가와 말했다.

"저 노끈 안 쓸 거면 나 좀 주고 가시오."

"노끈이요?"

"저런 노끈이 여기서는 구하기가 쉽지 않고, 여기저기 쓸 데가 많아서 그래요."

나는 사용하지 않은 새 것 두 개와 쓰다 남은 노끈도 다 챙겨서 반장님께 전했다. 곡괭이나 삽 등 필요한 것들이 더 많았을 텐데, 물론 그것들도 다 드리고 오긴 했지만, 왜 그게 필요하셨는지 더 자세하게 물어보고 올걸 하는 생각이 들면서, 아직도 그 노끈을 왜 달라고 하셨는지 이유가 궁금하다.

그 노끈들을 어디에 쓰셨을까? 20년이 지났지만 반장님과의 기억은 지금도 생생하다. 함께 조사했던 현장 사진들과 인부 아저씨들과 찍었던 사진들이 남았으면 좋았겠지만 하드가 훼손되는 바람에 한 장도 남아 있는 게 없다. 얼마 전 싸*이월드가 다시 오픈되면서 마치 유물 발견하듯 해상도 낮은 사진을 몇 건졌다.

발굴자에게 술이란

이링가에서 잡은 숙소는 생각보다 훌륭했다. 우리는 저녁 식사를 보통 호텔에서 했는데, 특별히 저녁 메뉴가 매우 마음에 들었다. 교수님께서도 매우 흡족해 하셨다. 교수님 뒷담화를 조금 하자면 교수님과 함께 다니면 식사 때가 되기 전에 반드시 드실 수 있게 식사 준비를 미리미리 해야 했다. 배가 슬슬 고파오기 시작하면 교수님의 신경은 매우 날카로워졌다. 그걸 다 아는 대학원생들은 이미 익숙하게 미리 미리 준비하는 습관을 가지고 있었다. 저녁 식사도 현장이 종료되고 나면 씻지도 않고 바로 먹을 수 있도록 호텔 측에 요청해서 조정했다. 다행히 이링가에 있는 동안 불상사(?)는 한 번도 생기지 않았다.

교수님은 저녁 식사 후 소량의 술을 드시곤 하셨는데, 그때 머물렀던 그 호텔에서는 아일랜드의 흑맥주를 무척 애호하셨다. 맥주 가격은 1달러. 당시 돈으로 환산해도 일반 호텔의 맥주보다 저렴한 가격이었다. 우리는 교수님 방에 저녁마다 흑맥주가 배달 될 수 있게 조치를 해 두었다. 현장에서 지친 몸을 끌고 들어가서 식사 후에 씻고나서 들이키는 흑맥주의 청량감과 쓰디쓴 상쾌함은 그 무엇과도 바꿀 수 없는 행복을 줬다. 나 역시 가끔 그 흑맥주를 저녁에 즐겨 마셨다.

조사가 마무리되고 현장의 마지막 날이었다. 짐을 챙기고 있는데 교수님은 우리를 호출, 마지막 날이니 교수님 방에서 한 잔 하자고 제안하셨다. 교수님 방에 들어갔더니 침대 옆 탁자에 양주 한 병이 놓여 있는데 1/4정도 남은 글**딕이었다.

'혼자서 벌써 반도 넘게 드셨네……'

우리도 힘들었지만 현장에서 제자들에게 말 못할 스트레스가 많으셨던 모양이다. 술병에 남은 술을 보는데 느닷없이 그걸 헤아리지 못하고 정신없이 일을 한 게 죄송스러워졌다. 그럼에도 마무리되는 시간을 제자들과 함께 보내시려고 조심스레 초대를 해 주셔서 감사했다.

그날 저녁에 마신 달달하고 쌉쓸한 그 술의 맛은 그 어느 때보다 시원한 느낌이 들었다. 술을 따르며 교수님은 정말 힘든 일정을 모두가 아무 탈 없이 마무리할 수 있어서 고맙다고 했다.

20년 전 아프리카에서 처음 마신 양주의 맛은 이상하게 강하게 혀끝에 남았다. 뿐만 아니라 이름도 명확하게 기억에 새겨졌다. 심지어 몇 년 산이었는지도 오랜 시간이 지난 지금도 또렷하게 기억에 남았다. 그리고 가끔 그 술을 마실 기회가 생기면 교수님이 생각난다.

아프리카 조사 이후에도 왕성한 활동을 하신 교수님은 학계는 물론 문화유산 분야에서도 큰 업적을 남기셨다. 지금은 은퇴 후 삶을 사시는데, 가끔은 연락을 드려 그때 아프리카에서 마셨던 그 양주를 한잔 대접해 드려야 겠다는 생각을 한다.

에티오피아에는 예가체프가 없다

2016년 12월 에티오피아 아디스아바바의 어느 커피숍
"무슨 소리야! 예가체프가 왜 없어? 다 떨어진 건가?
예가체프는 에티오피아가 원산지 아니야?"
"네, 저도 그렇게 알고 있는데, 여기에는 없다는데요?"
"그럼 어디서 살 수 있는지 물어보고 나가자."

2016년 유네스코 무형유산과 관련한 회의에 참석하
기 위해 에티오피아 아디스아바바에 다녀왔다. 이 회의
는 유네스코 무형유산 정부간위원회라고도 불리는데, 전
세계가 무형유산과 관련된 이슈를 가지고 진행하는 회의

다. 무형유산 보호에 대한 논의와 특히 유네스코 무형유산의 등재가 최종 결정되는 것들이 주요 주제로, 회의는 매년 열린다. 2016년에는 에티오피아의 수도인 아디스아바바에서 개최되었다.

한국을 떠나 독일 프랑크푸르트에서 몇 시간을 대기하고 다시 비행기를 타고 도착한 곳, 아디스바바는 회색빛의 도시였다. 건물들의 외관이 칠해져 있거나 한국처럼 마감이 된 건물들은 눈에 띌 정도로 드물었다. 검은색의 아스팔트와 회색빛의 건물들, 최소한 아디스아바바의 첫 인상은 그랬다. 여행으로 간 게 아니어서 많은 곳을 볼 수는 없었지만, 우리 일행이 묵었던 숙소와 그 주변도 회색도시 그 자체였다.

동료 연구원들도 마찬가지지만 출장을 가게 되면 숙소와 목적지 외의 장소에 방문할 일은 거의 없다. 수년 동안 같은 유적지에서 지내는 연구원조차 어쩌다가 외부인이 본인이 있는 곳 주변 관광지를 물으면 당황을 한다. 고위급 인사가 오는 경우는 중간에 쉴 수 있는 일정을 준비하지만 그런 경우에도 출장의 목적을 달성하기 위해 관련된 부수적인 일정일 뿐 그 어느 시간 하나 쉽게 쓸 수 없는 게 사실이다.

에티오피아 아디스아바바를 방문했던 그해도 도착 후 5일간 연속으로 진행된 회의 일정을 마치고 귀국하기 전에 기념품이라도 사갈 양으로 어렵게 시간을 만들었다. 회의가 길어지니 주최측에서는 아디스아바바 북쪽 뒷산 EntotoPark의 전망대, 작은 정교회 그리고 시장 투어를 제공했지만 그닥 눈에 들어오는 것이 없었고 뭔가 기념이 될 만한 것이 필요했다.

그때 생각난 것이 커피였다. 예가체프의 고장, 가장 맛있는 커피를 살 수 있는 곳 에티오피아 아닌가. 누구나 한 번쯤은 들어봤을 예가체프 원두를 산지에서 직접 사갈 수 있는 기회라고 생각했다. 택시를 타고 예가체프 커피를 살 수 있는 곳으로 안내를 요청했다. 택시 기사가 우리를 내려준 곳은 시내 외곽의 어느 커피숍이었다. 굉장히 작은 커피숍 앞에는 서서 커피를 마시고 있는 사람들이 있었고, 작은 가게 안에도 사람들이 가득했다. 서너 개의 테이블이 고작이었던 가게 안은 이미 사람들이 좌석을 다 채우고 앉아서 커피를 즐기고 있었다.

택시기사가 제대로 된 곳에 우리를 내려줬다는 안도

감에 고개를 들어 메뉴를 살펴보았다. 그런데 아무리 눈 씻고 찾아봐도 메뉴판에소 예가체프라는 단어는 보이지 않았다. Tomo라고 적힌 단어들만 유독 가게 여기저기에 붙어 있었다. 자세히 살펴보니 커피를 담아서 파는 포장지 겉에는 TOMOCA라고 적힌 것들이 제일 많았다. 가게 주인은 예가체프는 없다고 말했다. 그럼 예가체프는 어디서 사야 하냐고 물으니 예가체프는 대부분 수출을 하기 때문에 에티오피아 내에서는 구하기가 매우 어렵다고 했다. 덧붙여 "구할 수는 있지만 발품을 좀 팔아야 할 것이고 가격도 싸지 않을 것"이라고 쐐기를 박았다.

❖ 에티오피아 전통커피 체험

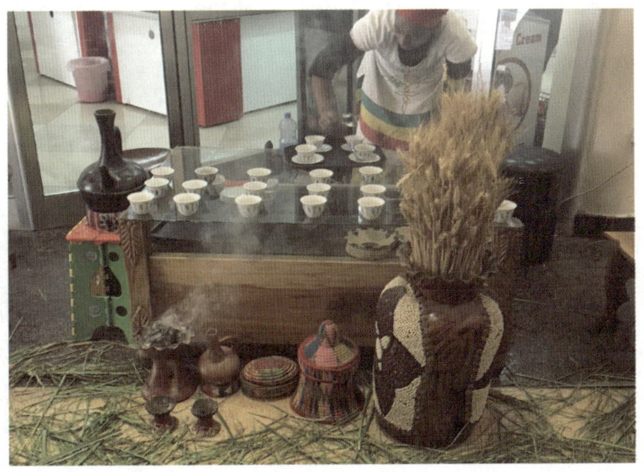

결과적으로 에티오피아 사람들은 예가체프를 먹지 않는 것이었다. 예가체프 말고도 다양하고 좋은 품질의 커피가 생산되는 지형적 조건을 가진 에티오피아다보니 굳이 예가체프를 찾을 필요도 없어 보였다. 우리가 갔던 커피숍의 토모카TOMOCA가 에티오피아 내에서 가장 인기가 많은 커피 브랜드였고, 우리는 예가체프 대신 그 커피를 몇 봉지씩 사서 귀국길에 올랐다.

훗날 DR콩고를 가기 위해 들렀던 에티오피아 아디스아바바 공항 면세점에서 나는 TOMOCA 커피의 인기를 다시 한번 실감했다. 예가체프는 유명한 커피 바리스타의 상술로 만들어진 커피가 아니었을까? 그보다 더 맛이 좋은 커피가 많다는 게 그 동네 사람들이 이야기다. 에티오피아에는 예가체프가 없다

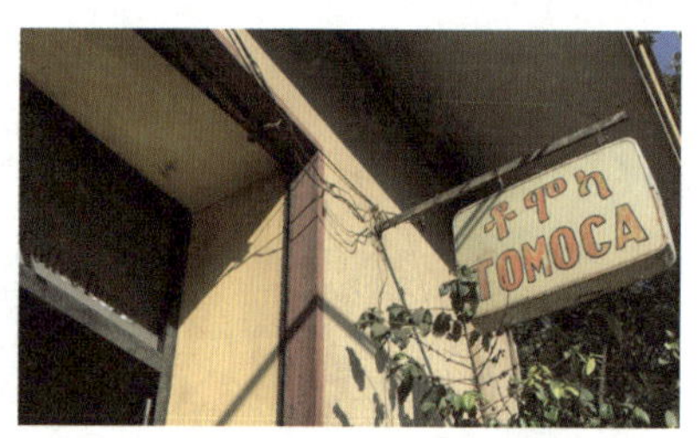

국제회의에서 점심에 라면을 먹은 여파

이상하게도 아프리카와 인연이 깊은 편이다. 2016년 처음으로 유네스코 무형유산 정부간위원회에 참석했을 때도 아프리카 에티오피아였다. 그 뒤로 정부간위원회는 모리셔스, 콜롬비아, 모로코 등에서 진행했는데 다시 아프리카에서 개최하는 정부간위원회에 내가 참석하게 되었으니 말이다. 심지어 동행인도 동일한 사람, A과장이었다. A과장과 나는 대화를 나누다 말끝에 "아무래도 아프리카와 뭔가 있는 것 같다"는 우스갯소리를 했다. 이번 정부간위원회는 열여덟 번째 회의로 회의 장소가 급하게 수도인 가보로네에서 카사네로 변경되었고, 카사네에서도 한번 더 장소가 바뀌었다. 아니나 다를까 회의 장소는 어떤 리조트 마당에 임시로 만든 대형 천막과 같은 건조물이 대회의장이 되었고, 그 주변으로 작은 천막들이 늘어선 채로 회의는 진행되었다. 점심을 먹어야 하는 곳도 먹는 방법도 가격은 물론 여러 가지 안내도 제대로 받지 못하고 회의에 참석했다.

회의 둘째 날 점심을 어디서 먹어야 할지 모르겠어서 우리는 일단 호텔로 이동했다. 평상시 해외 출장 때는 음식을 잘 가지고 다니지 않았지만 아프리카에서 뭘 어떻게 먹을지 막막해 컵라면을 준비해갔던 터였다. A과장과 나는 각자의 방에서 끼니를 해결하고 다시 만나서 회의에 참석하기로 했다. 방에 들어온 나는 커피포트에 물을 끓인 후 컵라면에 붓고 막 먹던 중에 아내와 영상통화를 했다. 멀리 있다 보니 반가운 가족들과 신나게 떠들면서 컵라면을 먹었는데, 작은 컵라면을 챙겨와서인지 하나로는 부족하다는 생각이 들었다. 영상통화를 끝내고 두 번째 컵라면을 뜯어 끓인 물을 붓고 있는데 왠지 물이 빠듯할 거 같다는 생각이 들었다. 포트를 한참 기울여 남은 물을 다 쏟아 붓던 찰나 그만 포트 뚜껑이 열리면서 바닥에 뒹굴었다.

그 순간 포트에서 뜨거운 수증기가 쏟아져 나왔다. "뜨거!"란 말도 내뱉지 못할 만큼 순식간에 오른쪽 중지부터 약지가 스팀에 익어버리고 말았다. 뜨거운 열기와 칼로 살을 베는 듯한 느낌이 세 손가락을 타고 흘렀다. 중지는 이미 겉의 살이 밀려버린 것이 눈에 보였다. 포트는 싱크대 위에 내동댕이치듯 올려놓고 냉장고에 있던 물을 꺼내 큰 컵에 담아 세 손가락을 집어넣었다. 다행히 큰 통증이 이어지지는 않았는데, 컵에서 손가락을 다시 빼는 순간 처음의 고통보다 훨씬 큰 통증이 밀려왔다. '아, 화상을 제대로 입었구나'라는 감이 왔다. 다시 손가락을 컵에 넣고 한참을 기다렸다. 왼손으로는 핸드폰을 열어 화상 응급조치를 찾아보고 너무 차가운 물은 안 좋다는 내용이 있어 싱크대의 수전을 돌려 물을 틀었다. 아프리카여서 그런지 차가운 물은 나오지 않았다. 결국 싱크대 개수대 바닥에 손을 펼쳐놓고 물을 틀어 흐르는 물에 열기를 식게 했다.

20분을 넘게 흐르는 물에 열을 식히고 다시 수전을 잠그는 순간 통증이 다시 밀려왔다. 이번 통증은 현기증이 날 정도였다. 한 번도 이렇게 데인 적이 없다 보니, 어떻게 해야 할지를 몰라 안절부절 못하기를 30분여, 같이 간 A과장에게 혹시 진통제가 있는지 물었다. 우즈베키스탄에서 두통 때문에 사 두었던 진통제가 있어서 먹었지만, 왠지 안심이 되지 가지 않아서였다. A선생은 두 가지 종류의 진통제를 가지고 있다고 했다. ‘요즘 엄마’인 A과장은 마침 타이레놀 계열과 브루펜 계열 진통제의 효능과 복용 방법을 아주 잘 알고 있었던 듯했고 몇 개를 건네주었다.

그러나 진통제를 먹어도 효과가 없었다. 결국 호텔의 리셉션으로 가서 스팀 화상 같은 것에 대비한 약이 있는지 물었다. 호텔에서는 그런 건 없다고 했다가 매니저로 보이는 분이 잠깐 기다리라고 하더니 작은 그릇에 담아 들고 나온 건 달걀 흰자. 아마도 아프리카에서는 그런 방법으로 열을 식히는 모양이었다. 안 그래도 통증이 심한 상황에서 달걀 흰자라니…. 어이가 없었지만 그래도 그게 방법이 될 수 있을지도 모른다는 생각에 세 손가락을 담갔다. 역시나 통증은 가시지 않았다.

병원이나 약국이 주변에 있냐고 물었더니 리셉션 직원이 “택시를 불러줄까요?” 라고 물었다. 화가 나서 폭발하기 직전이었다. 하루 150불가량을 주고 머무는 숙소에서 대처 방안이란 게 고작 택시를 불러주겠다는 말인가 싶어서 울그락 불그락 해지는 나를 보던 매니저는 직원에게 나를 데리고 약국에 다녀오라고 했다. 나는 왼손으로 오른손을 감싸고 안절부절 못하고 차에 올랐다. 10분도 채 안 되는 곳에 작은 약국이 있어 그곳에서 밴드와 연고를 처방받고 숙소로 돌아왔다.

A과장은 내가 약국에 다녀온지 모르고 있다가 손가락의 붕대를 보고 사태의 심각성을 눈치챈 것 같았다. 결국 세 손가락의 붕대를 감고 한참이 지나서야 통증이 조금씩 가라앉았는데, 처음에 먹은 진통제가 효과를 내고 있는 것 같았다. 그날은 결국 회의 내용은 제대로 듣지도 못했고 저녁도 먹는 둥 마는 둥 했다. 호텔에서 약국에 데려다주었던 직원은 이후 나를 보고 아마 내일이면 괜찮을 거라고 위로했다. 그때는 말도 안 된다고 생각했는데 자고 일어나니 정말 통증이 많이 사라져 있었다. 회의 3일째 날이 시작되고, 나는 손가락에 밴드를 두껍게 감고 회의에 참석했다. 하필 화상을 입은 손이 오른손이었던 탓에 필기도 제대로 못하고 뭘 해도 신경이 쓰이는 시간을 보냈다.

운수 좋은 날

에티오피아에서 진행된 회의를 마치고 귀국하는 날은 아침부터 분주했다. 한국의 참석자들은 외교부, 문화재청 등을 비롯해서 무형유산과 관계된 기관들로부터 나온 분들이었고 재단에서 참석한 세 명도 그 일행에 포함되었다. 그런데 공항에 도착해서 출국 수속을 하는 과정 중에 청천벽력 같은 소리를 들었다. 에티오피아에서 출발해야 하는 비행편이 갑자기 취소되었다는 것이다. 별다른 안내도 없는 상황, 한국에서 온 사람들은 물론이고 그 비행기를 타야 하는 모든 사람들이 순식간에 카운터로 모여들었다. 주변은 삽시간에 아수라장이 되었다.

직원들의 안내에 따라 이리 저리 돌아다니다가 결국은 공항 한 켠 어느 가건물 2층까지 갔는데, 항공사 측에서는 최대한 빠르게 다른 비행편을 알아보고 있다고 했으나, 문제는 직항이 아니기 때문에 경유지에서도 문제가 연쇄적으로 발생한다는 것이었다. 이상하게도 목소리 크고 직원들을 지속적으로 괴롭게 만든 사람들의 항공권부터 처리가 되는 우스운 상황이 발생했다. 우리는 모두 우르르 몰려가 있지도 않은 줄을 서서 기다릴 수밖에 없었다. 문화재청과 외교부의 고위급 간부도 함께 있었으나 지위고하는 별로 중요한 게 아니었다. 항공권을 다시 받는 게 우선이었다.

두 시간 정도가 지난 후에 다행히 항공권을 발급 받기는 했으나 두바이까지만 가는 항공권이었다. 항공사 측은 두바이에서 이후 문제를 해결해 줄 거라고 했다. 이런 어이 없는 경우가 또 있을까, 일반적으로 목적지까지의 항공권을 발급해 주는데, 두바이에서부터는 거기 가서 해결을 하라니 거기서 우리는 다시 추가적인 소모전을 펼쳤고 그럼에도 불구하고 이후 일정과 항공권에 대한 해결책은 듣지 못했다.

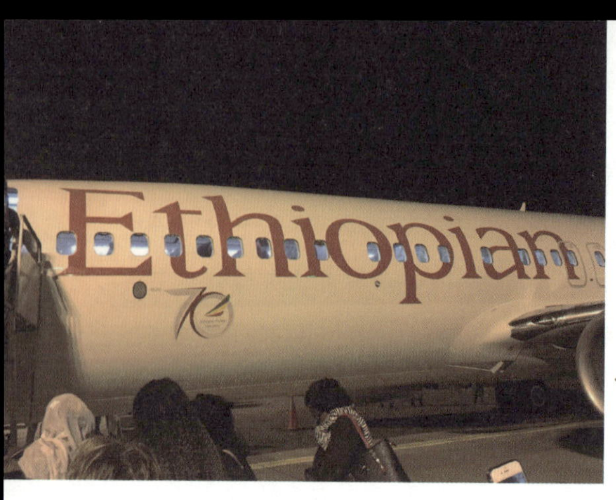

❖ 두바이까지
탑승했던
비행기

두바이에 도착한 것은 새벽 다섯 시쯤이었다. 두바이 에티오피아항공 창구는 마찬가지로 어수선했다. 수많은 사람들이 직원들과 실랑이를 하느라 한마디로 '난장판'이었다. 당장 한국까지 연결되는 비행편은 없었다. 열 시간 후에 비행기를 타야 하는 것이었다. 외교부, 문화재청 그리고 재단의 막내들이 큰소리까지 내면서 강력하게 대책을 요구했지만 돌아오는 답변은 시원치 않았다.

몇 시간이 흐르고, 어렵게 한국으로 가는 항공권을 발급받아 안심하고 있는데 저 멀리서 나지막이 들려오는 소리가 있었다. "호텔 바우처도 받았어요!" 호텔 바우처라고? 순간 귀가 쫑긋했다. 환승 시간이 길어지니 호텔 제공을 요청했던 건 동행했던 한국의 한 기관이었다. 대응하는 직원에 따라 처리하는 내용들이 달라지니 우리는 다시 우르르 그 직원이 있는 카운터로 몰려갔다.

"우리도 필요해요! 우리도 호텔 바우쳐 제공해 주세요, 공평하게 해야 하는 거 아닙니까!" 직원과의 실랑이 끝에 우리도 드디어 호텔 바우쳐를 얻었다. 공항에서 빠져나와 호텔로 가는 셔틀을 타고 가는데 그제야 비로소 실감하게 되었다. 내가 지금 두바이에 있다는 것을.

에티오피아에서 출발한 한국의 여러 기관 사람들은 같은 호텔에 머물게 되었다. 다들 너무 지쳐 있었다. 12월 뜨거운 사막의 한가운데 있는 호텔 로비에서 크리스마스 트리를 보니 현실 인식이 들었다. '아, 연말이지.' 모두는 아무런 말도 없이 다들 각자의 방으로 들어갔다. 그런데 방안에 들어온 나는 이 시간을 그냥 보낼 수 없다는 생각이 들었다. 같이 간 일행 중 젊은 친구들에게 메시지를 보냈다. 지금 밖에 나가보려고 하는데 혹시 같이 나갈 사람이 있냐고. 재단에서 온 두 명의 젊은 친구와 호텔을 빠져나온 나는 무작정 지하철을 타고 이동하려고 지하철역 앞에 섰다. 지하철역에 있는 커다란 문을 여는 순간 우리는 너무 놀랐다. 에스컬레이터를 타기 위해 연 문을 통해 에어컨 바람이 너무나 시원하게 우리를 맞았기 때문이다. 한국은 외부에 있는 계단에 에어컨을 설치하지는 않는데, 두바이는 역의 입구부터 모든 곳에 에어컨이 가동되게 밀폐시키고, 문으로 찬 공기를 차단시켜 놓고 있었다. '석유가 많은 나라 에너지 소비는 우리랑 다른가!' 이색적인 경험이었다.

지하철을 타고 무작정 시내 중심가의 큰 쇼핑몰로 이동한 우리는, 베이커리에서 커피와 함께 작은 케이크를 먹었다. 쇼핑몰은 정갈하고 깔끔하면서 화려했다. 베이지 톤의 실내는 사막을 연상하게 했고, 깔끔한 바닥은 마치 대리석을 깔아 놓은 듯했다. "엄청 피곤했는데, 그래도 나오기를 잘했어요."라고 말하는 직원의 말에 제안한 내가 괜히 으쓱했다. 그 사이 한국팀 모두가 함께 저녁을 먹기로 했다는 연락이 왔다. 비행기 시간이 늦은 저녁이다 보니 다들 그냥 두바이에서 시간을 보내기가 아쉬웠던 거였다. 우리 세 명은 저녁을 먹기 전 두바이의 몇 곳을 더 방문했다. 7성급 호텔로 알려진 버즈 알 아랍Burj Al Arab과 무슬림 사원, 그리고 저녁을 먹고 나서는 부르즈 칼리파Burj Khalifa에 방문했다.

에티오피아 공항에서부터 비행기를 타기 위해 벌인

실랑이와 호텔 방을 얻어 위해
노력한 피로가 부르즈 칼리파 앞
에서 펼쳐지는 분수 쇼를 보면서
녹아내렸다. 호텔로 다시 돌아가
는 길에 작은 낙타 인형과 몇 개
의 마그넷을 구입하고, 그렇게
두바이에 작별을 고하고 한국행
비행기에 몸을 실었다.

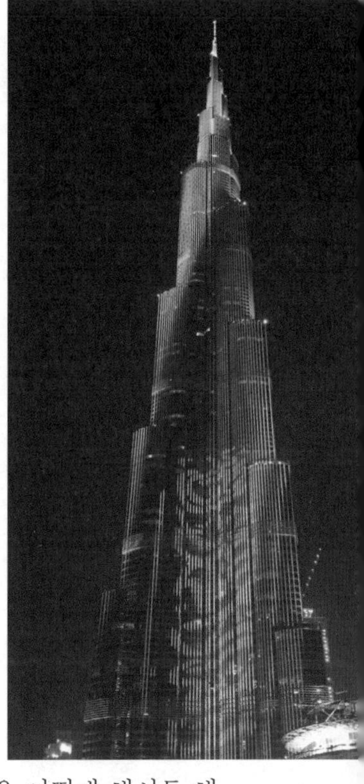

　여행을 하다보면, 그리고 출
장을 다니다 보면 예상치 못한
돌발 상황에 자주 놓인다. 일을
해결하기 위해 많은 에너지를 쏟
는 그런 변수들이 출장을 통해
처리해야 할 업무보다 훨씬 힘들
게 할 때도 많다. 하지만 모든 일들은 어떻게 해서든 해
결이 되고, 당시의 불만과 답답함도 추억으로 기억되곤
한다. 누군가 마음이 맞는 사람들과 함께 하면서다. 2016
년 12월 아프리카와 두바이에서 보낸 며칠은, 지금 돌아
보면 정말로 운수 좋은 날이기도 했다.

2023년 무형유산 정부간 위원회는 시작부터 불길했다

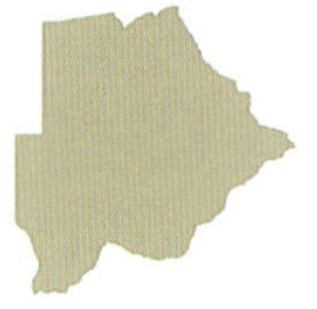

　　해마다 12월에는 유네스코의 무형유산보호협약에 따른 정부간위원회가 열린다. 이 회의에서 가장 중요한 이슈는 그 해 유네스코의 무형유산으로 어느 나라의 어떤 종목이 등재 되느냐에 있다. 전 세계 국가들이 자국의 무형유산이 어떠한 탁월한 보편적 가치OUV: Outstanding Universal Value를 지녔는지를 설명하고 심사를 받아 등재가 확정, 최종 결정이 내려지는 회의이다. 유네스코의 무형유산 분야 자문기구인 재단현국가유산진흥원은, 해마다 이 회의에 NGO 자격으로 참석한다.

　　2023년 회의는 아프리카의 보츠와나에서 신청해 최

종 개최지로 선정되었다. 당초 회의는 보츠와나의 수도인 가보로네Gaborone에서 진행하기로 확정 되었는데 회의를 약 3개월여 앞둔 시점에서 장소가 급하게 카사네Kasane로 변경되었다. 카사네는 보츠와나의 북쪽에 위치한 작은 도시로 쵸베Chobe국립공원이 위치한 지역이다. 왜 카사네로 변경이 되었는지 자세한 사유는 알 수 없었으나, 당장 카사네로 가기 위한 비행기편이 몇 편 없던 상황이라 우리는 평소보다 빨리 회사에 계획을 올려 결재를 진행했다. 사실 그해 회의는 비행편 말고도 문제가 또 있었다. 카사네 지역은 쵸베국립공원 주변의 사파리를 전문적으로 찾는 여행객이 몰리는 곳이라 대부분의 숙소 가격이 너무 비쌌다. 또한 합리적인 가격의 숙소가 많지 않아 주최 측에서 권고하는 숙소를 얻어야 교통편을 원활하게 이용할 수 있었다. 대부분의 숙소가 공무원여비규정을 초과하는 금액이라서 이 또한 별도의 결재를 받고 진행할 수밖에 없었다.

출발 당일, 대부분의 출장은 오전 이른 시간, 또는 오후 늦은 시간에 출발하는 비행편이 일반적이라 낮 열두 시에 출발하는 비행편을 예약한 우리는 아침에 여유가 좀 있었다.

당초의 계획은 이랬다. 오전 일곱 시 30분 버스를 타고 공항에 도착하면 대략 아홉 시쯤. 입국 수속을 마치고 온라인으로 환전한 달러를 수령한 다음, 간만에 모닝캄의 혜택을 라운지에서 좀 누리고 느긋하게 나와서 아이스커피 한 잔을 마신 후 탑승. 같이 가는 일행이 일찍 오고 특별한 일이 없으면 모닝캄 라운지 쿠폰 제공해서 식사를 같이 해도 좋겠다고 생각했다.

그리고 도착은 예상대로 아홉 시쯤 했다. 운 좋게도 모닝캄 대기줄에 사람이 거의 없어서 곧바로 수속을 하고 짐을 부치려고 하던 중, 예약에 문제가 있는 것이 확인되었다. 핸드폰에 예약이 두 개로 되어 있었던 것. 수속을 하던 카운터 직원이 잠시 확인을 하겠다고 내 핸드폰을 보더니 여기저기 전화를 하기 시작했다. 살짝 불안감이 엄습했다. 동행하기로 했었던 K팀장의 갑작스러운 예약 취소로 인해 무언가 꼬였다는 것을 직감했다. 일이 해결되기까지는 한참이 걸렸다. 다행히 문제 없이 정리가 되어서 보안검색대를 통과해 입국장으로 들어서려던 그때, 아뿔싸! '환전한 달러를 안 찾고 그냥 들어왔네!' 나는 여기저기 전화를 하고 길 가던 직원에게 물어 다시 나가서 환전한 돈을 찾아와야 한다고 사정 사정을 했다. 하지만 아무리 절박하게 요청을 해도 방법이 없었다. 결국 한화로 재환전을 해야 했다. 해외 출장을 위해 비상으로 마련해 두었던 여행용 체크카드를 사용해야겠다고 마음을 먹었다. 아프리카에서 그 카드가 통용될지는 미지수였지만 여기저기 인터넷으로 찾아보아도 뾰족한 답을 단 글이 하나도 없었다. 모든 계획은 물거품이 되었고, 라운지는커녕 환전 때문에 정신없이 돌아다니느라 비행기 탑승 시간이 코앞에 와있었다.

액땜했다고 생각하고 일행과 함께 비행기에 올랐다. 기내에서 약 열세 시간을 가야 한다는 안내방송이 나왔다. 그것도 파리에 도착해서 다시 열한 시간의 비행이 남아 있었다. 파리에 도착해서 우리가 가진 시간은 약 두 시간 40분 가량. 하지만 비행기는 연착이 되어 늦게 출발했고 파리에 도착해서 전광판을 살펴 보던 우리는 아무 것도 안내되지 않는 우리 비행편에 다시 초초해지기 시작했다. 불길한 예감은 빗나가지 않는다고 하는데, 역시나 우리가 타야할 비행기는 연착이 되었다. 연착이 되면 남아공에서 보츠와나로 가는 비행기도 차질이 생길 상황이었다. 데스크를 찾아가 사정을 이야기해도 기다려 달라는 답변밖에 돌아오지 않았다. 프랑스어 방송은 들

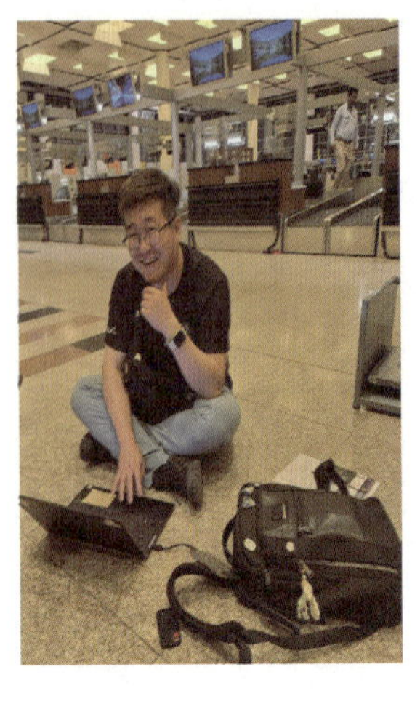

지도 못하니 비행편이 안내되는 전광판 아래 쪼그려 앉아 확정되기를 기다렸다. 다시 안내된 내용은 결항이었다. '아, 이럴 수가…….' 결항이 되면 파리-남아공-보츠와나 모든 일정이 엉망이 되는 건 불을 보듯 뻔했다. 프랑스에어에서는 가방과 호텔 바우처를 나누어주었다. 결국 비행편은 다음날 아침으로 변경되었다. 사정을 이야기해도 이미 소용없는 상황이고, 우리는 결국 호텔로 이동했다. 체크인을 하고 방으로 가지도 못하고 로비 한켠에 앉아서 비행편을 다시 알아봤다. 결국 보츠와나 옆의 짐바브웨를 거쳐 육로로 이동하는 방법밖에 없다는 결론을 냈다. 남아공에서 어쩔 수 없이 1박을 해야했다. 모든 일정은 엉망진창 뒤죽박죽이 되고 있었다. 그럼에도 남아공의 숙소와 남아공에서 짐바브웨로 가는 비행편을 겨우 예약했다. 폭풍우가 휩쓸고 간 호텔 방에서 겨우 쪽잠을 자고 남아공 어느 호텔에

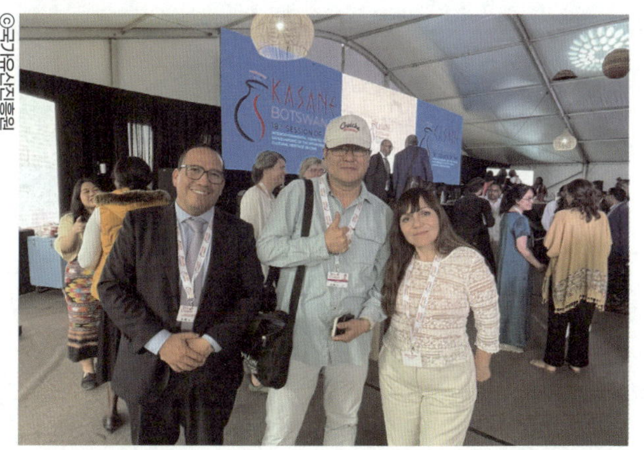

❖ 산 넘고 물 건너 겨우 도착한 회의장에서 만난 페루 관계자들과 반갑게 인사를 나눴다.

서 1박을 한 후 겨우 짐바브웨의 빅토리아폴 공항에 도착했다. 나이아가라, 이과수폭포와 함께 세계 3대 폭포 중 하나인 빅토리아폭포의 이름을 딴 빅토리아폴 공항은 그저 경유지에 불과했다. 혹시라도 지나가는 길에 폭포를 볼 수 있을까 하는 작은 기대는 보기 좋게 빗나갔고 이름 모를 짚차에 몸을 싣고 국경을 넘어 겨우 보츠와나 카사네에 도착했다. 결국 우리가 준비한 일정 중 하루는 통으로 참석하지 못했고 보츠와나에서 힘겨운 출장은 뜨거운 아프리카의 태양과 함께 시작되고 있었다.

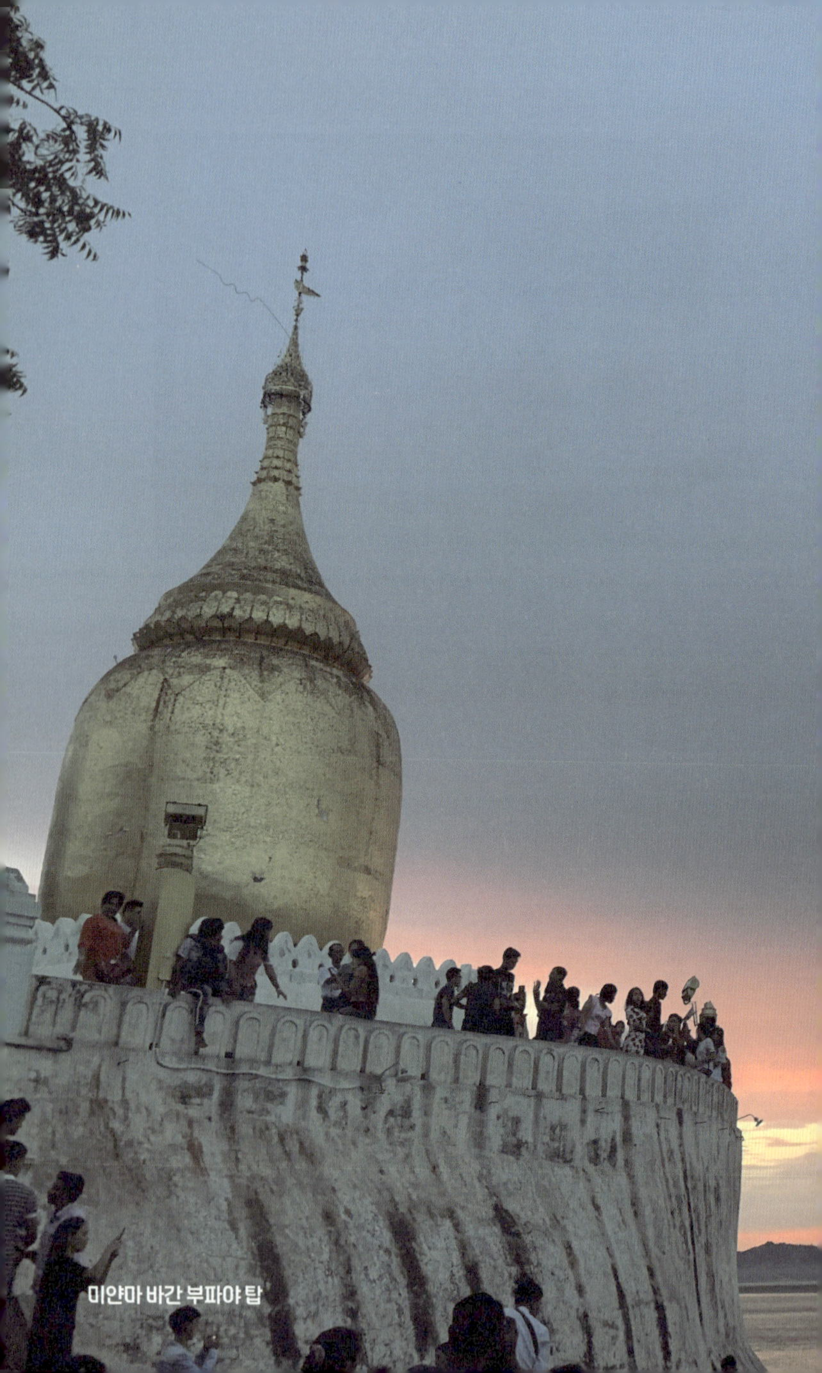

미얀마 바간 부파야 탑

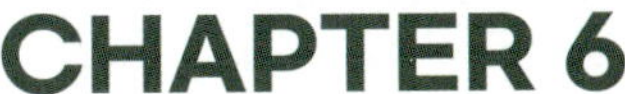

CHAPTER 6

그리운 미얀마

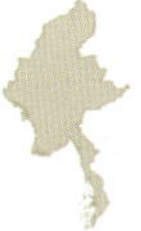

산툰의 죽음과 그리운 미얀마 친구들

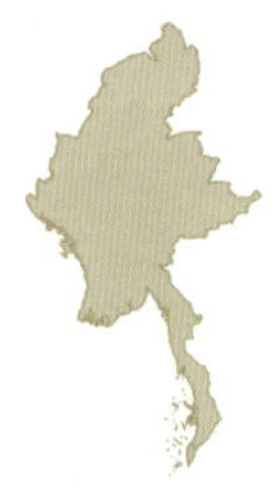

2020년 어느 가을날. DM으로 한 통의 문자를 받았다. 미얀마에서 같이 일했던 타노로부터 전달된 메시지는 한 문장이었다.

'Hasan Thun passed away'

미얀마에서 지낸 2019년은, 문화유산 분야 업무를 진행하면서 가장 추억이 많은 해였다. 생전 처음 미얀마의 유적에 대한 발굴 조사를 진행해 보았지만, 한 번도 경험해 보지 못했던 유적을 만났었다. 그 과정에서 함께 보냈던 미얀마의 고고학자들, 그리고 문화유산 전공자들과의 몇 달은 각별했다. 그 시간은 아직도 기억이 생생해 그리움으로 남아 있다.

산툰은 미얀마 바간에서 같이 일했던 미얀마 바간고 고학사무소의 직원 중 한 명이었다. MyKo Team. 우리는 우리의 정체성에 이와 같은 이름을 붙였었다. 미얀마 직원들은 미얀마와 코리아의 줄임말로 해석했지만 나는 속으로 다른 생각을 했다. 미얀마 친구들이 이 사실을 알면 분노할 수도 있겠지만 나는 내심 '나의 한국팀'이라는 의미로 해석하기에 충분했기에 속내를 밝히지는 않았다. 우리는 미코 또는 마이코 팀으로 우리를 지칭했다. 그리고 산툰은 마이코팀에서 미얀마팀의 대장이었다.

당시 우리는 파야똔주라는 사원의 과거를 염탐하기 위해 사원 기단부 주변의 발굴 조사를 진행했었다. 그 조사를 통해 건축의 구조를 명확하게 밝혀내 어려웠지만 현재의 기단부 이전에 다른 건축물의 흔적이 땅속에 있다는 것을 알게 되었다. 그리고 거기에서 나온 유물들은 파야똔주가 13세기 또는 그보다 앞선 시기에 조성되었을 가능성이 있다는 것도 추정할 수 있게 되었다.

한여름 40도는 무조건 넘은 악조건에서도 아침 업무 시작 전에 오토바이를 끌고 나타나던 산툰. 그는 나의 잔소리에도 항상 슬리퍼를 신고 다녔으며 유물이 발견되면 항상 제일 먼저 달려와 신중하게 조사를 하던 사람이었다. 그는 나와 동갑이었다. 젊은 직원들과 일을 하면서도 항상 솔선수범했던 그는 정말 순수한 마음과 고고학을 사랑하는 마음으로 파야똔주의 속살을 같이 들여다봤다.

바간의 태양 아래에서 시꺼멓게 그을린 얼굴에 가지런한 치아를 자랑하며 나의 부러움을 샀던 그가 이 세상에 없다는 것이 믿기질 않았다. 메시지가 오고 잠시 후 몇 통의 사진이 전송되었는데, 놀랍게도 전송된 사진은 산툰을 염하는 장면을 담은 사진이었다. 물론 옷을 어느 정도 입고 있는 사진이었지만 우리의 문화로는 도저히 이해가 되지 않는 사진이었다. 깜짝 놀란 것도 잠시, 그가 눈을 감고 있는 사진은 왠지 모르게 평화로웠다. 그리고 갑자기 눈물이 쏟아졌다. 이어 도착한 메시지에는 갑작스럽게 생을 달리했다는 이야기가 담겨 있었다.

많은 이별을 경험했음에도 죽음을 경계로 한 이별은 익숙해지기 어려운 무엇이다. 미얀마에서의 2019년이 주르륵 펼쳐지며 생각이 났다. 파야똔주에서 목이 잘린 불상이 나왔을 때 그 불상을 제일 조심스럽게 수습하려고 맨 흙바닥에 앉아서 한참을 붓질과 트롤질을 하던 그가

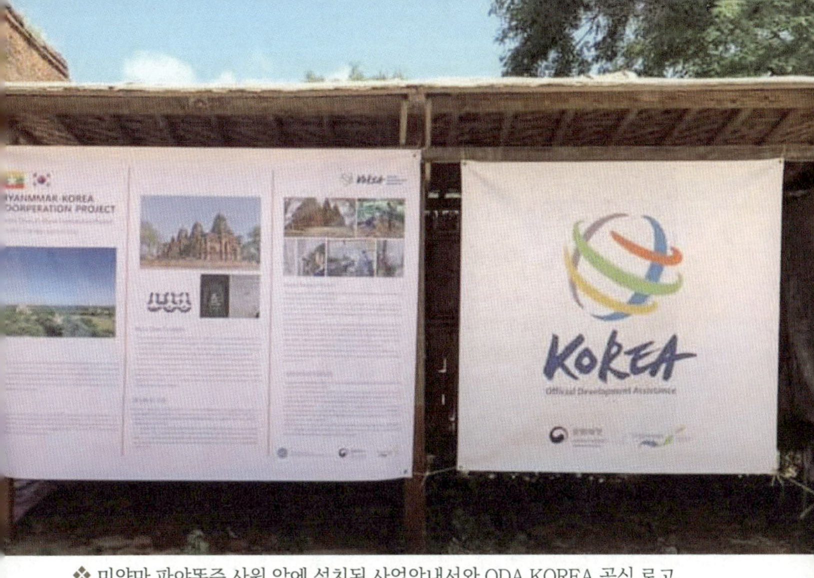

❖ 미얀마 파야똔주 사원 앞에 설치된 사업안내서와 ODA KOREA 공식 로고.

누워서 평화로운 모습으로 나를 보고 있었다. 감은 눈 사이로 그가 그대를 떠올리라고 말하는 것 같았다.

발굴 중 불상이 나왔을 때 그는 두 손을 모아 합장을 한 후 그 유물을 들어올려 보여줬었다. 그리고 그 불상을 들고 우리 중 누구보다도 먼저 사진을 찍었다. 사진에서 그는 환하게 웃고 있었다. 발굴 조사를 통해 발견한 유물이 아닌 삶의 한가운데서 부처님을 만나면 그런 미소를 지을 수 있을지는 모르겠다. 산툰은 그때까지 내가 본 모습 중 가장 환한 미소를 지었다. 그렇게 그는 우

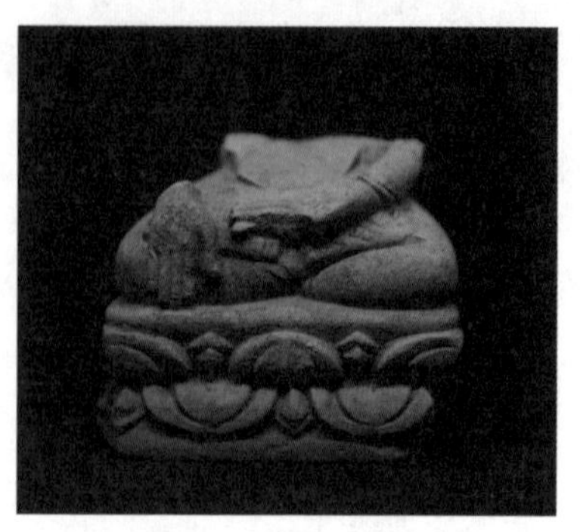

❖ 파야똔주 발굴 조사에서 수습된 불상.

리 곁을 떠났다. 장례식에도 부의금도 보내지 못했다. 코로나19가 정점을 찍던 시기였다. 아무 곳도 가기 어려웠던 나는 그렇게 그를 보내야 했다. 모두 우리가 함께 만나지 못하는 것을 이해했지만 너무 아쉽고 미안했다. 그는 그렇게 우리 곁을 떠났다.

코로나가 괜찮아지자 이번에는 2021년에 발생한 정치적 사건으로 인해 미얀마에 가는 일은 더 요원해졌다. 2021년 미얀마 쿠데타 이후 대한민국 정부는 미얀마를 대상으로 한 인도적 지원 외에는 당분간 모든 사업을 중지했다. 그렇게 미얀마는 점점 멀어졌다. 문화유산 관련 사업을 하면서 제일 첫 번째로 다시 가 보고 싶은 곳, 그리고 여행을 목적으로 하는 누군가에게도 추천을 한다면 반드시 첫 번째로 추천하고 싶은 곳은 바간이다. 그러나 이제는 정말 가기 어려운 곳이 되어버렸다.

양곤 권 씨의 시조

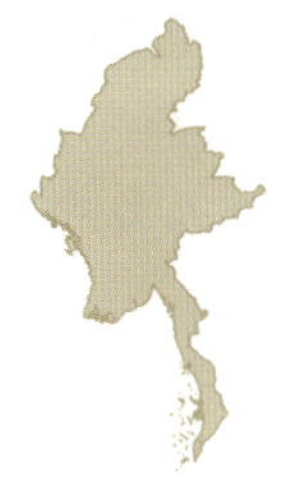

　　국제협력사업을 처음 시작하는 사람들이 가장 두려워하는 것이 몇 가지 있는데, 그중 언어가 포함된다. 대부분 음식, 기후, 그리고 언어 이 세 개가 가장 대표적인 어려움이라 생각된다. 그리고 나 또한 그랬다. 하지만 완벽하게 무언가를 갖추고 할 수는 없는 일. 언어를 극복하기 위해 손짓 발짓과 함께 영어로 소통을 하는 경우가 많지만 그 또한 어려울 때가 부지기수다. 그래서 각 국의 현장에서는 현지에서 한국어를 할 줄 아는 보조원을 고용해서 사업을 진행하기도 한다.

　　2014년에 미얀마에서 소규모의 사업이 있었다. 사업

초창기라 코트라를 통해 통역을 해줄 사람을 섭외했고 단기간 출장 동안 함께한 당시 통역은 본인의 역할에 매우 충실했다. 이후 미얀마 출장 때마다 우리는 회의 등에 이 통역사를 섭외해 일을 진행했다. 다행인 건지, 당연한 건지 이 통역사는 문화유산에 대한 관심이 많아 덕분에 우리가 하는 일은 무척 수월했다. 게다가 한번 만난 사람과는 지위고하를 막론하고 쉽게 친해지는 능력을 가진 사람이었다. 2017년 미얀마 사업의 현장 자문을 가셨던 선생님 한 분은 이 통역사의 통역 실력과 성품을 크게 칭찬하시며 식사 자리에서 이런 말씀을 하셨다고 전해 들었다.

"통역사님은 한국말을 정말 잘하고 한국 문화의 이해도도 높으니 앞으로 양곤에 사는 권 씨의 시조라고 부르는 게 좋겠어요. 앞으로 양곤 권 씨입니다."

통역사의 이름은 킨메이진Khin May Zin이었다. 한국어의 발음은 김에 가까웠지만 받침을 고려해서 권으로 한 것이다. 이름인 메이진은 한국식으로 미진이라 부르기도 했다. 그래서 만들어진 이름이 권미진. 그날부터 우리는 그 통역사를 미진 씨라고 불렀다. 본인도 매우 흡족해했다.

그녀는 한국 이름을 지어준 당시 자문위원님께 감사의 마음을 전했다.

미진 씨는 한국어 능력이 6급이다. 한국어능력검정시험은 외국인들(특히 통역을 하는 분들)에게는 토익 토플과 같아서 어디에 이력서를 내더라도 6급으로 기재하기 위해 부단히 노력한다. 마침 2017년부터 한국과 미얀마의 대규모 문화유산 협력 사업이 진행되었고 미진 씨는 가끔 중요한 회의의 통역을 도맡아 우리 사업이 원활하게 진행될 수 있는 중요한 역할을 해 주었다.

가끔 미진 씨와 이야기를 하면 한국 사람과 이야기하고 있다고 착각할 정도인데 6급 한국어실력자의 능력이 이 정도다. 그리고 그녀는 내가 아는 한 한국의 '정情'이란 단어를 거의 완벽에 가깝게 이해하는 외국인이다.

한국팀이 한국에 복귀해 있을 때는 특별히 사례를 지급하지 않음에도 미얀마의 파트너와 우리 사이에서 중요한 연락책 역할을 자원하면서 아무런 대가 없이 물심양면으로 도움을 준 것도 그녀가 항상 기억에 남아 있는 이유이다. 그녀의 이런 성품과 도움이 빛을 발한 때가 있었는데 바로 2021년에 봄에 있었던 일 때문이다.

2021년 2월 1일. 한국에 미얀마 군부의 쿠데타와 관련한 소식이 뉴스 속보를 통해 전해진 날이다. 나는 출근 후 미얀마에 출장 중인 연구원들에게 관련된 상황을 빠르게 정리해 달라고 했다. 나중에 안 거지만 한국에서 불안에 떠는 우리와 달리 미얀마의 시골 동네 바간에 있었던 한국팀은 아침에도 그 소식을 모르고 있었다. 그때 현지의 상황을 불안해 하는 우리에게 현지 소식을 전해준 사람이 있었는데 바로 미진 씨였다.

미진 씨가 나에게 카*오콜로 전화를 해서 상황을 전해준 것이다. 그녀는 현지 한국팀과는 연락이 안 된다고 했다. 이 또한 겨우 겨우 인터넷 연결을 해서 전화를 했는데, 당시 쿠데타 세력이 통신을 거의 차단해 놨기 때문이다. 현지에 있는 한국팀은 그날 점심 때에 이르러 상황을 눈치 채고 한국에 전화를 시도했으나 연결 후 "쿠데타, 쿠데타! 미얀마 쿠데타!" 말만을 남기고 끊어졌다.

한국팀이 바간에서 양곤으로 이동하는 중에도 미진 씨는 수시로 연락을 해서 곳곳의 검문 상황을 공유해 주었고, 양곤에 며칠 갇혀 있던 한국팀은 특별기로 무사히 귀국했다. 코로나 때에 이어 쿠데타까지 경험하며 미얀마 탈출의 주인공이 된 김 선생의 탈출기는 서로 각자의 자리에서 바빴던 관계로 자세히 듣지 못했다. 대한민국 문화유산ODA에서 문화재 보존 분야의 큰 역할을 해온 김 선생이 그간의 이야기는 곧 나올 책을 통해 만나길 기대 중이다.

이후 미진 씨는 한국에서 공부를 하고 싶어서 어렵게 어렵게 한국에 도착했다. 그리고 지금은 남편과 함께 한국에 살고 있다. 우리 몇몇은 그녀가 한국행 비행기 티켓을 사는데 도움을 주었다. 그동안 받은 도움에 비하면 정말 별거 아니지만 무사히 한국에서 열심히 공부할 수 있게 된 것만으로도 기뻤다.

미얀마 사업은 당분간 진행될 수 없게 되었지만 미얀마가 맺어준 인연으로 우리는 가끔 미진 씨를 만나 저녁을 먹으며 옛 시절을 떠올리며 같이 울고 웃곤 한다.

호텔에 박쥐가 나타났다!?

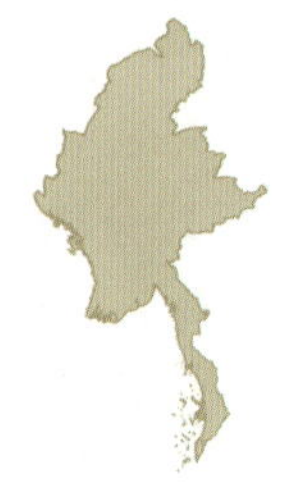

　미얀마 출장은 2019년에 길게 진행되었다. 상반기와 하반기로 나누었고 비가 좀 온다는 계절을 피해서 출장 계획이 수립되었다. 하지만 연초에 여러 가지 일정들로 4월말에서야 겨우 현장에 도착했다. 출장에서 중요한 것 중 하나는 숙소이다. 당시 숙소는 2층의 같은 모양의 건물들이 늘어서 있는 형태였고 우리는 모두 서로 마주보는 곳에 위치한 1층 숙소에 각각 둥지를 틀었다. 방 앞에는 작은 테이블과 의자가 있었고, 주말이면 우리는 그 의자에 앉아 휴식을 취하기도 했다.

　내 방 앞에는 당시 위촉연구원이던 K선생의 방이 있

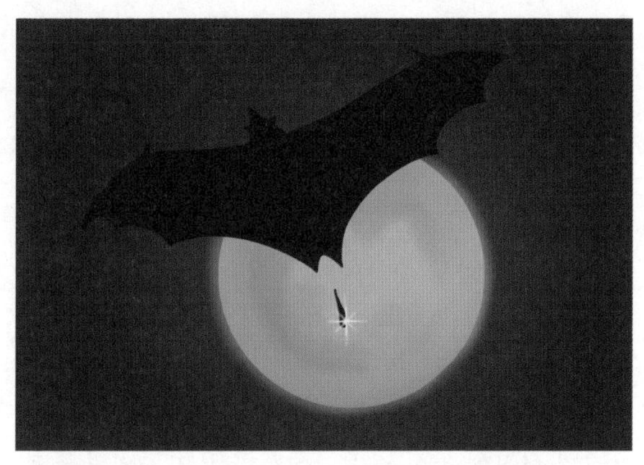

었고 대각선으로 김 선생의 방이 있었다. 어느날 저녁, 퇴근 후 K선생은 빨래를 한 모양인지 옷걸이와 빨래를 들고 나와 방 앞의 작은 테라스에 높게 줄을 묶기 시작했다. 그러고는 옷걸이에 빨래를 하나씩 걸어서 그 줄에 걸었다. 저녁 해는 금방 넘어갔고, 저녁을 먹은 후 내가 작은 베란다에서 잠시 휴식을 취하고 있는데, 갑자기 그 근처를 지나가던 어떤 여자분의 고함 소리가 들렸다. "Oh my god! what's that! There are Bats?" 같이 가던 남자에게 여자가 소리치자 남자도 흠칫 놀라서 "Oh My God!"을 외쳤다. K선생이 널어놓은 빨래가 불빛이 거의 없는 곳에서 보면 흡사 날개를 잔뜩 펼친 박쥐처럼 보였던 것이다.

그도 그럴 것이 네 마리가 나란히 날개를 펼치고 있는 형국이었다. 정성스럽게 빤 팬티 하나 하나를 옷걸이에 끼워서 빨랫줄에 걸어 놓았던 것이었다. 하필 색깔도 검정색과 감청색. 어두컴컴한 색이라 밤에 지나다 얼핏 보면 옷걸이로 인해 쫙 펴진 삼각형의 박쥐와 형태가 거의 흡사한 모양이었다.

박쥐가 아닌 걸 이내 확인한 외국인 커플은 서로 키득거리기 시작했고 한참을 감상하다 본인들의 숙소로 돌아갔다. 그 모습을 보고 있던 나 또한 멀리서 날개를 펼친 박쥐 네 마리를 보고 웃음이 터졌다. 깜짝 놀라던 외국인 커플의 모습을 생각하고는 또 한번 웃음이 났다. 뒤늦게 방에서 나온 K선생이 무슨 일인가 의아해했지만 이미 상황은 종료. 내가 외국인 커플 이야기를 했더니 아무렇지 않은 듯 빨래를 걷어서 들어갔다. "이게, 왜 박쥐라고 생각을 하는 거지?" 라고 중얼거리면서.

그날 이후 호텔에 박쥐는 나타나지 않았다. K선생의 방으로 몰려들어갔기 때문이다.

코리아 1호기

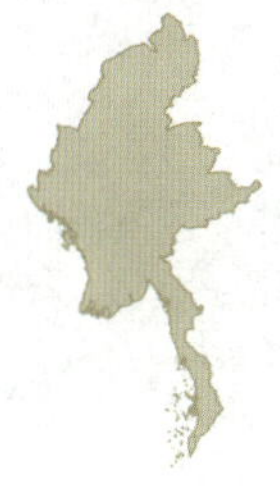

아주 오래전에 유행어처럼 번졌던 말 중에 "오빠 달려"란 게 있었다. 이 문구를 기억하는 사람들은 분명 나와 비슷한 또래일 가능성이 높다. TV프로였는지 영화였는지 정확하게 기억이 안 나지만 폭주족의 오토바이 뒤에 탄 여성이 주로 외치는 소리였다.

미얀마 출장 때 우리가 사용하던 차량은 한 대였다. 여러 가지 일이 겹치면 다음 일을 해야 하는 사람은 줄곧 차량이 오기만을 기다려야 하는 불편이 이어졌다. 현장에서는 작은 규모의 발굴 조사도 진행되다 보니 보존 처리 등의 업무를 하는 연구원들과 동선을 맞추기가 여

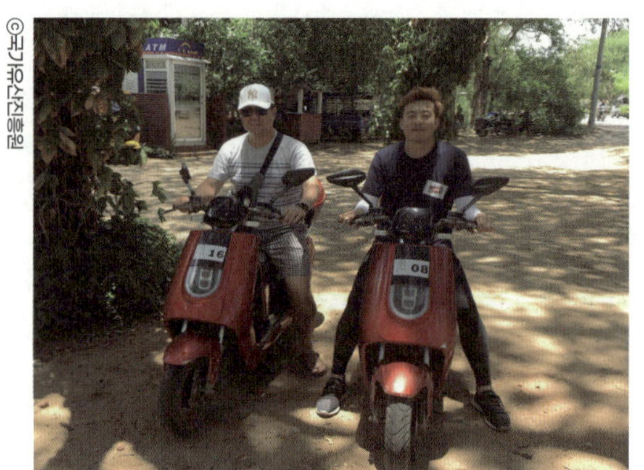

❖ 코리아 1호기와 코리아 2호기.

간 힘든 일이 아니었다. 고민하다가 당시 바간에서 많이 볼 수 있었던 전기오토바이 구입을 검토했다. 일사천리고 보고를 마치고 작은 전기오토바이 두 대를 구입했다. 진한 자주색의 오토바이를 코리아1호 코리아2호로 불렀다. 이 오토바이는 업무시간은 물론 공용차량 기사가 퇴근한 이후, 특히 저녁을 먹으러 가는 시간에 많이 사용 되었다. 공용차량을 활용하기 번거로운 주말에 사무실 업무가 있을 때도 이 오토바이를 이용했다. 현장이 이원화되었을 때도 매우 요긴하게 활용되었다. 전기는 호텔에서 대여하는 전기오토바이 틈에서 에너지를 공급받았다.

278

오토바이는 시속 50킬로미터가 한계로 그 이상 달릴 수 없게 만들어져 과속을 할 수 없게 나온 제품이었다. 어느날, 오토바이를 타고 보조원과 함께 현장으로 가던 연구원이 모래가 깔린 아스팔트에서 코너를 돌다가 미끄러지는 일이 생겼다. 미얀마의 바간 유적은 모래가 많으며 개별 사원이나 탑으로 접근하는 길은 거의 90퍼센트 이상이 흙길이다. 그것도 특별히 모래가 많은 길. 오토바이가 한쪽으로 넘어지면서 오토바이에 탔던 두 명은 정강이 아랫부분으로 모래흙을 쓸어내렸다. 그리고 쓸린 상처에는 모래가 잔뜩 들어가 콕콕콕 박혔다.

현장에서 사고를 목격한 미얀마인들이 코리아 1호기를 일으켜 세워주고 괜찮은지 물었다. 그리고 연구원은 그들 중 특별히 더 친절했던 한 사람의 오토바이로 숙소까지 실려 왔다. 그리고 다른 미얀마 사람이 코리아 1호기를 숙소까지 고이 가져다 주었다. 이 코리아 1호기는 이후로도 우리와 함께하며 많은 일화를 남겼다.

환자 두 명은, 큰 상처는 없었지만 박힌 모래를 제거하는데 시간이 오래 걸렸다. 두 사람은 무척 고통스러워

했다. 나중에 들어보니 코너에서 속도를 줄이기 위해 브레이크를 밟았더니 오토바이가 마치 구슬이 깔린 바닥을 흐르듯이 미끄러져 멈출 수가 없었다고 한다. 그랬지만 고통도 잠시, 병원에서 치료를 마치고 나온 두 사람은 기념사진을 찍었다. 이런 사고쯤이야 아무렇지 않다는 듯 해맑게 V를 하며.

소들의 퇴근길에 생긴 일

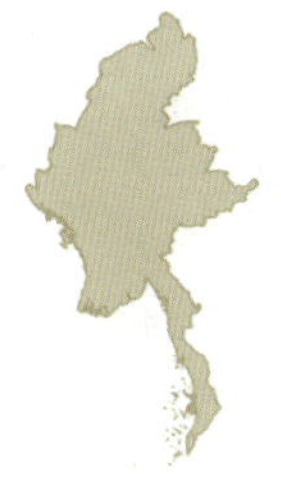

미얀마 바간에서 일을 했던 곳은 파야똔주^{Phaya Thone Zu}라고 불리는 사원이었다. 바간의 3,822기의 유적 중 유일하게 세 개의 탑 형태의 건축물이 하나로 연결되어 있는 독특한 건축물이었다. 세 개의 작은 탑 안에 그려진 벽화는 13세기 미얀마 벽화를 대표할 정도로 아름답고 다채로운 그림들이 그려져 있었다. 특히 벽화의 밑그림 작업과 채색 작업이 중단된 면이 있어서 당시의 기술을 엿 볼 수 있는 중요한 사원이기도 했다.

매일 40도를 넘는 이상기온 속에 우리는 사원에 출근하는 시간을 아침 일곱 시로 조정했다. 우리가 출근을 하고 잠시 후면 사원의 남쪽에서 뿌연 연기가 조금씩 올라왔다. 사원 앞으로 난 길 남쪽 끝에서 100여 마리의 소 무리도 출근을 시작하면서 그들이 내뿜는 모래 먼지였다. 아침에 드론을 날릴 때면 가끔 소들의 출근 시간과 겹쳐, 그럴 때마다 영상과 사진에도 그 소 무리가 찍히곤 했다. 우리처럼, 소 무리의 출근 시간도 거의 일정했다. 소를 모는 두세 명이 긴 막대기를 들고 앞뒤에서 소 무리의 길을 안내했다.

퇴근 시간도 비슷했다. 여느 무더웠던 날들처럼 현장 업무를 마친 후에 정리를 하던 중이었다. 김 선생이 그가 애정해 하는 코리아 1호기를 타고 사무실에서 처리할 일이 있어 다녀왔다. 그런데 하필 오토바이를 타고 오는 시간이 소들의 퇴근 시간과 겹치고 말았다. 넓지 않은 길은 이미 소 무리가 모든 차선을 장악하고 있었다. 퇴근하고 있는 소들 사이 저 멀리서 김 선생이 보였다. 무리 밖에서 잠깐 멈칫하던 김 선생이 이내 소 무리를 향해 천천히 달리기 시작했다. 마치 홍해가 갈라지듯 소들이 길을 터주기를 바랐을 것이다. 그런데 웬걸, 소들은 차선을 유지했고 한치의 물러남도 없었다. 일부 소는 김 선생의 오토

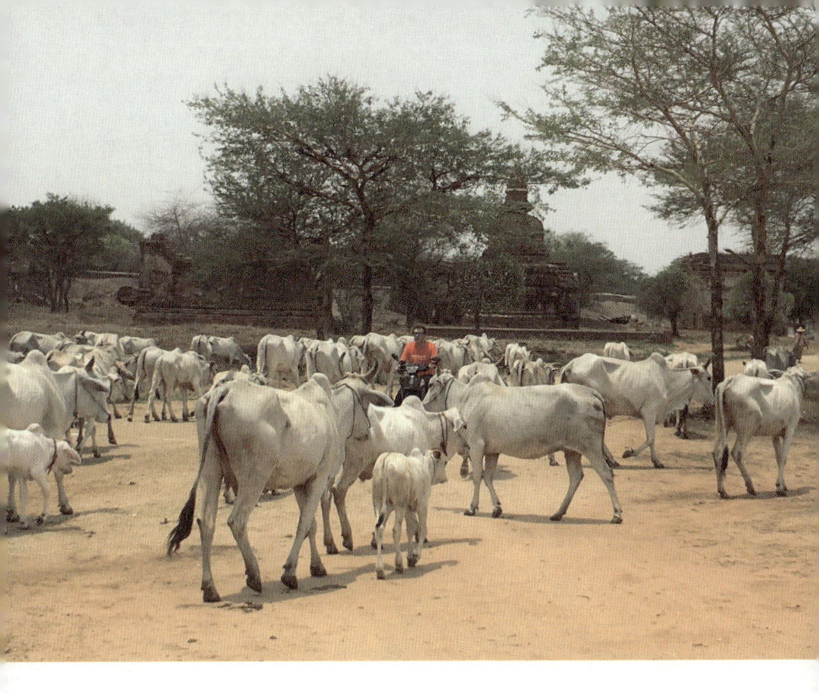

바이를 머리로 들이받기까지 했다. 당황한 김 선생이 나를 불렀다. "선생님! 얘네들 좀 어떻게 해 봐요! 나를 들이받으려고 해요! 무서워!" 소가 한두 마리도 아니고 무서울 만은 했다. 문제는 김 선생이 아주 작은 벌레만 몸에 붙어도 기겁하며 소리를 지르는 사람이라는 것! 아니나 다를까, 그는 잔뜩 얼어 있었다. "그냥 밀어붙이고 와요!"라고 했지만 김 선생은 자리에서 꼼짝도 하지 못했다. 소 발굽으로 잔잔한 먼지가 무대 안개처럼 김 선생과 오토바이 바퀴를 살짝 덮을 때쯤, 소 무리가 사원 앞을 떠나고 나서야 김 선생은 무사히 귀환했다.

소나 사람이나 퇴근하는 길은 가장 빠르게 집에 돌아가야 하는 것이 인지상정. 소들의 퇴근길도 오토바이나 사람이 막지 못했다. 오로지 그들의 퇴근길엔 집으로 가는 즐거움이 있었을 뿐 막아설 것은 아무것도 없었다. 소건 사람이건 출퇴근 길은 막지 말아야 한다. 특히 퇴근길에 방해되는 건 용서가 안 되는 것이다.

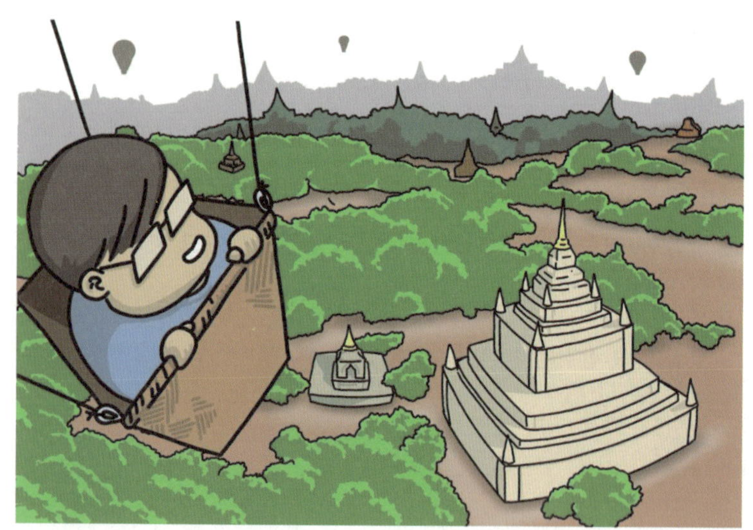

더운 맛과 매운맛, 그리고 마라샹궈

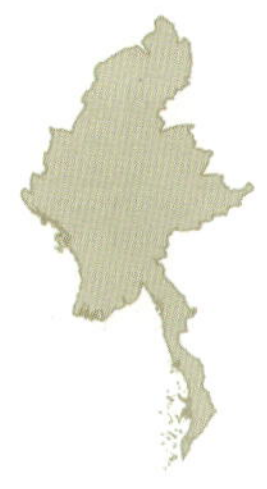

유난히 더웠던 그해 미얀마. 바간에서 태어나 쭉 살고 있는 뚜라ThuRA는 우리 현장 운영을 위한 차량의 운전기사였다. 그의 말에 의하면 40도가 넘는 날씨는 자신도 처음 경험하는 거라고 할 정도였다. 날씨는 그러했지만, 미얀마 장기 출장에서 바간의 인상은 아름답고 멋진 모습으로 머릿속에 각인되었다. 짐을 푸는 순간부터, 그리고 그 이후로 여러 가지 일을 통해서 견고해졌다.

바간은, 2019년 세계유산에 등재된 미얀마의 두 번째 세계유산이다. 미얀마를 한번 가본 사람들은 왜 바간이 이제야 세계유산이 되었는지 많은 의문을 갖는다. 11세기부터 지어진 3,822개의 불탑과 사원이 13세기에 정점을 찍으며 찬란한 바간 문화를 이루었고, 4천 개 가까이 되는 건축물이 조화롭게 한 공간에 있는 장관과 더불어 대부분의 사원에는 아름다움 벽화들까지 더해져 있으니, 누가 이 유산을 유네스코 세계유산이 아니라고 할 수 있단 말인가. 그곳에 가기 전까지도 바간이 당연히 세계유산인 줄 알았던 나는 그런 멋진 곳에 갈 수 있는 기회가 생겼다는 것에 너무 감사했다.

그해 상반기 출장은 바간에서 시작된 지진 피해 복구 지원의 일환으로 진행되었다. 우리 팀은 바간의 3,822개 유적 중 파야똔주라는 사원의 벽화 보존 처리를 위한 기초조사를 진행했다. 지진으로 인한 구조의 손상 여부와 이를 방지하기 위한 대책을 마련하여 가이드라인으로 만들어 지원하는 것이 목표였다. 그에 앞서 파야똔주 사원 주변에 매장 되어 있을지 모르는 유구의 조사와 이에 대한 발굴 조사를 미얀마와 함께 추진하고, 조사와 동시에 미얀마 담당자의 역량을 강화하는 데 중점을 뒀다.

상반기 조사는 땅속을 들여다볼 수 있는 지하물리 탐사전파를이용해땅속의매질을구분하여고고학유적이있는지사전에확인하는방법와 땅

위에 노출된 흔적을 통해 유구의 잔존 가능성을 엿 볼 수 있는 지표조사를 진행했다. 이를 바탕으로 하반기에는 발굴 조사를 진행할 계획을 세웠다.

2019년 미얀마 바간이 유독 인상에 남는 두 번째 이유는 그 해의 이상기온 때문이었다. 그래 5월 첫날 도착한 날부터 바간은 유난히 더웠다. 바간에서 지낸 상반기 약 세 달 동안 낮 기온이 40도를 넘지 않은 날이 없었다. 너무 뜨거운 탓에 금방 지쳤고, 쉴 새 없이 흐르는 땀으로 일 시작 후 한 시간 정도면 속옷까지 흠뻑 젖었다.

파야똔주 사원 주변에는 나무가 거의 없었다. 다행히 사원 동쪽에 한 그루의 나무가 있었는데, 현장이 시작된 지 얼마 안 되서 우리는 그 나무 아래 평상을 만들었다. 그늘을 피할 수 있는 두 가지 방법 중 하나는 평상에 앉아서 잠시 쉬는 것과 그늘을 피해 파야똔주 사원 안으로 들어가는 것이었다. 하지만 통풍이 잘 안되는 사원 내부는 그늘만 있을 뿐 지독하게 높은 습기가 기다리고 있었다. 그 곳에서 벽화의 보존 처리와 관련된 업무를 하는 것은 그야말로 곤욕이었다.

현장이 시작되고 며칠 안 지나 우리는 결정을 내렸

다. 업무 시작 시간을 일곱 시로 조정하기로. 그리고 오후 열두 시부터 두 시까지 점심시간을 길게 갖기로 했다. 열두 시 무렵 식당에서 밥을 먹은 우리 일행은 의례 숙소로 돌아갔다. 당시 우리가 묶었던 호텔은 모든 방의 바닥재가 나무였고 24시간 에어컨을 틀어주는 곳이었다. 우리는 허둥지둥 점심을 먹고 호텔에 들어가 옷을 훌훌 벗어던진 후에 속옷 바람으로 바닥에 누워, 오전 내내 몸을 덥힌 열을 식혔다. 시원한 마룻바닥은 양반집의 대청마루에서 살랑이는 바람이 온몸을 감은 느낌과 비교할 바가 못 되었다. 그렇게 누워서 등짝을 식힌 후에 일어나 샤워를 했다.

땀에 젖은 옷 그대로 차에 타다가 때로는 불상사가 일어나기도 했다. 그렇게 바간에 두고 온 나의 아래 속옷이 두 개쯤 되는 거 같다. 샤워를 마치고 난 후 그 상쾌함은 한 여름 입에 가득 문 팥빙수 같았다. 하지만 점심시간은 야속하게도 쏜살같이 지나가고 다시 현장으로 가야 하는 시간. 두 시는 하루 중 가장 더운 시각이다. 하지만 선택의 여지는 없었다. 우리는 다시 흠뻑 젖을 각오를 하고 현장으로 향했다.

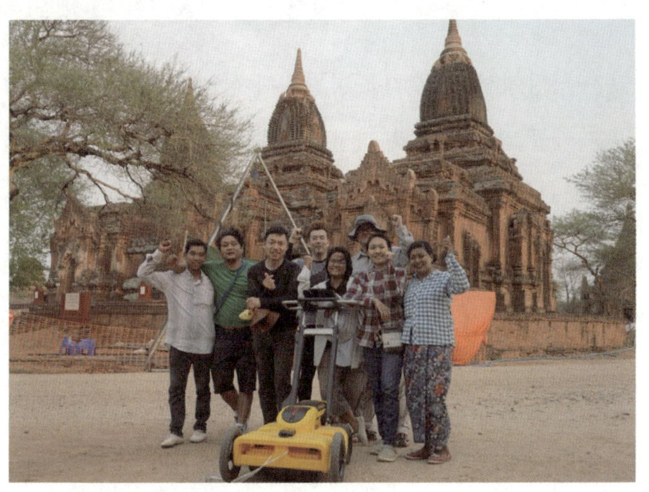

❖ 미코팀 GPR 실습 후 파야똔주 앞에서.

바간에서의 일과는 그렇게 흘러갔다. 저녁이 되면 다시 고민을 시작했다. 밥을 먹고 샤워를 할 것인가, 샤워를 하고 가벼운 차림으로 밥을 먹으러 갈 것인가. 당시 뜨거운 햇살을 피하기 위해 항상 긴팔 옷을 입고 현장에서 일을 했는데, 얇은 소재의 옷들을 입고 현장에서 일을 해도 안팎이 다 젖는 건 피할 수 없는 일이었다.

저녁을 먹으러 간 대부분의 식당은 선풍기가 없고, 에어컨이 있는 식당은 세 곳도 채 안 되었다. 그것도 아주 비싼 식당이었다. 가끔 한국에서 손님이 오셨을 때 그곳에서 호사를 누리기는 했지만 대부분의 식사는 에어컨

없는 식당에서 해결했다. 바간에서 상점과 식당이 가장 많고 다들 '외국인 거리'라고 부르는 골목이 하나 있었는데, 어느날인가 그곳에 갔더니 못 보던 식당이 보였다. 이름하여 'Mr. Chilli'. 한국인이 매운맛을 그냥 지나칠 수는 없는 법. 그곳을 튼 이후 우리는 매운맛에 해물과 채소 등이 들어가 잘 볶아진 요리를 자주 먹었다. 미얀마어로 쓰여 있어 메뉴의 정체도 잘 모르고 처음에는 남들 먹는 거 시켜서 먹어보고 이내 메뉴판에 있는 사진들을 보고 주문해서 먹곤 했다. 혀에 느껴지는 알싸한 맛이 일반적인 매운 맛과는 거리가 있는 맛이었다. 한국에 돌아와 음식의 정체를 알게 되었는데, 그 이름도 유명한 마라샹궈 malaxiangguo 麻辣香鍋였 다. 당시에는 마라를 알지도 못했고 매운맛이 그리울 때 찾았던 곳이라 아무 생각 없이 먹곤 했는데, 이미 한국에서 엄청나게 유행 중이었던 것이다.

그해 상반기 우리는 그렇게 더운 맛과 매운맛, 그리고 가끔 느끼는 얼음장 같은 시원한 맛을 느끼며 하루 하루를 보냈다. 그.런.데. 그렇게 많은 땀을 흘리고 고생을 한 후 한국에 돌아왔을 때 나의 몸무게는 늘어 있었다. 이게 도대체 어찌 된 일일까. 아직도 의문이 풀리지 않는다.

적당히 알아야 낭만적이다

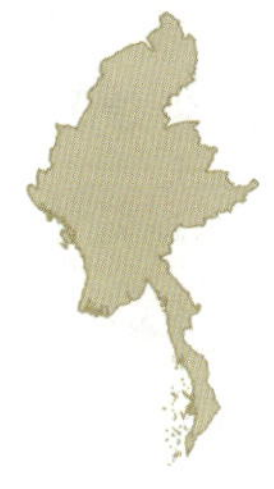

바간에는 일몰 장소로 매우 유명한 사원 몇 곳이 있다. 그 중 빠다지Pya Thet Gyi 사원은 옥상이 매우 넓게 조성되어 있는 사원이다. 해 질 녘이면 관광객들이 이 사원 옥상 난간에서 발을 걸치고 앉아서 해가 지기를 기다리는데 일몰만큼이나 진풍경이다. 진한 주황색으로 물들며 에라와디 강 너머로 지는 해를 보는 건, 바간에 갔다면 가장 먼저 체험할 코스다. 이외 몇몇만 알고 있는 일몰 맛집으로 유명한 사원이 있는데, 이곳은 때로는 통제를 하기 때문에 사람이 많이 찾지는 않는다. 하지만 이 모두 과거의 영광이 되고 말았다. 안타깝게도 현재 바간의 모든 사원 옥상은 출입이 금지되었다. 얼마 전 난간에 걸터앉아 일몰을 구경하던 한 관광객이 떨어져 사망하는 일이 있었기 때문이다. 현재 공식적으로 바간 전경을 볼 수 있는 곳은 바간타워가 유일한데, 경험한 사람들의 관광 평은 천차만별이다. 그래도 한 번쯤 가 볼 만한 곳이라 생각한다.

사원에서 일몰을 볼 수 있었던 시절, 어느날 어떤 사원의 옥상에서 훼손된 곳을 확인하던 중 일몰을 맞이하게 되었다. 잠시 넋을 놓고 바라본 저 멀리 작은 태양은 주변을 삽시간에 주황빛으로 물들였고 어둠이 시작되는 것을 못마땅해 하듯 지평선 뒤로 넘어가고 나서도 한동안 붉은 빛으로 온천지 바닥을 두껍게 깔았다. 그때 해가 넘어가기 직전, 바간 유적 전체를 바라보는데 어스름한 안개가 바닥에서 피어오르기 시작했다. 주변의 나무들과 유적들 사이사이에 안개가 천천히 깔리는데 마치 바다 위에 유적과 숲이 떠 있는 듯한 착각을 일으킬 정도로 그 풍경이 장관이었다. 손에 들고 있던 핸드폰으로 사진을 몇 장이나 찍었는지 모르겠다.

바간의 전경이 이래서 유명한가 싶은 생각이 들었다. 낮에 머금었던 열기가 차분히 안개로 피어오르는 듯한

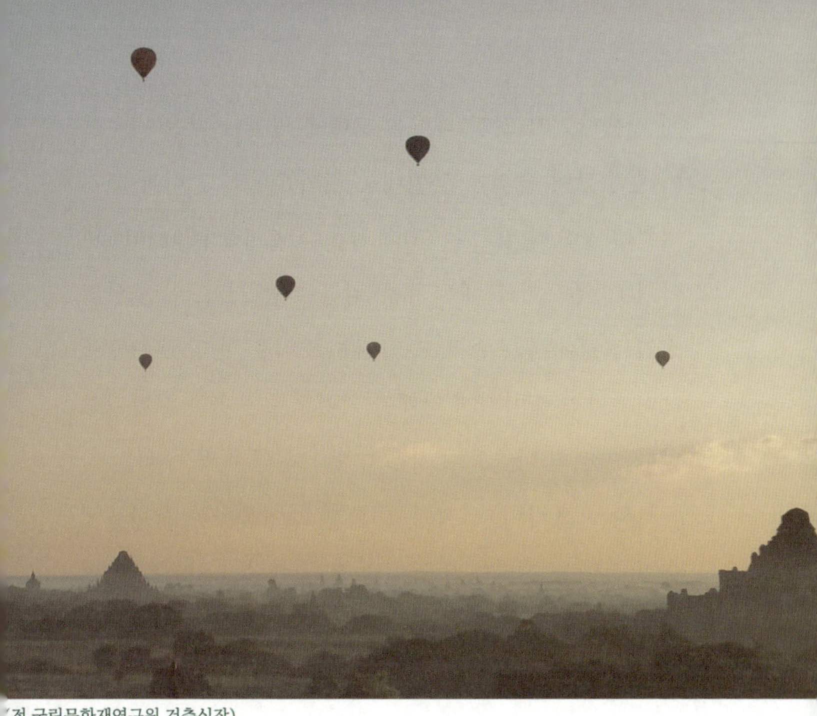

저녁의 모습은 한편의 황홀한 작품이었다.

여기까지가 바간에서 일몰을 본 사람들의 공통적인
감상평이다. 나 또한 처음 몇 번을 봤을 때 그러한 몽환적
인 분위기 때문에 바간에 와야 하는 이유라고 생각했다.
그리고 얼마 후 반복되는 일상과 자주 보게되는 일몰이
하나의 자연스러운 일상이 되어 갈 무렵 바간 동료들에

게 말했다. "저 멋진 과경은 도대체 얼마나 많은 나무들이 한순간에 습기를 뿜어내는 걸까?"라고. 그러자 그가 껄껄껄 웃으며 말했다. "That is not fog, that is just dust!" 아니 이 친구가 도대체 무슨 말을 하는 거야, 이런 낭만적인 광경에서 무슨 말도 안되는 소리를 하고 있는거지. 그러고나선 뚫어지게 안개가 피어오르는 곳들을 바라보았다. 자세히 바라보니 사실이었다. 일몰을 보기 위한 자동차와 오토바이, 심지어 말을 타고 이동하는 사람들이 숲길 사이를 지나며 만들어낸 모래 바람이 안개처럼 먼지를 일으키며 피어오르는 것이었다. 낭만은 이렇게 한순간에 깨졌다.

차리리 모르는 게 약일 때가 있다. 잘 모르고 있었다면 그 아름다운 안개 위의 바간은 머릿속에 아직도 남아 있을 텐데 말이다. 원효대사가 해골의 물을 드시고 깨달음을 얻어 다시 돌아간 것처럼 아름다운 이야기는 아니지만 그럼에도 바간에 반드시 가서 봐야할 아름다운 광경이긴 하다. 비록 그것이 모래 먼지일지라도 아름답게 피어나는 모래 먼지가 유적, 그리고 숲과 어우러지는 절경 말이다.

미얀마의 미래와 만남

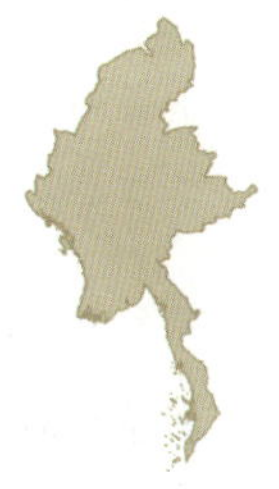

　2019년 상반기 미얀마 출장을 마치고 귀국하면서 우리 일행은 한 가지 논의를 했다. 문화유산에 대한 일을 하고 있지만, 과연 우리는 미얀마 사람들에게 어떤 것들을 주고 있는 걸까? 과연 우리는 미얀마가 원하는 것들을 제대로 전달하고 있는 걸까? 아니면 우리가 원하는 것들을 그들이 원하는 것처럼 포장해서 우리 마음대로 하고 있는 건 아닐까? 우리가 했던 일들은 미래에 과연 어떻게 기억이 될까? 심각하게 이야기를 나누다가 미얀마 문화유산을 관리하는 공무원이 아닌, 일반인들이 어떻게 생각하고 느끼는지 알고 싶어졌다. 그래서 생각해낸 것이 바간

파야똔주 근처 초등생들과 함께 공이라도 차고, 기념품을 준비해 작은 선물을 해 보자는 걸로 의견이 모아졌다.

주말에 같이 축구를 한 후에 음료수를 나누고, 학용품도 준비해서 주면 얼마나 좋을까. 그리고 이왕이면 우리가 하는 일들을 소개도 하며 함께 유적에 대해 공부도 할 좋은 기회라고 여겨졌다. 그러는 사이 우리의 계획은 걷잡을 수 없이 커졌다. 최종적으로 계획한 것은 체험 교실이었다. 우리나라 수많은 유적지에서 그 유적의 특징에 맞게 진행하는 체험교실들이 그 모델이었다. 역사와 유적을 잘 활용한 사례로 이전에 대학원 시절 전곡리 선사 유적의 체험교실을 준비하고 진행한 경험도 떠올라서 했던 제안은 결국 대형 프로젝트로 변모했다. 토요일마다 6주 동안 초등학교 고학년 친구들과 함께 하기 위한 프로그램이 계획, 구성됐다. 각자의 전공을 살려서 기본교육, 석기만들기, 토기맞추기, 발굴현장 도면 그려보기 등등을 포함해 우리가 업무를 하고 있는 파야똔주 그리기 대회, 그리고 피날레는 체육대회로 가닥을 잡았다.

다행히 미얀마의 현지 스태프들이 도움을 주어서 근처 초등학교 선생님들과 만남을 갖고 계획을 설명했다. 선생님들은 매우 반겼지만, 이런 건은 미얀마 교육부의

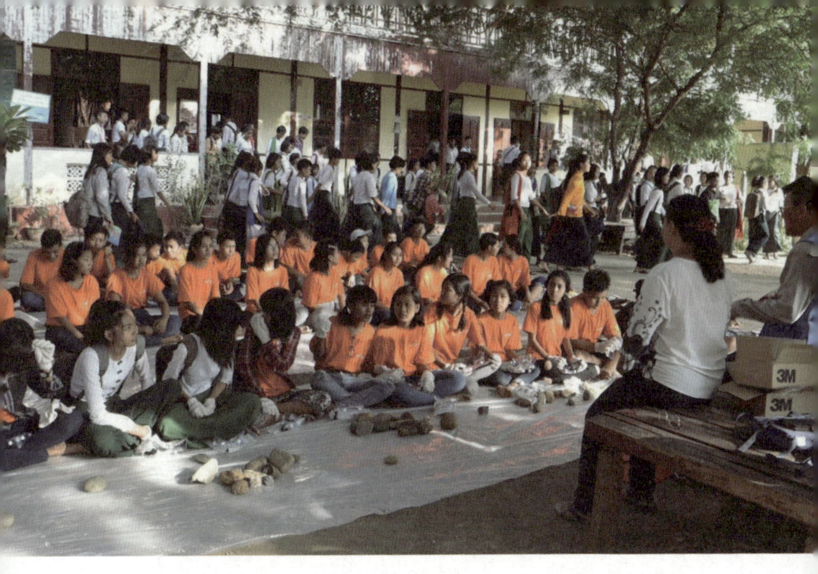

허가를 받아야 한다고 했다. 약 한 달의 시간이 흘러 교육부에서 승인이 났다. 우리는 고고학 체험교실을 열 수 있게 됐다. 초등 고학년 위주로 구성된 약 40명의 아이들이 우리와 함께 체험을 할 학생들이었다.

첫 번째 주간에는 고고학에 대한 기본 내용을 전했다. 두 번째 주에는 석기 만들기를 했다. 석기를 만들기 위해 필요한 자갈돌을 구하기 위해 나는 이미 이전부터 봐 두었던 강가에 가서 잔뜩 돌을 실어 날랐다. 사실 알려지지 않았지만 바간의 에야와디 강가에는 구석기 유적이 있었다. 그러나 그곳에서 제대로 된 석기를 보지는 못했고,

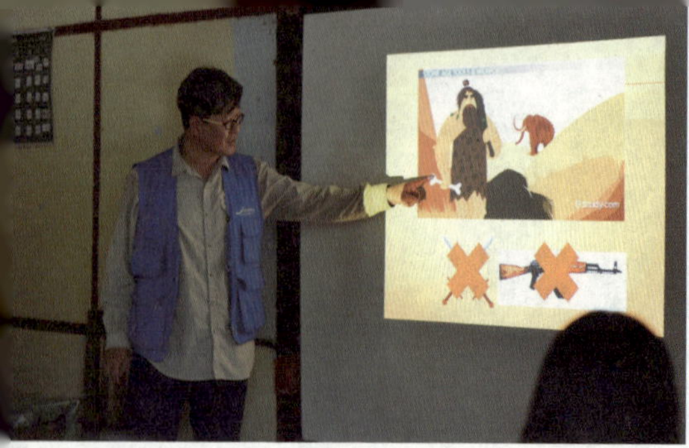
ⓒ국가유산진흥원

다른 강가 주변에서 아이들과 함께 체험해 볼 강자갈 우리나라에서는 보통 차돌이라고 부름을 잔뜩 실어 왔다.

안전을 위해 보안경과 장갑을 준비해 바닥에는 방수포를 깔아서 운동장 주변이 훼손되지 않게 하고 만들어진 석기를 테스트해 보기 위한 당근, 무 등의 채소를 준비했다. 석기 만들기 시범을 보여주고 이론수업에서 설명한 것을을 실습하게 했다. 정성들여 돌을 깨는 아이들이 있는 반면에 되는 대로 두드리는 아이들도 있었다. 어딜 가나 말 잘든는 학생과 그렇지 않은 학생들이 있는 법이다. 이리 저리 돌아다니면서 방법을 알려주었다. 하나의 격지라도 뗀 친구들에게는 당근과 무를 자르는 걸 해 보게 했다. 다들 처음에는 반신반의 하더니 이내 잘 썰려나가는 당근을 보며 눈이 휘둥그레졌다. 아주 아주 오랜 옛날, 우리 조상들이 이 돌 하나를 주워 사용하면서 인류의 도구 활용 기술이 급격하게 발전하였다는 이야기를 해 주

고 싶었다. 이미 잔
뜩 신이나서 당근
을 갈기갈기 썰어
내고 있는 아이들
이 내 이야기가 들
릴리 없었지만 그
래도 좋았다.

셋째 주에는 주
변 시장에서 작은
화분을 사왔다. 그
걸 일부러 깨보고

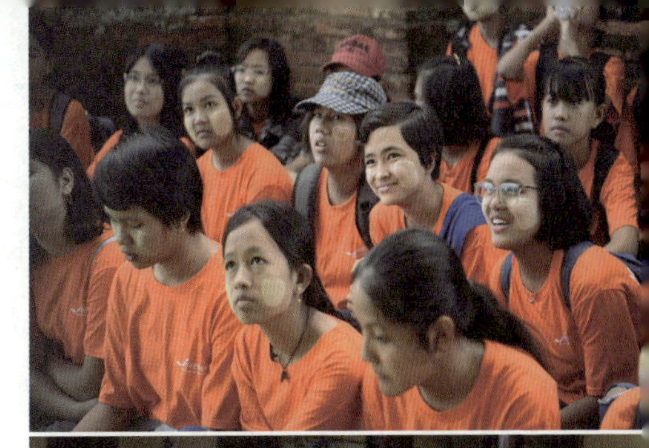

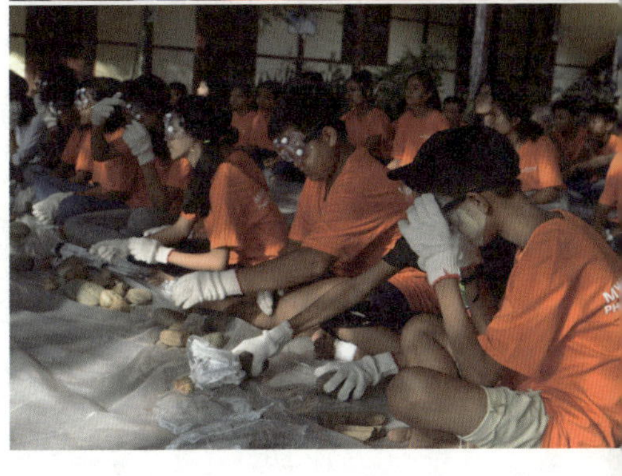

바닥에 흩어 놓은 다음 그림 그리기를 했다. 고고학 현장
에서 유규와 유물을 실측하는 체험이었다. 하얀 실로 십
자선을 띄우고 그 사이에 화분 조각을 마치 토기인양 흩
어놓고 그리는 체험에 아이들은 생각보다 높은 집중력을
보였다. 그 다음 주에는 깨진 화분을 다시 붙이는 수업을
했다. 처음의 모습 그대로 붙을 거라고 생각했던 화분들
이 생각처럼 완벽하게 붙지 않아서 이리저리 뛰어다니면
서 도움을 줬다. 아이들은 그 토기를 잘 붙이기 위해 열심

히도 노력했고 다 붙이고 셀피를 찍는 아이들도 있었다.

4주간의 체험 후에 열린 파야똔주 사원 그리기대회. 주황색의 단체티를 입은 학생들이 파야똔주 앞 여기저기에 흩어져 앉았다. 유적을 자세하게 뜯어볼 기회가 거의 없었던 아이들은 꽤 진지하게 그림을 그려나갔다. 스케치북과 연필, 그리고 크레파스와 색연필을 주고 색칠까지 하게 했는데, 대부분의 학생들이 스케치는 잘 해냈으나 채색에들어가서 멈칫했다. 크레파스를 처음 본 아이들이 대부분인 걸 우리는 그제야 알았다. 연필로 그리기만 배워왔던 것이다. 망설이는 학생들에게 크레파스를 쥐어주고 칠하는 방법을 알려주자 곧잘 칠하는 학생들이 나왔다.

파야똔주 주변에 주황색의 티셔츠를 입은 친구들이 잔뜩 앉아서 그림을 그리자니 지나가던 외국인 관광객들이 신기해 하며 사진을 찍기도 하고, 뭐하는 거냐고 물어오기도 했다. 그림그리기 대회는 당초 목표했던 규모보다 점점 커져서, 심사를 거쳐 열 명을 선정하고 수상자에게는 작은 상품을 전달해 주기로 했다. 이후 재단의 이사장님이 바간 현장을 방문하실 일이 있었는데 그때 수상자들을 초정해 시상식을 했다. 수상작 10점과 재단의 사업 이미지가 담긴 두 장의 사진을 선별해서 달력을 만들었다. 달력을 만들자는 아이디어는 당시 미얀마 사업의 PM이 냈던 걸로, 그렇게 만든 달력은 바간의 식당, 호텔, 고고학박물관국 등에 나누어줬다. 양곤에 있는 주미얀마 대한민국 대사관에도 전달이 됐다. 많이 뿌듯했다. 다들 지역주민들과 좋은 유대관계를 갖고 일을 한 것에 대해서 칭찬을 했고 두고 두고 회자되며 우리를 흐뭇하게 했다. 작은 아이디어로 시작한 일이 넘치는 행복과 기쁨을 주며 그해 하반기 미얀마 ODA사업의 포문을 열었다.

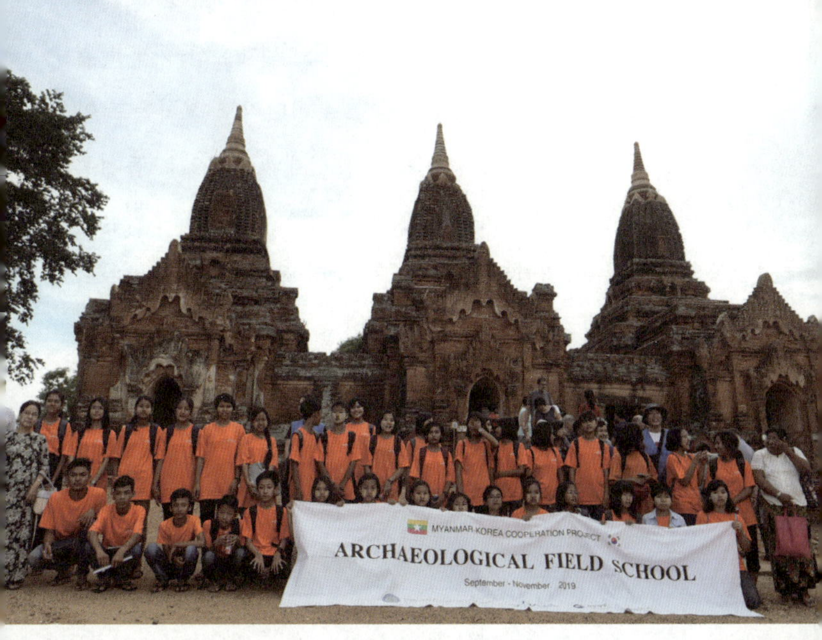

지진으로 맺은 인연을 지진으로 안타까워 하며

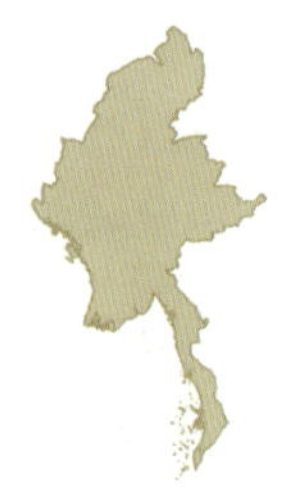

2016년 바간의 남서쪽 차욱에서 리히터 규모 6.8의 지진이 발생했다. 바간은 유네스코 세계유산으로 등재된 유적으로 2016년 당시에는 유네스코 세계유산 등재를 위해 노력하고 있던 시점이었다. 우리나라도 경이롭고 아름다운 유적의 가치를 인정하고 세계유산으로 등재될 수 있도록 작은 노력을 보태고 있었다. 특히 국가유산진흥원당시한국문화재재단은 국가유산청당시문화재청과 함께 바간의 고고학박물관을 개선하는 작업을 진행하고 있었다. 2016년 지진으로 인해 훼손된 바간의 여러 유적의 복구를 위한 노력에 우리나라가 본격적으로 동참하였고 미얀마 바간 사업은 그렇게 장기적인 사업으로 자리잡고 진행되었다. 하지만 2021년 미얀마에서 발생한 정치적 이슈는 전 세계에서 등을 돌리게 한 계기가 되었다. 우리나라도 인도적 지원을 제외한 대부분의 협력사업들이 중단될 수밖에 없는 상황이 되었다.

문화유산 ODA 사업을 진행하면서 방문하고 함께 일을 하고 있는 나라는 라오스, 캄보디아, 방글라데시, 파키스탄, 우즈베키스탄, 페루, DR콩고콩고민주공화국 그리고 미얀마가 있다. 미얀마는 사람들이 전부였고 그 사람들은 우리에게 언제나 좋은 인상을 남겨주었다. 차관급의 직급이 높은 사람도 항상 예의 바르게 우리를 대했고 우리도 언제나 진심으로 미얀마 바간의 문화유산이 잘 보존되고 후세에 전해질 수 있게 최선을 다해 노력했다. 한국인의 입맛에 맞는 여러 가지 음식들과 바간에서 느낄 수 있는 고즈넉한 정취와 도로의 먼지조차, 무엇 하나 바간을 기억하게 하지 않는 것들이 없다.

그런데 2016년 미얀마에서 큰 지진이 있은지 햇수로 10년째가 되는 2025년, 우리는 또 한번의 충격적인 자연재해에 놓인 미얀마를 봤다. SNS를 통해 가끔 소식을 주고 받는 미얀마의 정부 관계자, 그리고 젊은 연구자들이 수많은 메시지를 개인적으로 보내왔다. 대부분이 사진이었다. 하나같이 다 안타깝고 충격적인 사진들이었다. 문화유산을 공부하고 연구하는 사람들이 주로 친구들이다 보니 무너지고 부서지고 쓸려 내려가고 있는 미얀마의 문화유산들이 수많은 시간과 노력에도 불구하고 자연재해 앞에서 허무하게 사라지고 형체를 알 수 없을 만큼 훼손된 걸 호소했다. 가야했다. 가야했다. 가야한다는 생각밖에 들지 않았다. 정치적으로 사회적으로 안정적이지 못한 미얀마에 또 커다란 재앙이 닥친 상황이 너무 안타깝고 속이 상했다.

만달레이는 바간에서 약 150킬로미터밖에 떨어져 있지 않은 곳이다. 1,000킬로미터가량 떨어진 태국의 어느 건물도 지진으로 한순간에 사라지는 것을 보니 바간의 수많은 유적들이 분명히 영향을 받았음이 확실하다는 생각이 들었다. 그런데 바간에 대한 공식적인 소식은 거의 없다. 미얀마 사업을 함께 하던 현지 연구진들은 대부분 2021년 이후 직업을 잃었다. 그나마 남아 있던 친구들은 해외로 공부를 하러 떠났거나, 아니면 다른 도시로 옮겨서 다른 직업을 구해 살고 있는 상황이다.

　미얀마 정부도 수습을 위해 열심히 노력하고 있겠지만 세계에서 다른 국가들이 더 많은 관심을 가지고 도움을 주어야 할 때이다. 우리나라도 인도적 지원의 범위를 넓혀 한번 훼손되면 다시는 되돌이킬 수 없는 문화유산의 추가적인 피해를 막기 위해서 무언가 해야 한다고 생각된다. 개인적으로라도 방법을 찾아서 가고 싶은데 그마저 쉽지 않은 상황이다. 바간의 3,822곳의 유적이 무사히, 그리고 안전하게 버텨주기를 바라는 마음만 간절하게 전달한다. 만달레이, 바간, 인와를 비롯한 모든 도시가 빠르게 회복되고 다시 문이 열리는 그날 빠르게 다시 만날 수 있기를 간절하게 또 간절하게 기원한다.

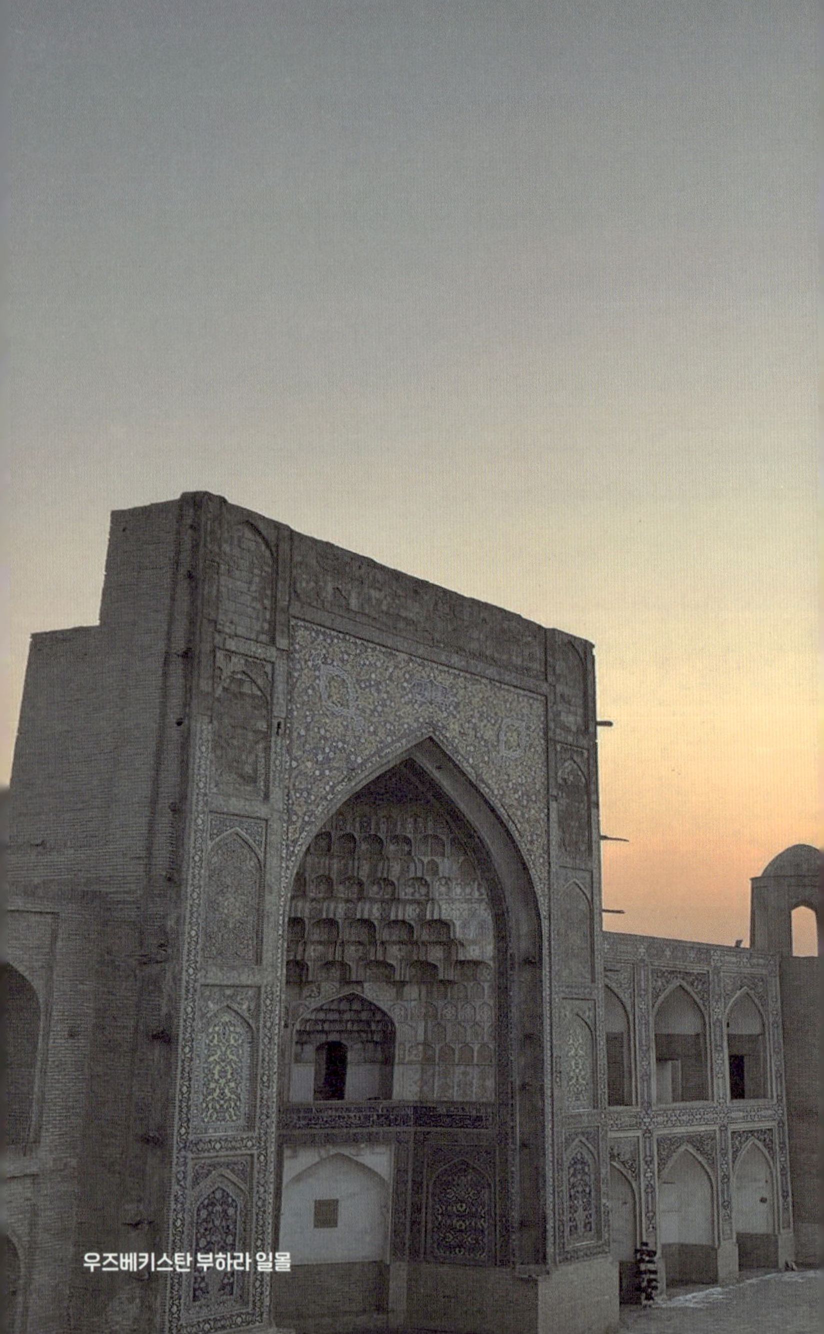

우즈베키스탄 부하라 일몰

CHAPTER 7

면도와 샌들

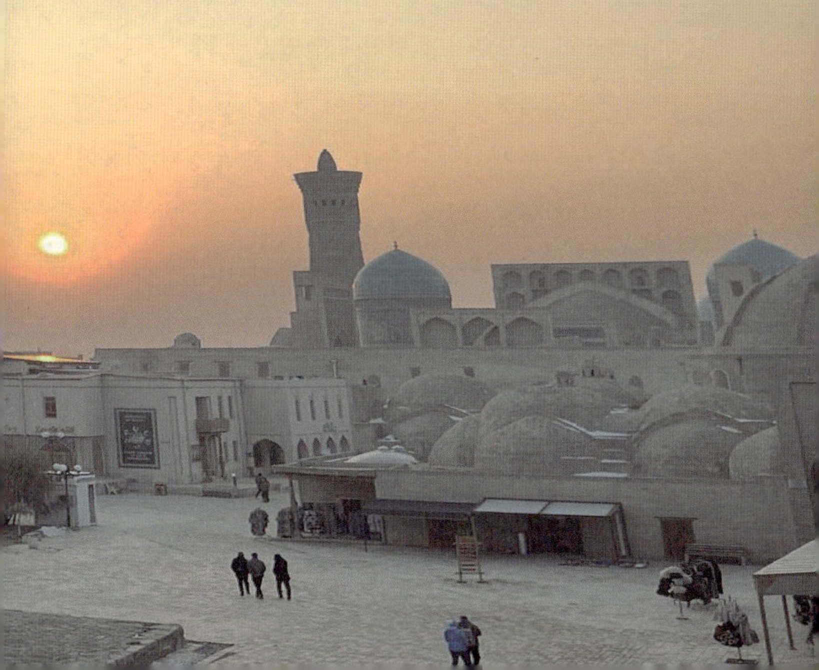

우즈베키스탄, 사마르칸트

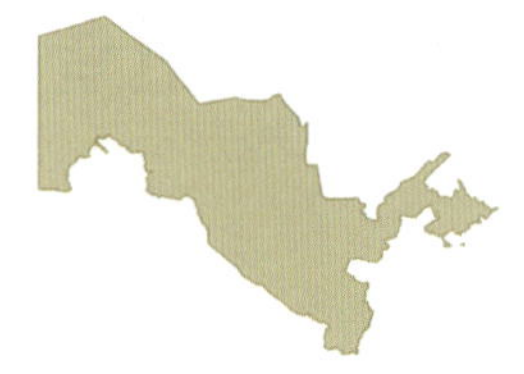

1965년 사마르칸트의 한 언덕, 소그드인의 역동적인 생활상이 그려져 있는 채색 벽화가 모습을 드러냈다. 사마르칸트의 아프로시압 언덕에서 발견된 이 벽화는 궁정 벽화로 알려졌다. 한국에서 이 벽화가 관심을 받게 되었는데 이유는 벽화에 고구려 사신으로 추정된 인물이 확인되었기 때문이었다. 그런 이유로 오래전부터 우즈베키스탄과 우리나라는 교류가 있음이 확인되었다. 교류는 1300여 년 전이 지난 21세기에 양국의 문화유산 분야 협력사업으로 이어지는, 알 수 없는 끌림이 되었을지 모르겠다.

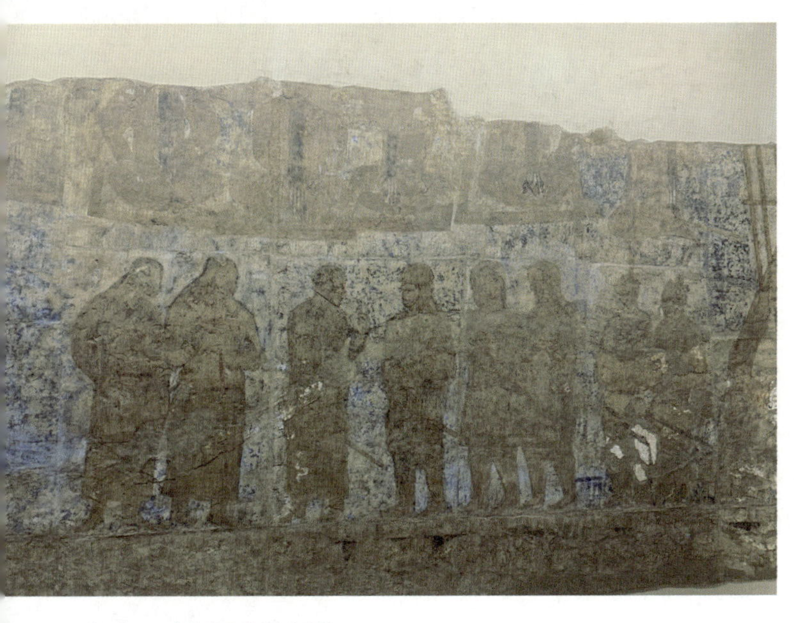

❖ 아프로시압박물관 궁정벽화

아프로시압 궁정벽화는 7세기 중엽658년으로추정 당唐에서 책봉한 불호만拂呼縵이라는 왕의 즉위식으로 추정된다. 벽화에 쓰인 소그드어 명문에 따르면 벽화는 바르후만 왕이 재위했을 때의 모습을 묘사한 것이다. 이 대목으로 미루어 볼 때 불호만은 바르후만과 동일한 인물로 파악된다. 당에 대항하는 세력과의 연계를 도모함으로써 당의 압박을 줄이고자 했던 고구려 외교정책의 한 방편이었고, 고구려는 중원왕조뿐만 아니라 초원 세력과도 긴밀한 관계를 맺고 있었음을 보여주는 증거라고 할 수 있다.

약 1300여 년이 지난 2019년, 문재인 전 대통령이 우즈베키스탄을 방문했다. 그리고 아프로시압 박물관에서 양국의 대통령이 보는 자리에서 문화유산 분야 교류협력 양해각서가 체결되었다. 양국 정상의 공동선언에는 문화유산 분야의 교류협력이 약속되었다. 우즈베키스탄의 문화유산ODA 사업은 급물살을 탔다.

우즈베키스탄의 처음 사업은 2년간 진행되었다. 사마르칸트 국립박물관과 협력하여 보존처리 역량을 강화하는 데 초점을 두었다. 사마르칸드 국립박물관의 감독을

받는 아프로시압 박물관이 우즈베키스탄 사업에서 빠질
수 없었던 건 이러한 우즈베키스탄 내 조직구조와 한국
의 관심이 결합된 결과였다. 초기 사업은 이슬람과 중앙
아시아에 대한 경험과 공부의 부족으로 수 많은 시행착
오를 거쳐야 했다. 특히 언어가 중요한 화두가 되었는데,
다른 국가에서 진행되는 문화유산ODA 사업과는 다르게
우즈베키스탄에서 의사소통은 러시아어 또는 우즈벡어
만 가능해서였다. 동남아 국가들 대부분의 파트너기관
들이 영어를 어느 정도 할 줄 아는 데 반해 우즈베키스탄
은 절망적일 정도로 의사소통이 어려웠다. 그래서 두 명
의 현지 고용원을 통해 통역과 사업에 관한 협의 등을 진
행했는데 분명히 한계가 있었다. 통역을 담당하는 현지
고용원들의 열정적인 업무태
도가 현재까지 우즈베키스탄
사업이 무사히 잘 진행될 수
있게 만드는 하나의 원동력이
되고 있다.

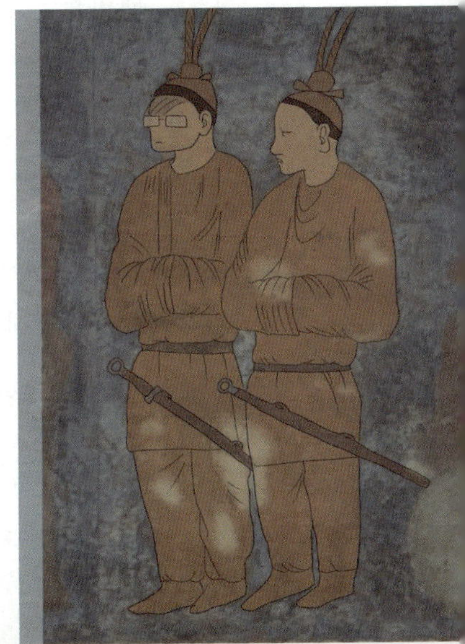

다 사람이 하는 일

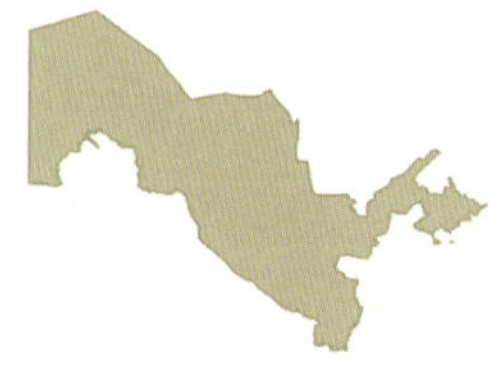

우즈베키스탄의 1차 사업은 보존과학분야 역량강화가 주된 목적이었다. 그와 함께 고고학 분야의 역량강화도 함께 진행되었다. 국가유산청은 여러분야의 사업을 함께 진행할 계획을 가지고 고고학분야는 다른 기관에 의뢰하여 새로운 사업을 구상했다. 이 과정에서 아프로시압박물관의 환경개선도 함께 진행되었다.

사마르칸트 국립박물관 4층에는 현대식 시설을 갖춘 보존과학실이 자리하게 되었다. 우즈베키스탄측에서 제공한 공간을 보존과학실로 리모델링하고 최신 보존처리 장비와 소모품을 전달했다. 그와 함께 한국의 보존과학 전문가들이 연중 상시적인 출장으로 지속적인 교육프로그램이 진행되었다. 우즈베키스탄에 제공된 보존처리 장비들을 효율적이고 원활하게 사용할 수 있게 하는 것이 사업의 가장 중요한 목표 중 하나였다. 대한민국 국민 세금으로 진행된 사업이 장비 지원에 그치고 현지에서 사용이 되지 않는다면 예산낭비가 되기 때문이었다. 하지만 안타깝게도 우즈베키스탄 사업이 진행된 시점은 코로나19 펜데믹 한가운데였다. 우즈베키스탄으로 출국하는 것도, 현지에서 한발짝 움직이는 것도 쉽지 않던 시기였다. 그럼에도 계획한 모든 업무들은 진행이 되어야 했고 수많은 날의 격리를 감수하고 사업은 완수가 되어야 했다.

우즈베키스탄 사업은 많은 연구원들의 보이지 않는 코로나와의 싸움이 바탕이 되어 마무리될 수 있었다. 특히 보존과학을 전공한 연구원들의 노력이 그 어느 때보다 눈물겨웠다. 매일 아침마다 간이 키트로 코로나 검사를 하고 교육을 진행해야 했고 그건 교육에 참여하는 우즈베키스탄 연수생들에게도 마찬가지였다. 하지만 그러한 노력 덕분에 연수생들의 보존처리 실력은 점점 성장

했다.

그러한 성장의 결과를 어떻게 보여줄까를 고민하다
가 우리는박물관 빈 공간을 마련한 특별전을 계획했다.
특별전은 한국의 전문가들로부터 교육을 받은 우즈베키
스탄 전문가들의 유물 보존처리 과정과 결과를 담는 방
향으로, 사업의 종료를 알리는 종료식과 함께 기획되었
다. 이 특별전을 위해 한국에서 파견된 연구원들은 전시
에 대해 잘 모르는 상태에서 수많은 참고자료를 바탕으
로 현지에서 전시실을 하나 둘씩 채우고 꾸몄다.

향후 미래 전략을 논의하는 한-우즈베키스탄 국제심
포지엄도 계획되어 2021년 11월에 진행했다. 지금 그 사
진들을 보자면 마스크를 한 사람들의 눈망울들을 보는
마음이 여전히 서럽다. 국제심포지엄에는 우즈베키스탄
부총리가 2년간의 노력에 대한 축하와 격려를 영상으로
전했다. 한국의 국가유산청당시문화재청의 활용국장 및 진흥
원의 임원진들도 참여하고 자리를 빛냈다.

심포지엄 다음 날 진행된 특별전 개막식에는 수많은
언론에서 자리를 함께하여 한국과 우즈베키스탄의 협력
사업에 대한 내용을 앞다투어 보도했다. 작은 공간에 마

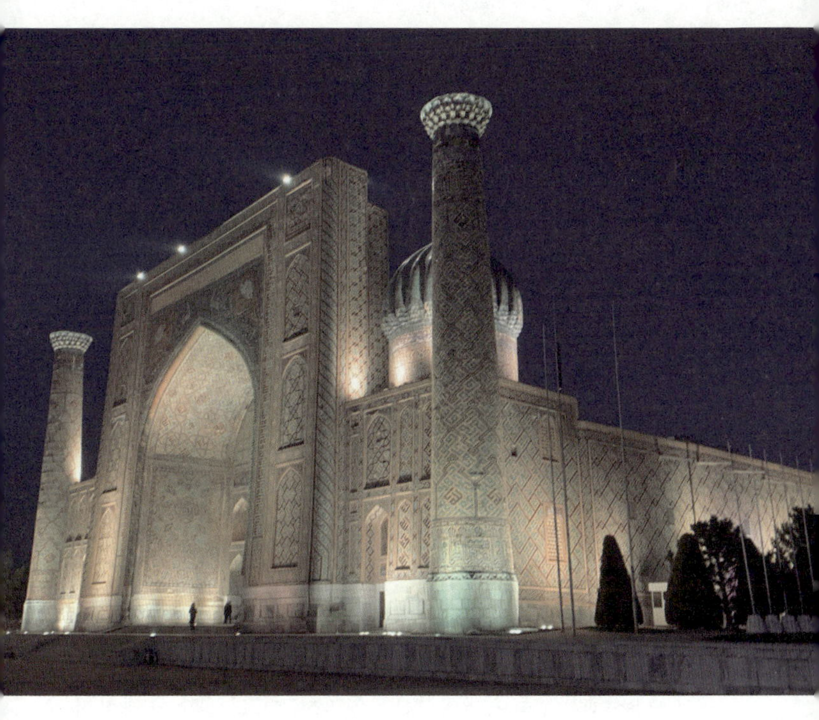

❖ 우즈베키스탄 사마르칸트 – 레기스탄

련된 전시실은 그 동안 노력한 우즈베키스탄 연수생들이 노력한 결과를 일부라도 보여줄 수 있는 뜻깊은 기회가 되었다.수많은 언론들을 통해 관련된 전시가 보도되었고 우즈베키스탄 방송을 통해서도 영상이 송출되었다. 전시는 1년을 예정으로 진행되었지만 2025년이 된 현재까지 이어지고 있다. 전시의 효과성을 전국에 알리고 싶은 우즈베키스탄 정부의 요청이 있어서였다. 전시실의 한쪽 벽은 큰 통창 유리를 달았는데 그 창 너머로, 한국이 지원한 보존과학실의 진행 업무를 엿볼 수 있게 했다.

심각했던 코로나19가 창궐했던 그 중심에서도 결국 모든 일을 진행한 건 한국과 우즈베키스탄의 연구원들 곧 사람들이었다. 수많은 우여곡절과 논의, 그리고 수많은 다툼과 갈등이 있었지만 돌아보면 그 결과는 예상하지 못할 정도로 파급력이 컸다. 또 이 결과는 이후 2022년부터 우즈베키스탄 2차 사업으로 이어지는 탄탄한 배경이 되었다.

간다라 미술과 간다라 불상의 고장

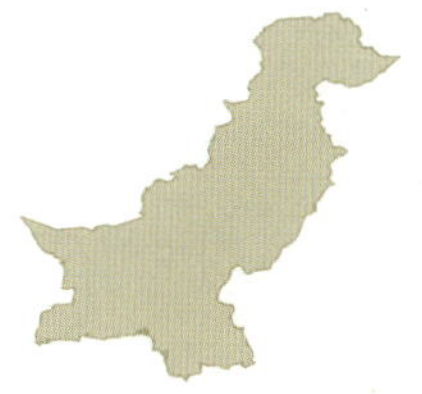

　파키스탄하면 떠오르는 게 무엇이 있을까? 간다라 미술과 간다라 불상의 고장을 이야기하면 바로 파키스탄을 떠올릴 사람이 과연 몇이나 될지 모르겠다. 간다라 미술과 간다라 불상에 대한 이야기는 많이 들어봤을지라도 그 간다라 미술의 고향이 파키스탄이라는 것을 알고 있는 사람은 많지 않은 것 같다.

　문화유산을 전공한 사람들에겐 간다라미술의 본고장을 가보는 것은 일종의 소망이다. 간다라 미술은 말 그대로 동양의 불교사상과 서양의 조각이나 미술이 섞여서 복합적으로 나타나는, 인류사에 있어서 중요하고 아름다운 하나의 이정표 같은 것이기 때문이다. 간다라 미술은 간다라 지역에서 기원 전후부터 수세기에 걸쳐 번성했던 독특한 성격의 불교미술을 칭한다. 그것이 독특한 이유는, 이 미술의 주제가 대부분 인도에서 태동한 불교에 관한 것임에도, 그 조형 양식은 놀랍게도 주제와 전혀 이질적인, 서방 지중해 지역에서 비롯된 헬레니즘, 로마풍이었기 때문이다.

간다라의 미술은 이후 중국 등을 거쳐 한국에도 전파되었고, 이는 불교의 유래와 유사한 경로를 가지고 있다. 불교의 발상지인 인도와도 가까운 곳에 위치한 파키스탄이 간다라 문화로 꽃을 피우게 된 것도 우연은 아니

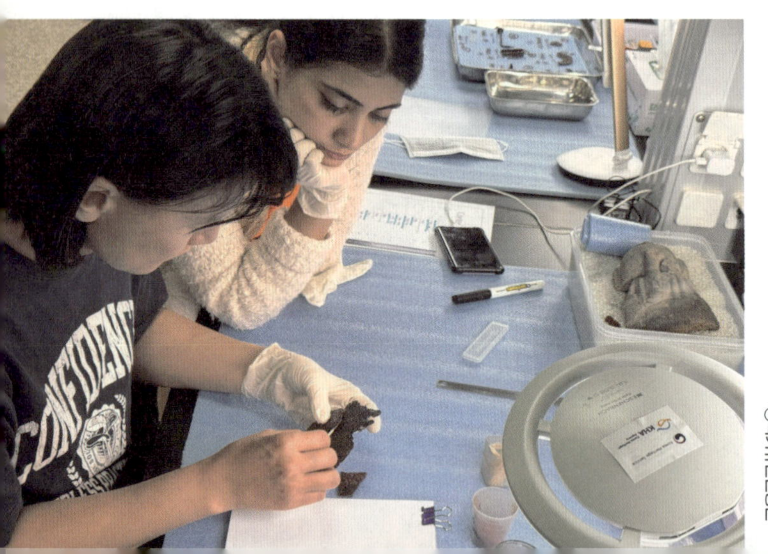

ⓒ국기유산진흥원

었다. 우리나라 불교도들 중 상당수는 간다라 미술과 유적을 탐방하기 위한 순례를 가는 분들이 있는데, 이는 아주 오래전 중국의 현장과 같은 구법승들이 밟았던 발자취를 보기 위한 것으로 보인다.

한국의 문화유산 보존관리 기술은 2019년 간다라 미술의 고장인 파키스탄에도 알려졌다. 국가유산청이 추진한 보존처리 장비 지원 사업의 일환으로 파키스탄 고고학박물관국에 소규모의 지원사업이 진행되면서다. 당시 주파키스탄 대한민국대사가 문화유산 분야 교류협력을 통해 양국간의 대규모 사업으로 확대되는 것을 적극적으로 지지했고, 이러한 배경으로 파키스탄에서는 한국측에 대규모 문화유산 협력사업을 제안했다.

2019년 파키스탄 문화유산 분야 개발협력사업을 위한 사전타당성조사를 시작으로 2020년에는 정부의 승인을 받아 2021년부터 5개년의 문화유산 분야 협력사업이 시작되었다. 파키스탄 간다라 사업이라고 약칭하는 이 사업은 우선 파키스탄의 문화유산 보존관리 역량을 높이는 데 초점을 맞추었다. 우선 파키스탄의 문화유산 보존관리를 위한 인프라를 구축하기 위해 파키스탄 고고학박물관국 내에 간다라 문화유산 연구센터를 구축했다. 유물의 보존처리와 유적의 디지털기록화를 할 수 있는 공간을 만들고 파키스탄의 인력을 배정받아 이들을 교육시켜 향후 파키스탄 문화유산 보존관리가 원활하게 진행될 수 있는 여건을 마련하였다. 간다라의 수많은 문화유산들 중 중요한 유적들을 일일이 조사해 기록을 남기고 이러한 기록들은 디지털장비를 활용해 디지털 기록화 작업을 진행했다. 동시에 한국의 보존처리 전문가를 파견해 파키스탄 유물 보존처리 수준을 높이는 작업이 진행됐다.

두 개의 큰 목적을 가지고 시작된 파키스탄 사업은 어느새 마지막 해에 접어들었다. 2025년은 사업이 종료되는 해다. 그 동안 진행했던 일들이 하나둘씩 성과를 내고 있는데, 희망하건데 한국팀이 철수한 이후에도 이러한 노력들이 파키스탄에서 지속되길 희망한다.

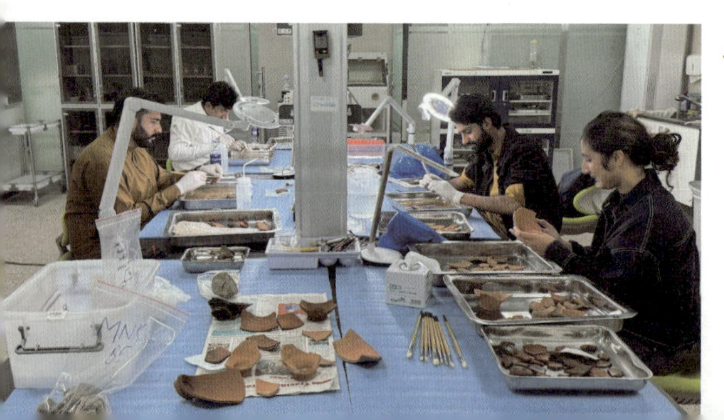

❖ 파키스탄 만키알라
발굴조사 중 나온
유물을 세척하는
현지 연구원들.

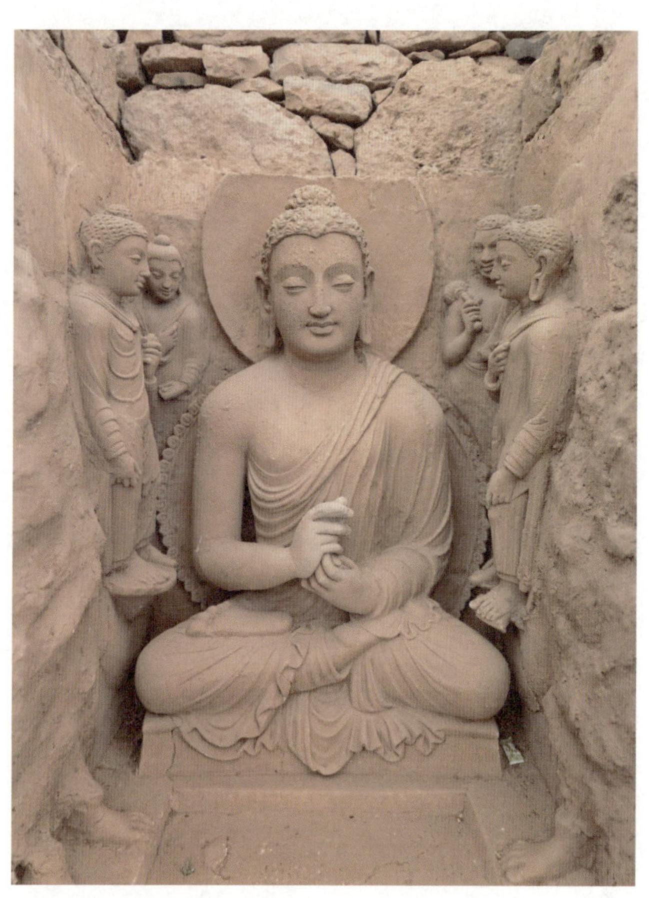

❖ 파키스탄 바말라 유적 불상

'티케'라는 말의 진의

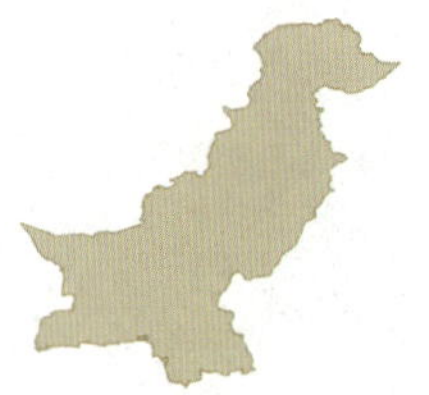

파키스탄 출장에서는 처음 B&B를 예약하여 머물게 되었다. 주로 호텔이나 레지던스처럼 독립적인 나만의 공간이 있는 곳에서 지내다가 이번에는 다른 시도를 해보고 싶었다. 물론 이슬라마바드 물가가 하늘 높은 줄 모르고 치솟고 있어서 그에 대한 방안이기도 했다.

숙박 공유 사이트를 이용하여 예약을 했는데, 사진으로 봐서는 대저택에 화려한 거실 등이 보통의 집은 아니라고 생각하며 체크인했다. 그런데 막상 입주(?)하는 날 가보니 사이트에서 보았던 집주인은 코빼기도 볼 수 없었고 다른 사람이 내 이름이 적힌 화면을 내밀며 입주를 허가했다. 무사히 첫날 저녁을 보내고 다음날 숙소 구석구석을 살폈다.

숙소에는 대규모의 정원이 있었다. 심지어 건물 뒤에도 정원이 있었다. 이 정원에는 아이들이 놀 수 있는 놀이시설도 갖춰져 있었다. 첫 번째 맞는 주말이었다. 방에는 수건이 두 장 있었는데, 계속 말리며 쓸 수가 없었다. 우연히 부엌에서 관리인 중 손님을 직접 케어하는 아시프 Asif를 만났다. 아시프에게 상황을 이야기하고 수건을 바꿔 달라고 했더니 고개를 가로 젓는다. 나는 다시 한 번 설명했다. 아시프는 "티케"라고 말하며 다시 고개를 저었다. 살짝 빈정이 상한 나는 내 방으로 돌아왔다.

얼마후 누군가 방문을 노크했다. 나가 보니 아시프가 수건을 들고 서 있었다. 나에게 수건을 내밀고 가면서 엄치척을 하는 아시프. 아니 도대체 뭐야 이게. 얼떨결에 땡큐라고 말하고 받아들었다. 이 상황을 이해하게 된 건 얼마 지나지 않아서였다. "ٹھیک ہے" 영어 발음으로는 "thek hay"로 들리는 발음은 틱해 또는 티케다. 아시프가 말했던 티케는 "ok"라는 뜻이었다. 이런 기본적인 단어도 모르고 파키스탄에서 협력사업을 한다고 까불었던 내 자신이 창피해졌다. 그런데 고개는 왜 가로저었던 걸까? 결국 인터넷에서 답을 찾았다. 사실 그 근본적인 이유가 궁금했는데 거기까지는 찾지 못했다. 인도, 파키스탄, 불가리아에서는 고개를 젓는 것이 긍정을 표현하는 것이라고 한다. 그후로 나도 노력을 해보고 있지만 이게 생각보다 쉽지 않다. 마음속으로는 긍정을 뜻하고 행동하다보면 나도 모르게 고개가 위아래로 끄덕여진다. 이 책을 보고 있는 여러분들이 직접 해 보시라. 좋아요라고 입으로 말하면서 고개를 좌우로 젓는 게 생각보다 쉽지 않다는데에 깜짝 놀랄 것이다.

그런데 사실 파키스탄에서는 부정도 고개를 가로젓는다. 하, 이거 참 쉽지 않다. 그래서 자세하게(?) 나름대로 분석을 해 보았다. 긍정의 고갯짓은 아래턱만 살짝 오른쪽 또는 왼쪽으로 돌리면서 행동한다. 정면에서 보았을 때 코를 중심으로 움직이지는 않는다. 하지만 부정No을 표현할 때는 목 전체가 왼쪽 또는 오른쪽을 바라보며 행동이 좀 더 크다. 즉, 정면에서 봤을 때 코의 방향이 좌우측으로 움직이면 그건 부정을 뜻하는 것이다. 오늘도 나는 긍정적인 파키스탄의 한국사람이 되기 위해 가끔 연습한다. 티케. 티케. 티케.

숙소 이야기

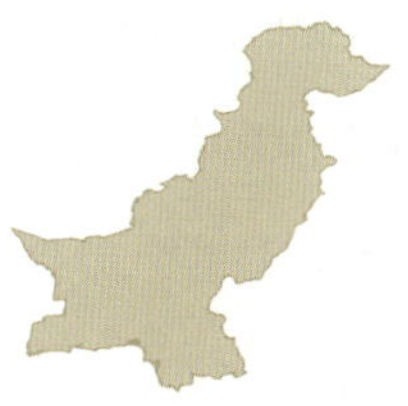

발굴 조사 초기에는 주로 장기 프로젝트에 참여했다. 김포 신도시, 파주 운정신도시, 화성 동탄신도시 등 대규모 택지개발지구는 주로 사전에 발굴조사가 선행되었는데, 발굴조사 기간이 몇 년씩 되기 때문에 각 팀별로 숙소와 사무실을 임차했다. 숙소는 항상 중요한 고민거리였다. 김포에서 조사를 진행했던 2000년대 초반, 인원이 많을 때는 아르바이트생을 포함해서 열 명에 가까운 사람들이 투입되기도 했다. 개인별 숙소 제공이 까다롭던 시절이었기 때문에 주로 큰 면적의 아파트를 임차해서 사용하곤 했다. 그리고 숙소는 곧 사무실이 되었다. 김포 신도시 조사 때 임대한 70평대의 아파트는 이후 파주 운정신도시 발굴조사가 진행될 때까지 활용됐다. 아파트의 커다란 거실에 큰 책상과 의자 몇 개가 놓여지면 곧바로 사무실이 되었다. 현장에서는 컨테이너를 활용한 사무실이 있기는 하나, 현장컨테이너는 현장 업무를 보는 동안에만 활용되는 말 그대로 현장 사무실이었다. 몇 년동안 진행되는 발굴조사에서 숙소는 비가 오면 사무실이 되었고, 저녁이면 야근을 할 수 있는 공간으로 변했다. 사무실과 숙소가 붙어 있는 곳의 장점도 있지만 단점은 특히 비가 오는 날 발생한다. 비가 오면 발굴조사가 진행되지 못하기 때문에 사무실에서 밀린 업무를 본다. 그런 날은 눈 뜨면 출근이고 방으로 들어가면 퇴근이 되는 셈이다. 그리고 저녁에 누군가 야근이라도 할라치면 화장실을 들락거리는 사람들은 괜시리 민망한 일들이 벌어진다. 가끔 치맥이라도 하려면 모두의 동의가 필요한 번거로움도 무시할 수 없는 일이었다.

　문화유산ODA사업에 참여하면서 해외의 숙소는 주로 호텔이 활용됐다. 출장이 길어질 때는 방을 얻어서 혼자만의 공간에서 숙박과 식사, 그리고 빨래 등 일상생활을 하곤 했다. 하지만 출장이 짧을 경우는 호텔에서 지내며 밥도 사먹고 빨래도 빨래방에서 직접 해야하는 일이 항상 있었다.

　　캄보디아에 처음 출장을 갔을 때는 비수기였다. 덕분에 호텔의 가격이 대체적으로 저렴했다. 그때 묶었던 숙소는 시엠립에서 가장 맘에 드는 숙소였지만 그 이후로 가격이 올라 규정 내 예산으로는 감당이 안 되서 그림의 떡이 되었다. 문화유산ODA 사업이 진행되는 곳에는 단기로 출장을 가는 사람과 장기로 출장을 가는 사람들이 있다. 장기로 출장을 가는 사람은 길게는 8개월까지 가기도 한다. 그러다보니 숙소 선택은 언제나 신중하다. 짧게 가는 경우 호텔에 머물면 되지만 장기 출장의 경우는 현지인에게 임차를 하거나 숙박공유 사이트 등을 통해서 구하는 경우가 많다. 장기 출장자는 주로 원룸 형태의 숙소를 선호하고 조리시설과 세탁시설이 갖춰진 곳을 많이 구해서 지내는 편이다. 국가마다 차이가 있기는 하지만 짧은 기간을 임대하는 건 쉬운일이 아니다. 부동산을 통해서 사정사정해야 하는 일이 생기기도 한다.

1년 계약을 해야 하는 상황이 생기면 한국에 가 있는 동안 부득이 개인이 숙박비를 지출해야 하는 곤란한 일이 생기기도 한다.

　최근 파키스탄에 출장을 자주 가면서 이슬라마바드에 마음에 드는 집을 하나 찾았다. 주인이 외국에 있으면서 집을 관리하는 직원들이 상주하는 곳이었다. 방 하나를 쓰면서 거실과 부엌은 공유를 하는 구조였는데, 이상하게도 장기 투숙자는 나밖에 없었다. 그러다 보니 냉장고에 내 칸이 자연스럽게 마련되었고 관리 직원들도 내 식재료가 무엇인지 알고 지내게 되었다. 점점 내집같은 생각이 들기도 하면서 관리인들과도 친해졌다. 그 집의 관리자 중 대장격인 남자 직원의 남동생이 한 명 있는데 한국에서 일을 한 적이 있었다. 그 친구는 나만 보면 같은 멘트를 날린다. "안녕? 잘 지내?"로 시작해서 "밥 먹어?" ,"설겆이" 등 한국말로 친근함을 나타낸다. 항상 얼굴에 미소를 머금은 잘생긴 청년이다. 그와 좀 친해질 무렵 " 어디서 반말만 배운 거예요? 자, 따라해 봐요, 안녕하세요! 잘 지냈어요?" 등을 알려줬다. 잘 따라했던 그 청년은 다음날 아침 나에게 또 말을 걸었다.

"안녕? 잘 지내?" "밥 먹어?"

하루 아침에 되기를 바랬던 거 나의 욕심이었다.

파키스탄에 출장을 갈 때마다 나는 같은 숙소에서 지낸다. 이제 다른 집을 찾기에는 물가

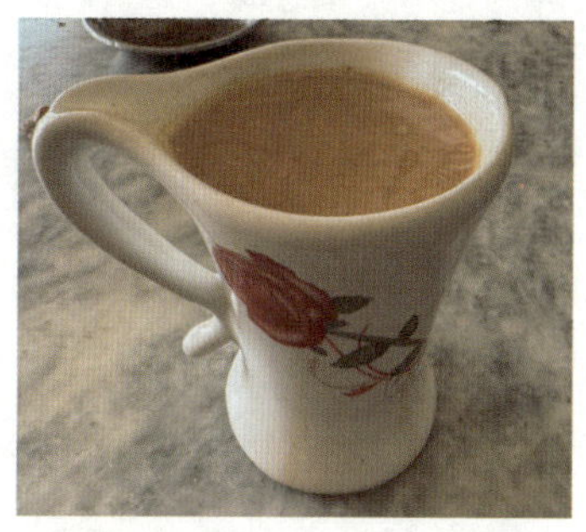

❖ 파키스탄 출장이 마무리 되면 숙소 관리인들이 만들어 주던 이 짜이가 많이 그리울 것 같다.

도 너무 오르고 익숙하지도 않다. 파키스탄 사업이 지속되는 한 출장때마다 그 숙소에 머무를 것 같다. 가끔 관리인들이 만들어주는 로띠와 짜이가 내 입맛에 딱 맞는 것도 또 하나의 이유라면 이유다.

내가 아는 가장 멋진 파키스탄 여성, 니말

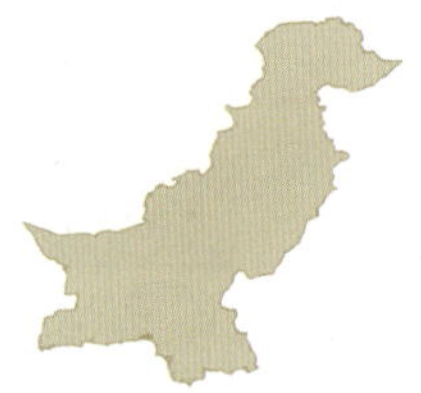

2001년 부산에서 한 여자아이가 태어났다. 이름은 나말.Namal 파키스탄 국적을 가진 여성이 엄마였다. 아이는 열세 살까지 한국에 살다가 파키스탄으로 돌아갔다. 한국의 음식을 그리워하고 로띠보다 쌀밥을 더 좋아하는 그녀는 아직 앳된 외모를 가졌지만 일을 할 때는 협상의 대가다. 특히 남자들과 협상을 할 때는 목소리가 높아지며 기선제압을 하고 본인이 원하는 바를 정확하게 전달해서 꼭 되게 만드는 능력의 소유자다. 한국이 그리워 유튜브를 통해 여러가지 컨텐츠를 제작해 올리고 있는데 현재 구독자 수가 6만에 이르는 디지털크리에이터이기도 하다. 나는 그녀가 원하는 대로 그녀의 이름을 나말이 아닌 니말로 부른다. 그녀는 2024년 현재 한국과 파키스탄 문화유산 국제개발협력사업에서 한국팀의 통역 및 행정보조로 일하고 있는 국가유산진흥원 소속의 현지고용원이다.

내가 니말을 만난 건 2021년이었다. 그때는 함께 대화 나눌새도 없어서 스치며 업무를 해야 했지만 2024년 파키스탄으로 장기출장을 가게되며 자세히 알게 되었다. 그녀는 쉽게 한국에 갈 수 없는 처지였다. 여러 가지 이유로 인해 특별한 케이스가 아니면 한국에 가기 어렵다고 했다. 그래서 더욱 한국을 그리워한다. 한국을 다녀오며 제작한 그녀의 유튜브 영상을 보았는데 그녀는 인천공항에서 울고 있었다. 한국을 그리워하고 한국에 다녀올 좋은 기회가 생겨 돌아가는 길이었는데 울고 있었다. 한국을 그리워하는 다른 가족들은 못 가고 자신만 다녀오게 된 것에 대한 미안한 마음이 영상에 가득 담겨 있었다. 올해 나이 24세. 한참 세상을 알아가기 시작할 나이지만 이미 오랜시간 세상을 살아온 것 같은 연륜이 묻어나는 그녀다. 가족들을 생각하는 마음이나 일을 할 때의 태도는 어떤 사람보다 능숙한 모습이 보인다.

한편으로 그녀는 여리다. 한국어와 우르드어, 거기에 영어도 잘하는 그녀는 파키스탄 사업에서 없어서는 안 될 존재다. 그래서 도움을 받기 위해 그녀를 찾는 사람이 많다. 영어가 공용어라 할지라도 상당수의 일반인들은 영어를 많이 쓰지 않기 때문에 무언가를 주문하거나 요구하고 세밀한 내용을 전달할 일이 생길 때면 우리는 그녀가 필요하다. 그때마다 그녀는 우리가 원하는 것을 정확하게 캐치하고 전달하는데 그럼에도 때로는 의사소통이 안 되어 중간에서 곤욕을 치르기도 한다. 그럴 때마다 마음에 상처를 입는 것 같다. 힘든 일이 생긴 다음 날이면 어김없이 병원에 가곤 해서다. 마음의 병이 몸과 연결되어 있는 듯 한동안 시무룩하고 말도 없다. 여린 마음에 상처를 입는 것 같아 괜시리 미안하지만 또 금방 털고 일어난다. 어쩌면 참고 버티는 것이겠지만 참 대견할 때가 많다.

파키스탄에서 같이 일하는 무나자라는 여성이 있다. 니말과 그녀는 꽤 친한 친구다. 나이는 무나자가 많지만 여기 또한 나이보다 서로의 관계가 더 중요하기 때문에 나이는 중요치 않다. 둘은 자주 점심을 같이 먹는데 대부분 니말이 무나자의 요구를 들어준다. 시간과 메뉴, 그리고 같이 먹는 사람 모두 무나자가 원하는 대로 된다. 무나자는 지구가 본인 중심으로 돌아가야 하는 사람이다. 무나자는 보통 이 동네 사람들처럼 주로 한 시에 점심을 먹는다. 이슬람 국가인 파키스탄에서 점심 열두 시쯤에는 기도를 드려야 하기 때문에 다른 남자직원들과 시간을 대체적으로 맞춘다. 하루는 니말이 우리한국팀출장자들과 점심을 먹게 되었다. 무나지는 니말이 자신과 같이 점심을 먹지 못하게 된 것을 엄청 속상해 했고 들리는 이야기로 엄청 울었다고 했다. 한 시가 조금 너머 무나자가 한국팀 사무실에 왔는데 얼마나 울었는지 눈이 퉁퉁 부어 있었다. 무나자는 니말을 본체 만체 불만을 흘리듯 던지고 나갔다. 그 모습을 보면서 나는 나오는 웃음을 꾹 참았다. 친구가 점심을 같이 먹지 못해 속상해 하는 건 찐한 우정인지 모르겠지만 니말도 그냥 그런 무나자를 내버려 두었다.

면도만 하고 떠나는 남자들

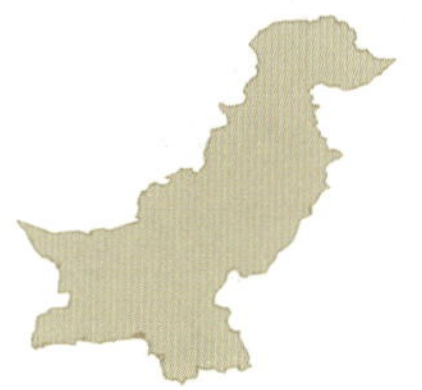

한국에서 오랫동안 유지하던 헤어스타일이 있다. 일명 투블럭이라고 하는데, 양쪽을 매우 짧게 깎고 윗머리와 뒷머리를 오른쪽으로 넘기는 스타일이다. 단, 오른쪽 귀까지 덮여 내려와야 하는 스타일이다.

얼마전 한국의 한 미용실에서 오른쪽 윗머리 일부를 짧게 잘라내는 바람에 붕 떠 있는 상태로 파키스탄에 와서 한달이 지나 이발을 하러 갔다. 열심히 설명을 하고 그림까지 그려가며 잠깐 눈을 감았다 떴더니 이게 웬일인가. 오른쪽 윗머리가 거의 군인들의 스포츠형 스타일로 짧게 잘라져 나가 있었다. 속에서 천불이 났지만 젤이

나 왁스를 바르고 다녀야겠다고 생각하고 부랴 부랴 마무리를 해 달라고 했다. 그런데 숙소에 돌아와 머리를 감는데, 뒷머리가 거의 잡히지 않는 게 아닌가. 순간 해병대의 헤어스타일이 머릿속을 스쳐갔다. 거울 앞에 서서 살짝 고개를 돌려보니 거울에 비친 뒷머리 한쪽이 살짝 눈에 보였다. 어렵게 길러온 머리가 10분도 안 되는 시간에 다 벌초되고 골프장 그린의 잔디만큼 짧게 남아 있는 듯했다. 차마 거울 하나를 더 가져다 볼 자신이 없었다. 실망스러울 게 너무나도 확실하게 예상이 되는 상황이었다. 아내와 화상통화를 하면서 뒤통수를 아내에게 보여줬다. 내 뒤통수를 본 아내의 한마디는 "모자 쓰고 다녀야겠는데?"였다.

미용실이발소?에 들어갔을 때 사람이 많아서 잘 하는 곳인가보다 생각했던 게 실수였다. 의사소통이 100퍼센트 완벽하게 이루어지지 않으니 원하는 바가 정확하게 전달 되지 못했고, 생소한 외국인이 와서 이상한 스타일의 머리를 해 달라고 하니 파키스탄 미용사도 참 난감했을 것이다. 미용실에서의 기억을 더듬어보면, 수많은 남성들이 있었고 그날 저녁 어딘가에 함께 가기로 한 친구들이 최종 단장을 했던 것 같다. 그런데 그들 중에 이발을 하는 사람은 없었고 다들 수염만 신중하게 다듬었다. 심지어 어떤 친구는 직접 가위로 다른 친구의 삐져나온 턱수염과 구렛나루를 다듬어 주기도 했다. 그러고는 한번에 계산을 하더니 왁자지껄 기분이 좋은 소리로 뭐라 뭐라 하면서 나갔다. 그들은 모두 이발은 안 하고 수염만 다듬고 갔다.

어릴 적 아버지가 다니던 이발소가 생각났다. 거품솔로 작은 그릇에 있는 비누를 치대서 잔뜩 거품을 만들어 아버지의 코 밑과 턱 그리고 구렛나루가 있는 곳을 다듬었던 이발사 아저씨의 손놀림까지. 내 앞에서 내 머리를 깎고 있는 그 친구도 그런 손놀림을 보여주었으나, 내 머리는 자신이 없었던 것 같다. 이상하고 신기하고 어렵고 그랬겠지.

파키스탄 여성들의 복장

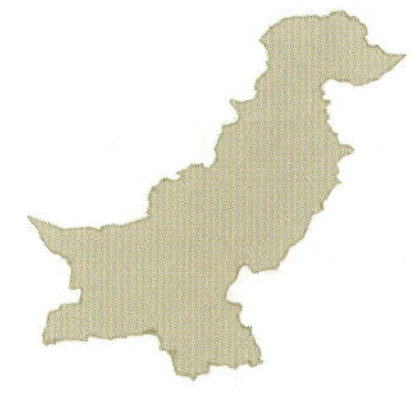

　　이슬람 국가인 파키스탄에서 대부분의 여성들은 상하의 전통의상과 함께 스카프와 같은 천을 어깨에 두른다. 이는 다른 사람에게 목 아래쪽 가슴 부분이 보이지 않도록 하기 위한 것이라고 한다. 양쪽어깨를 휘감아 걸치는 이 것은 대부분의 여성들이 전통의상을 입을 때 반드시 함께 착용한다.　그러다보니 옷감이나 옷의 무늬, 자수 등을 통해 본인의 개성을 보이는 경우가 많은데 어떤 때 보면 그옷이 그옷처럼 보일 때가 많다. 결국 개성을 보여주는 건 의상보다 살이 노출된 발과 손에 집중되는 것 같다.

　파키스탄 여성 샌들은 빛에 반짝이는 것들이 많다. 부유한 여성들의 경우 그 경향이 더 뚜렷해진다. 비교적 부유한 여성들을 많이 볼 수 있는 곳은 공항인 것 같다. 어렸을 적 비행기 타는 건 TV에서나 볼 수 있는 남의 일처럼 여겼던 것처럼 파키스탄의 현재 상황은 그때 우리나라와 비슷한 것 같다. 비행기특히국제선를 타는 건 비교적 부유한 집에서나 가능한 일이다.

　언젠가 공항에서 손님을 기다리며 벤치에 앉아 지나가는 사람들을 유심히 본 적이 있다. 여성들의 의상은 주로 핑크와 오렌지, 그리고 하늘색 계열이 많았는데 모든 색들이 약간 파스텔톤이었다. 흰색을 살짝 섞어 놓은 파스텔톤 계열의 하늘 하늘한 핑크, 오렌지, 하늘색 천이 걸을 때마다 좌우로 흩날렸다. 옷에 그려진 디자인은 각양각색이지만 색감은 아주 화려하지 않았다. 반면 전통차림에 신는 신발은 정말로 다양하고 각양각색이었다. 바닥에 붙은 듯한 굽을 가진 슬리퍼 같은 신발부터 비교적 굽이 높은 하이힐 느낌의 신발까지. 물론 모두 맨발이라 내가 보기에는 모두 슬리퍼 같았지만 다양한 종류의 신발로 개성을 뽐내고 있었다. 특히 반짝이는 장식이 잔뜩 붙어 있는 신발을 신은 여성들은 엄청 눈에 띄었다. 그리고 이런 신발을 신은 여성들 상당수 손에는 헤나가 보였다. 거기에 신경을 많이 쓴 듯 다양한 색상의 페디큐어로 개성을 더했다.

내가 지나가는 여성들의 발만 쳐다보고 있는 걸 누군가 봤다면 변태라고 생각했을 지도 모르겠지만 사실 페디큐어에 관심을 많이 가지게 된 건 순전히 나의 아내 때문이다. 한국에서 출퇴근을 하며 여름철 지하철에서 볼 수 있는 여성들의 패션은 그 시대를 선도하는 유행인 경우가 많았다. 강남 근처에 사무실이 있을 때는 더욱 뚜렷하게 최신 유행을 확인했다. 여름이면 주로 온라인을 통해 구매한 페디큐어를 아내 발톱에 붙이고 손질하여 이쁘게 보이게 하는 건 나의 몫이었다. 내가 나름 꼼꼼한 성격이라 내가 해 주는 케어를 아내도 좋아했다. 출퇴근 지하철이 훌륭한 견학장이었던 셈이다. 다시 한번 말하지만 이런 이야기를 읽고 나를 변태라고 생각하는 사람은 없었으면 좋겠다. 발톱 케어를 받고 페디큐어를 하는 비용은 상상도 못할 정도로 고가이고 아내 또한 나를 페디 관리사로 흡족해 했기 때문에 고객을 위해 최선을 다

했을 뿐이다.

파키스탄에서 내가 본 상당수 여성들의 개성은 손과 발을 통해 강하게 표출되었다. 전반적으로 몸 전체를 덮는 옷을 입다 보니 맨살이 나오고 제약을 덜 받는 손과 발을 통해 본인의 모습을 더욱 매력적으로 보이게 하고 싶은 욕망이 내재되어 있는 건 아닌가 싶다.

❖ 파키스탄 센타우루스 쇼핑몰의 여성화 매장

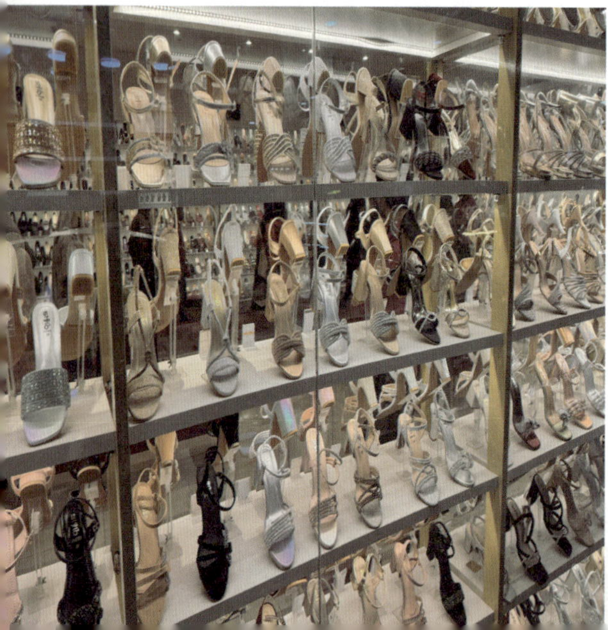

초록색 망고의 비밀

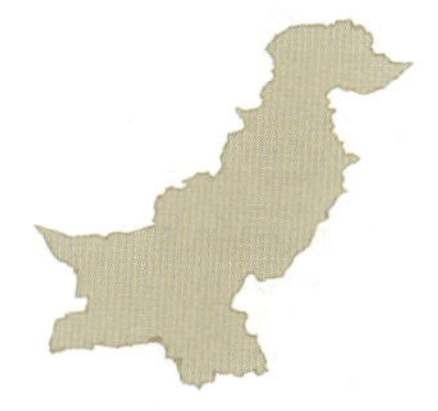

파키스탄에서 선택한 숙소는 최근 몇 년 동안 현장을 다니면서 머물렀던 숙소 중 단연 최고라고 할 수 있다. 숙박 공유 어플을 통해 처음 예약한 숙소고 호텔이 아닌 곳에 오랜 기간 머무르는 것에 대한 걱정이 많았다. 도착한 날 밤 늦은 시간에 문을 열어준 숙소 관리자의 무뚝뚝한 표정을 보고 더 그랬다. 다음날 아침이었다. 부엌에 가 보니 키 2미터 정도 되어 보이는 덩치 좋은 아저씨가 무표정한 얼굴로 가스레인지 앞에서 무언가를 요리하고 있었다. 인사를 해도 받지 않고 쓱 한번 돌아보더니 자기 일을 계속했다. 영 찜찜하고 불편한 분위기에서 파키스탄의 생활이 시작되었다.

하지만 며칠 지나 덩치 큰 아저씨의 무뚝뚝한 표정은 나의 심리가 반영된 착각이었음을 알게 되었다. 첫날 밤에 문을 열어준 숙소 관리 책임자 아시프는 매우 친절한 사람이었다. 무슨 일이든 빠르게 해결해 주었고, 덩치가 큰 쿠드라툴라Kudrat Ullah는 목소리가 덩치에 어울리지 않는 상냥한 아저씨였다.(나중에 두 사람 모두 나보다 나이가 어리다는 이야기를 듣고 엄청 놀랐다). 쿠드라툴라는 짜이를 만들 때 내가 부엌에 들어가면 항상 한잔 마시겠냐며 집에서 만드는 짜이를 권할 때도 많다. 가장 맛있는 짜이다.

2024년의 한국의 여름도 매우 더웠지만 파키스탄 이슬라마바드의 더위 또한 만만치 않았다. 단독주택 2층의 방 하나를 쓰던 나는 거실에 나가는 것조차 너무 힘들었다. 낮 동안 데워진 2층의 뜨거운 공기는 모두 2층 거실에 모이는 것 같았다. 거의 방안에서만 살다시피 생활을 했다. 하루는 부엌에서 요리을 하고 있는데, 부엌 창 너머로 시끄러운 소리들이 들렸다. 궁금해서 밖으로 나가보니 숙소 관리하는 직원들이 모두 모여 집옆 담장에 굉장히 높게 자란 나무를 올려다 보며 뭐라고 소리치고 있었다. 그 나무는 망고나무인데 올려다보니 한 사람이 20미터 정도 높이에서 이리저리 가지 사이를 오가며 긴 막대를 휘둘러 망고를 따고 있었다. 밑에서 아시프는 긴팔의 두꺼운 옷을 뒤집어 팔에 끼고 자기 등판을 망고를 받아내는 용도로 쓰고 있었다. 망고가 옷에 떨어질 때마다 퍽퍽 소리가 났다. 가끔 스트라이크 존을 벗어난 망고는 이내 바닥에 곤두박질 쳤다. 바닥에 떨어진 망고 중 일부는 거의 깨지지 않았지만 상당수는 거의 박살이 나기도 했다. 아시프가 나를 보더니 한번 받아보겠냐고 했다. 좋다고 말했지만 나는 손으로 받아낼 수 있다고 생각했고 그런 건 필요없다고 했다. 아시프는 "No! No"라고 했지만 나는 속으로 그까짓 거 손으로 충격을 흡수하며 받으면 그만이라고 생각했다. 나무 위에 있던 그 청년은 나를 보며 준비되었냐고 신호를 보낸 후 막대를 휘둘러 망고를 떨쳐냈고 이윽고 떨어진 망고는 굉장히 빠른 속도로 내 얼굴쪽으로 날아왔다. 뉴턴이 떨어지는 사과를 받지 않고 만유인력의 법칙을 발견한 건 다 이유가 있었던 것이다. 떨어지는 망고를 잡기 위해 나는 팔꿈치를 구부려 충격을 흡수한 후 멋지게 받아내려 했지만 어느새 망

고는 내 손을 이미 지나버렸다. 내 손가락을 맞고 지나
간 망고는 바닥에 떨어졌는데, 손가락을 맞고 그나마 속
도가 줄었는지 깨지지는 않았다. 그런데 내 오른쪽 가운
데 손가락이 깨진 것 같았다. 망고가 떨어지면서 내 손가
락을 가차없이 치고 지나갔는데, 그때 내 손가락은 순간
적으로 가동범위를 넘어서 꺾였다가 다시 제자리로 온
뒤였다. 통증이 몰려왔다. 그리고 창피함도 함께 몰려왔
다. 나는 아무렇지 않은 척 멋쩍은 웃음을 보이며 잘 따
라고 말하고는 방으로 들어왔다. 아팠다. 손가락도 내 마
음도. 얼굴이 붉어져 있었음에 틀림 없었다. 잠시 후 부
엌에 다시 내려가서 보니 초록 망고 한 바구니가 있었다.
그러고 보니 딱딱한 망고를 왜 땄는지 궁금했다. 아시프
한테 물어보니 망고가 정말 맛있을 때라고 했다. 속으로
저런 망고는 떫어서 못 먹는 거 아닌가 하는 생각이 들었
다. 내 방에 망고를 몇 개 가져다 놓겠다고 했을 때도 나
는 괜찮다고 했다.

　　잠깐 외출하고 돌아오니 방 앞에 망고 두 개가 접시
에 담겨 놓여 있었다. 동남아에 가면 가끔 파파야를 잘라
서 라면스프 같은 것과 함께 파는 곳이 있는데, 나는 그
런 방식으로 그 망고를 먹어야 한다고 생각했다. 그래서

부엌에서 칼을 가져와 망고를 자르는데…. 망고의 속은 진한 노락색이었고, 껍질을 벗기기도 전에 풍기는 망고의 향은 온 방을 가득 채울 정도로 강했다. 나는 얼른 망고를 까서 허겁지겁 먹었다. 지금까지 맛보지 못한, 신선하고 달콤하면서 향이 매우 진한 망고였다.

누군가 익지 않은 것처럼 뻣뻣하고 어색하고 쭈뼛쭈뼛한 모습으로 나에게 다가오면 그 모습만으로 상대를 판단하고 살짝 무시한 경험이 있었던 것 같다. 진정한 모습은 외면에서 풍기는 게 아니고 말을 해 보고 같이 일을 해 보고 경험해 봐야 아는 건데 건방진 오만으로 남들을 쉽게 판단하며 살았던 일들이 망고를 먹으면서 이입됐다. 겉에서부터 익을 수도 있고 속에서부터 익을 수도 있는 과일이 있는 것처럼 사람에 따라 내면은 열어 보기 전엔 알 수가 없다. 살면서 스쳐왔던 수많은 인연들 중에 유독 내가 그런 초록색 껍질을 가진 망고를 보는 눈으로 편견을 가지고 대했던 몇 사람들이 갑자기 생각나 얼굴이 붉어졌다.

컨테이너의 도시

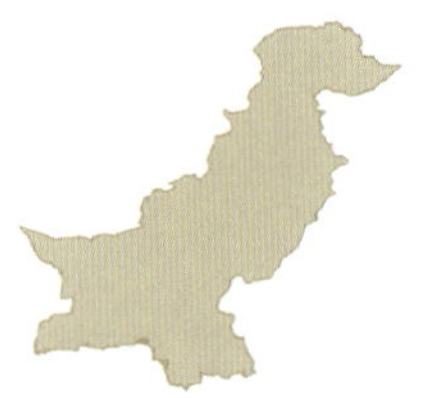

2024년 6월 말에 파키스탄에 가서 7월 말에 출국(귀국이 아니고 출국인 이유는 라오스로 이동을 해야했기 때문이었다)하러 가는 길은 어지간히 어려운 일이 아니었다. 사전에 이미 여러 경로로 확인한 바에 따르면, PTI파키스탄의야당의 대규모 집회가 예정되어 있어서였다. 그래서 우리 운전기사는 좀 서둘러서 공항으로 이동하는 게 좋겠다고 했다. 파키스탄에서 집회 결사의 자유는 보장되어 있다. 하지만 국회로 향한다거나 공공기관이 밀집한 곳으로 가는 건 애초에 차단을 하는 경우가 많다. 파키스탄에서 시위를 제한하기 위한 수단으로 가장 많이 사용되는 건 컨테이너를 활용한 길막기, 그리고 인터넷 차단 등이다. 파키스탄 이슬라마바다를 누군가는 컨테이너의 도시City of containers라고 부르기도 하는데 그도 그럴 것이 이슬라마바드 곳곳을 다니다보면 화물선에 실려있어야 할 법한 컨테이너들이 사방에 배치되어 있는 것을 볼 수 있다. 주로 정부 비판 시위를 할 때면 컨테이너로 길을 막는다.(심지어 고속도로를 막는 경우도 있다). 차로 지방에서 오는 사람은 물론 수도인 이슬라마바드 주변에서 함께 오는 것도 근본적으로 차단한다. 그리고 인터넷 차단을 통해 서로간에 연락하거나 모이는 것을 차단한다. 함께 모이는 것을 막는 것이다.

2024년도 가장 큰 시위는 10월 4일부터 있었다. 현 정부의 퇴진과 전 총리인 임란 칸Imran Khan을 석방하라는 게 시위군중의 가장 큰 목소리였다. 뉴스에서는 계속해서 관련 보도가 나왔고 급기가 10월 3일부터 수도는 봉쇄에 들어갔다. 우리도 10월 4일 발굴조사 현장은 도로가 막혀서 갈 수가 없었다. 발굴조사를 시작하자마자 큰 봉변을 당한 셈이었다.

10월 4일 저녁에는 숙소의 2층 발코니로 나갈 수조

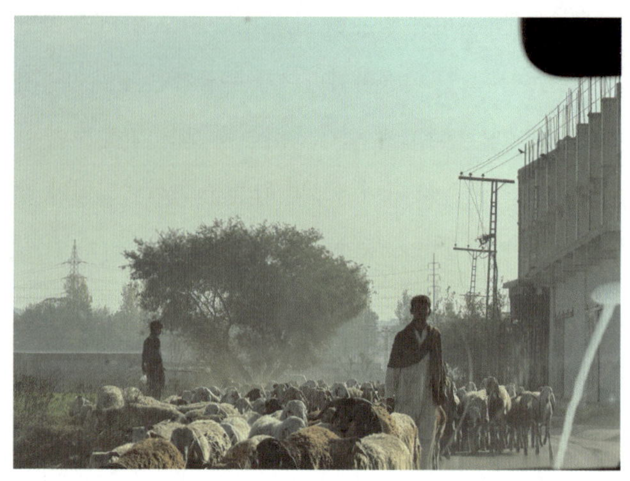

❖ 만키알라 발굴현장 가는 길.

차 없었다. 최루가스가 온 도시를 덮어서 별수 없이 집 안에서 꼼짝도 못하고 지냈다. 또 인터넷을 차단하는 바람에 주로 통신사 모바일 네트워크를 차단 연구원들과의 연락은 오로지 숙소 안에 있는 와이파이를 이용해야 했다. 하지만 이것 또한 속도가 매우 느려져서 상호간에 연락이 거의 불가능한 지경에 이르기도 했다. 파키스탄 정치에 관심을 가질 여유는 없지만 진행하고 있는 일들이 차질을 빚으니 여간 불편한 게 아니었다. 게다가 10월 15일 중국과 대규모 국제회의가 예정되어 있어서 정부에서는 강경 진압의 기조로 나갔다. 10월 6일 오후가 지나서야 조금 조용해진 듯했는데, 그럼에도 컨테이너 상당수는 도로를 막고 있어서 발굴현장에서의 조사 가능 여부가 불투명한 상태였다.

제발 컨테이너는 수출하고 수입하는 용도로만 쓰면 좋겠다는 생각을 했다. 분명 몸은 움직일 수 있는데도 심리적으로 어딘가 막혀 있다고 느끼니 모두에게 불안감이 엄습했다. 시위는 10월 6일을 기점으로 잦아들었는데 컨테이너 대부분은 그 자리에 있고, 일부만 도로가로 옮겨졌다. 이후 비슷한 일이 있으면 그 컨테이너들은 다시 이슬라마바드를 막는 역할을 하게 될 것이었다. 역시 컨테이너의 도시답지 뭔가….

2024년 10월 14일부터 16일까지 이슬라마바드, 라왈핀디의 주요 도로 대부분이 다시 통제되고 인터넷 사용이 3일간 정지되었다. 우리 사무실의 운전기사도 출근을 못했다. 택시도 인터넷이 불통이니 사용이 불가능했다. 인터넷이 안 되는 게 얼마나 불편한지 절감한 시간이었다. 출장을 같이 갔던 연구원들이 무사한지 확인하는 데도 한참이 걸렸다. 우리는 나름의 비상연락망을 만

들어야 했다. 그날 한켠에 사용 않고 있었던 위성전화기
를 충전하고 한국 사무실에 전화를 했다. 우리는 잘 있다
고…. 물론 한국에서는 무슨일이 일어나고 있는지 정확
하게 알지 못했다. 다행히 큰 사고 없이 정신없던 하루
가 지나고 있었다.

파키스탄 남자 화장실과 이스틴자

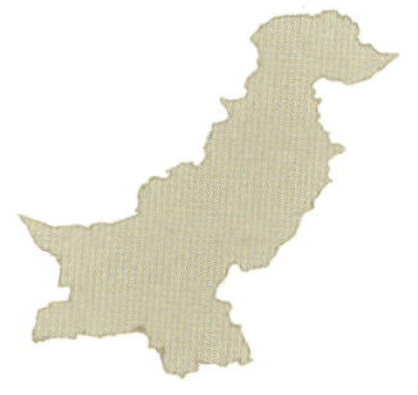

파키스탄과 협력사업을 하면서 한국 연구원들은 파키스탄 정부에서 제공해 준 공간에 사무실을 꾸렸다. 기존 파키스탄 정부의 사무실이 있는 한켠에 한국팀 사무실을 차리다보니 아무래도 화장실이 조금 부족한 듯했고 내부 시설을 보수해야 하는 상황에서 화장실을 조금 더 확장하는 방안으로 조율이 됐다.

화장실이 추가로 만들어지는 동안 나는 한국에 다녀왔다. 다시 파키스탄에 도착해 화장실에 들어선 날 순간 흠칫 놀랐다. 보통 한국에서 남자화장실은 한쪽 벽에 소변기가 있고 다른 한쪽 벽에는 큰일을 볼 수 있는 공간들이 있다. 그런데 남자 화장실에 소변기가 하나도 보이지 않는 것이다. 혹시 여자 화장실에 잘못 들어온 건 아닌가 살짝 놀라서 한발 뒤로 물러섰다. 안내판을 보니 분명 남자화장실이고 옆에 여자화장실이 떡하니 버티고 있었다.

큰일을 보러 온 것도 아닌데, 작은 문을 열고 들어가 쪼그려 앉아 일을 보고 나와 손을 씼으며 도대체 이건 무슨 이유때문일까 생각했다. 이슬라마바드의 큰 건물이나 호텔, 식당, 커피숍 등에는 소변기가 구분이 되어 있는 편이라 나는 한국팀 사무실에서 일하고 있는 고문님 남자에게 물어봤다. 평소에 점잖은 얼굴로 일하시는 고문님은 이야기를 듣더니 갑자기 파안대소했다. 한번도 그런 생각을 해본 적이 없다는 것이다. 멋적어진 나는 그냥 개인적인 궁금증이며 호기심이라고 말했다. 그러자 고문님이 설명했다. 이슬람은 육체적·영적인 청결을 매우 중요하게 여긴다. 특히 기도 전에 수행하는 정화 의식인 우두Wudu와 구슬Ghusl을 위해 몸을 깨끗하게 하는 것이 필수적이다. 하긴 이슬라마바드에서 가장 큰 모스크에 방문했을 때 건물 외벽 한켠에 줄지어 늘어선 수도꼭지를 본 적이 있다. 그리고 그 앞에는 대리석으로 만들어진 직육

면체의 돌이 있었다. 사람들이 그곳에 앉아 수돗물로 발을 씻는 걸 보고 나도 그대로 따라 하고 모스크로 들어갔던 적이 있었다. 소변이나 대변 후에는 반드시 물로 깨끗이 씻어내는 것이 이슬람 율법피끄,Fiqh이다. 이를 이스틴자Istinja라고 한다. 단순히 화장지나 다른 건조한 재료로만 닦아내는 것보다 물로 씻는 것을 더 완전한 청결로 간주한다. 그렇게 이야기를 듣고 보니 서서쫘 자세로 작은일을 보는 남자들의 경우라도 결국 물로 씻으려면 쪼그려 자세가 필요할 것이다. 또 한 가지 이유는, 전통적인 의상과 관련이 있을지도 모른다고 했다. 일반적으로 파키스탄에서 가장 많이 볼 수 있는 남자의 복장은 얇은 천을 사용해서 만드는데, 바지를 샬와르Shalwar라 부르고 상의는 카미즈Kameez라고 부른다. 특히 카미즈는 길이가 무릎 정도까지 오기 때문에 소변기에서 볼일을 보는 경우 한참을 위로 걷어 올려야 하고 잘못하면 옷에 튈 가능성이 매우 높다. 이러한 이유 때문에 주로 앉아서 청결하게 일을 보고 물로 깨끗하게 씻는 것이 훨씬 더 쉬울 수 있다는 것이다.

온통 벽과 작은 문으로 만들어진 한국팀 사무실의 남자 화장실이 왜 그런 구조를 가지게 되었는지 이해가 되었다. 종교적인 신념과 전통적인 의복문화가 결합되어 만들어진 자연스러운 구조가 아니었나 싶었다. 사실 결혼 한 후 아내의 잔소리 때문에 앉아쏴 자세를 습관들인 지 한참이라 크게 불편함은 없었지만 문득 들었던 궁금 증은 그렇게 해소되고 또 하나의 파키스탄 문화을 이해할 수 있는 계기가 되었다. 우리 아들들도 얼른 습관이 들었으면 좋겠다. 제발! 앉아서 작은 일 보는 게 확실히 청결하긴 하니까.

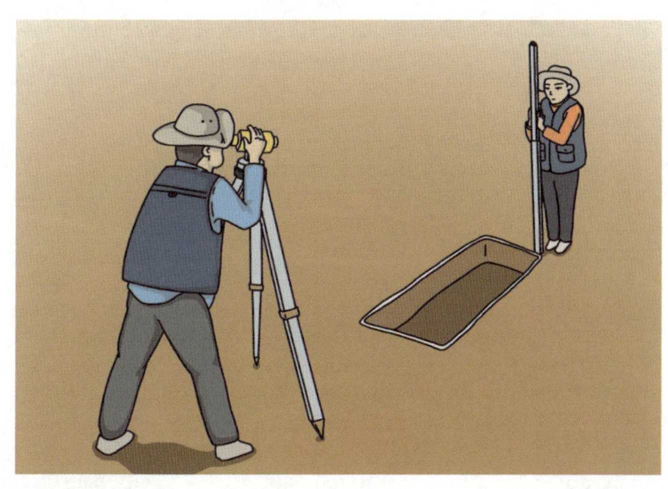

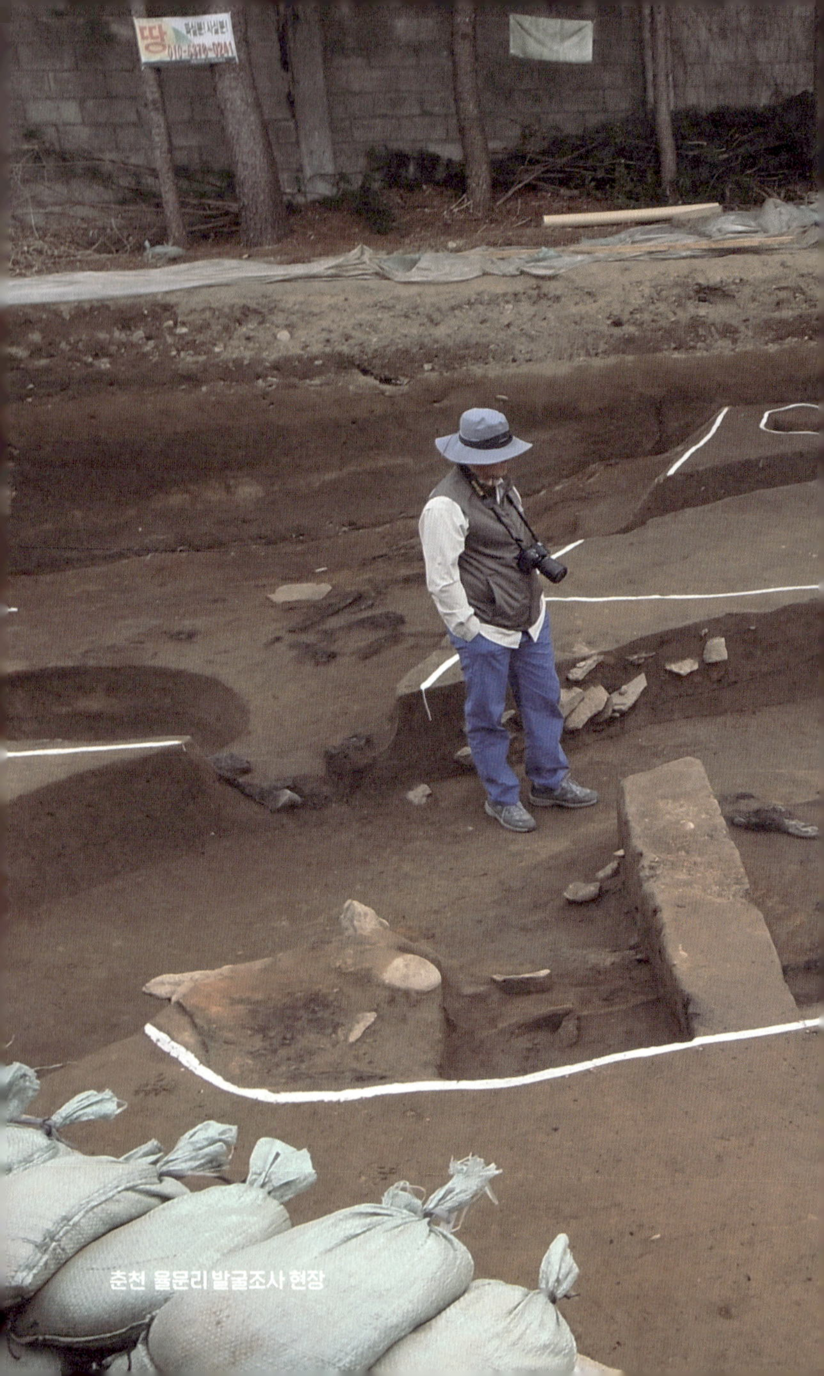
땅
010-6379-0241
춘천 율문리 발굴조사 현장

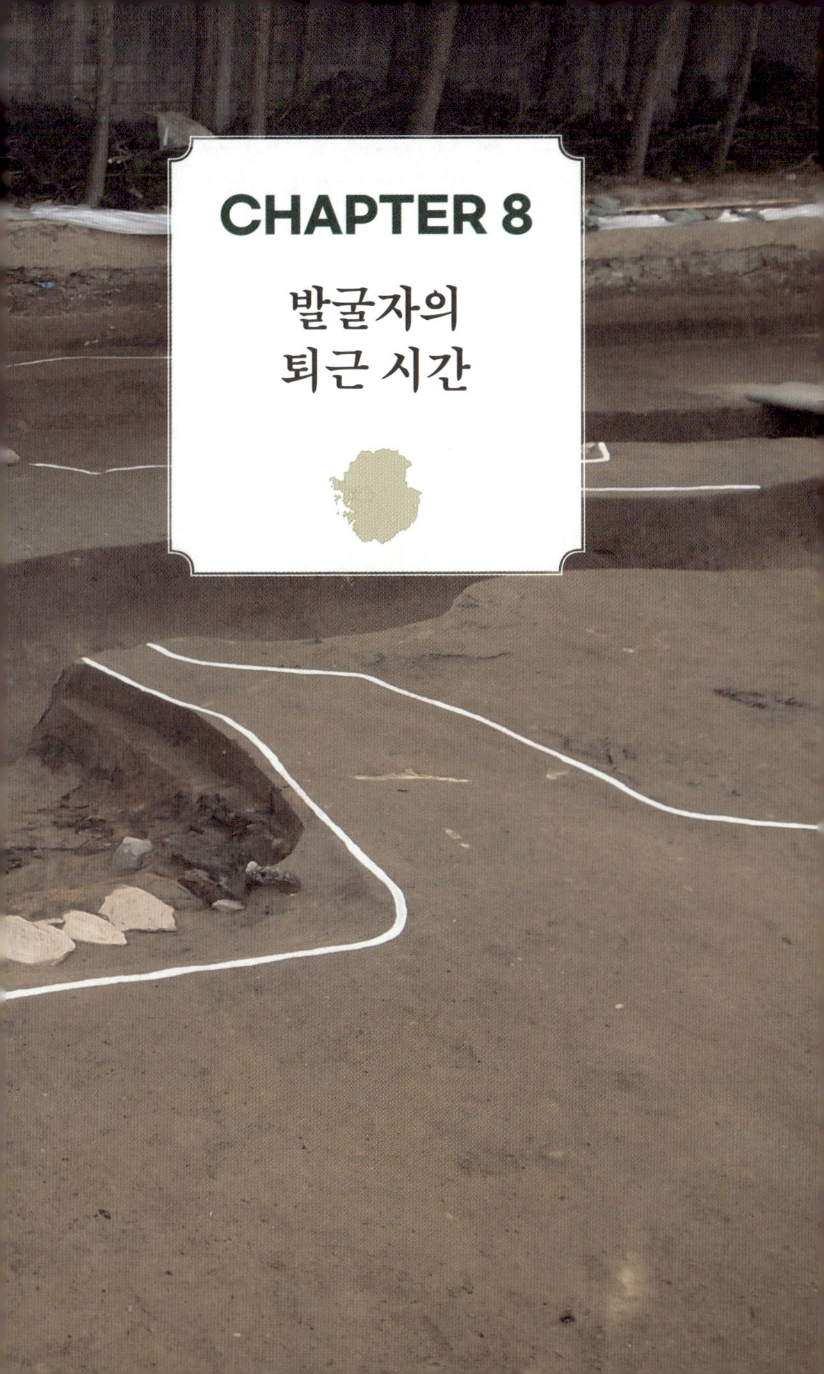
CHAPTER 8
발굴자의
퇴근 시간

발굴 현장 촬영 기술의 진화사
사다리에서 붐캠을 거쳐 드론에 이르기까지

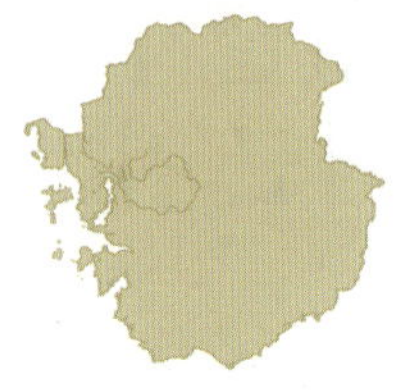

　　고고학을 하려면 여러 가지 자잘한 기술과 노하우가 필요하다. 우선 현장조사를 하려면 카메라를 이해하고 사진을 잘 찍을 줄 알아야 한다. 사진은 보고서에도 실려야 하고, 보고서에 실리지 못하더라도 현장의 생생한 상황을 그대로 전달할 수 있는 방법이기 때문이다. 또한 도면을 잘 그려두어야 나중에 보고서를 보고 다른 사람이 발굴조사 현장을 이해하기 수월하다. 내가 처음 사용한 카메라는 우리집 장롱의 한 켠에 세월의 때를 한움큼 뒤집어쓴 채 방치되었던 카메라였다. 아버지의 카메라였는데, 난 아버지가 그 카메라를 사용하는 것을 본 적이 없다.

렌즈와 바디가 분리되는 카메라는 어느새 세월의 저편으로 가는 듯했고 자동카메라똑딱이가 대세인 적이 있었다. 그 다음에는 즉석카메라, 디지털카메라가 뒤를 잇다가 최근에는 휴대폰이 그 모든 기능을 통합해서 대신하는 시대가 되었다.

대학원에서 고고학을 제대로 배우기 시작하면서 하나의 유구구덩이을 조사하게 되면 항상 전, 중, 후의 사진을 남겨야 했다. 그때 조사 과정과 유구의 형태 등을, 마치 위에서 내려다보면서 찍는 사진이 항상 관건이었다. 초기에는 A형 사다리를 놓고 찍었다. A형 사다리는 좌우를 가랑이처럼 벌려 놓고 올라가서 사진을 찍어야 하는데, 사다리의 무게 때문에 계단과 계단을 지탱하는 게 어려워서 혼자 올라가 사진을 찍는 건 매우 위험했다. 누군가 밑에서 붙잡아 주어야 흔들리지 않았다. 사진을 찍어야 하는 대상이 크면 클수록 높이 올라가야 하고 일명 '고수'들은 A형 사다리의 제일 꼭대기에서 사진을 찍었다.

2002년 당시에는 세 가지 카메라를 한 번에 들고 올라가야 했다. 흑백, 컬러, 슬라이드의 카메라였다. 모든 카메라가 필름을 넣어서 촬영하는 필름 카메라였기 때문에 사다리에 오르기 전에 필름의 잔여 수량을 확인하고 세 개의 카메라를 좌우 어깨에 대각선으로 메고 올랐다. 한두 계단까지는 아무런 문제가 없으나 세 번째 이후부터 사다리는 조금씩 흔들린다. 아래에서 누군가 사다리를 잡고 있고, 흔들리면서 가장 꼭대기까지 올라가야 하는 경우는 꼭대기 직전 계단에서 심호흡을 한 번 했다. 그리고는 양발을 올리는데, 제일 꼭대기의 공간은 딱 신발 두 개 정도의 너비. 몸을 90도 비틀어야 겨우 올라설 수 있었다. 제일 꼭대기에 올라서는 무릎이 흔들리는 중에는 사진을 찍을 수 없다. 올라선 후 다시 목표물을 향해서 몸을 90도로 돌리고 난 후 첫 번째 카메라를 눈에 가져다 댄다. 이때가 가장 위험한 순간인데, 시선을 파인더에 고정하면 중심 감각이 조금 떨어지기 때문이다. 이렇게 세 개의 카메라에 같은 앵글의 샷을 찍고 내려오면 바닥에 발이 닿는 순간 안도의 한숨이 밀려왔다.

발굴 현장에서는 때로 이 사다리에서 떨어지는 사고가 있어서 되도록 제일 상단에는 올라가지 말라고 권고한다. 그런데 그게 마음대로 되는가. 목표물이 앵글에서 벗어나면 어쩔 수 없이 올라가야 하는 것을.

이후 사다리를 대신할 물건이 나왔다. 이게 참 가관이었다. 쉽게 말해서 지렛대의 원리를 사용한 것이었는데, 무거운 쇠기둥이 있고 삼각형의 받침대 한 쪽을 치우치게 설치할 수 있게 고안된 도구였다. 쇠기둥의 끝에는 카

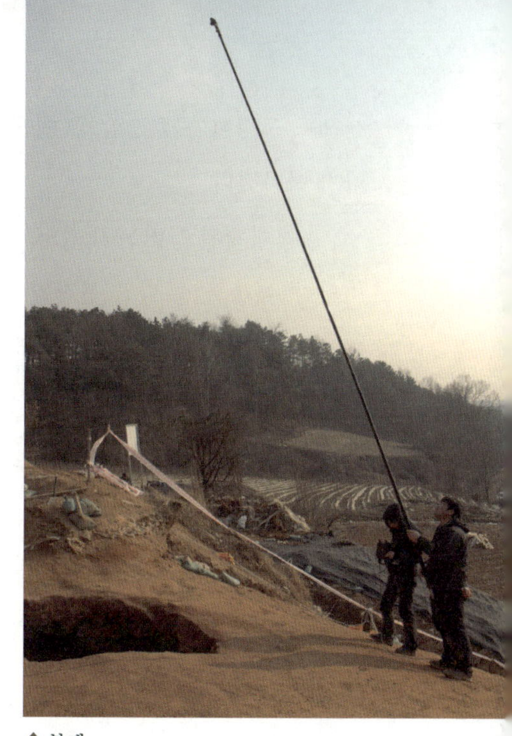

❖ 붐캠

메라를 달고 유선으로 조정기를 통해 화면을 보고 사진을 찍을 수 있었다. 카메라가 올라가려면 쇠기둥의 반대편에서 사람이 힘을 모아 눌러주어야 했는데 마치 시소처럼 반대편이 하늘을 향해 이동하는 구조였다. 한동안 발굴 조사 현장에서 이 카메라를 사용하기는 했지만, 설치의 번거로움, 수동으로 해야 하는 구동 방식. 그리고 유

선으로 조정하는 불편함 등 때문에 짧은 순간에 사용되다가 사라졌다.

이후 대체된 장비는 대형의 낚싯대와 같은 구조의 장비였다. 이를 통상 발굴 현장에서는 붐캠이라고 불렀다. 카본파이버로 제작된 낚싯대 맨 끝에 카메라를 장착할 수 있었고, 이때 카메라는 일명 똑딱이가 사용되었다. 한 사람이 낚시를 하듯 들고 서 있으면 그 길이가 약 5미터 달해서 사다리보다, 그리고 그 다음 단계 카메라보다 높은 위치에서 사진을 찍을 수 있었다. 이 제품은 발굴조사 현장에 혁명을 가져왔다. 전국의 모든 발굴조사 기관에서 이 장비를 사들였고 이 장비를 개발한 작은 회사는 엄청난 수익을 거두었다는 소문이 있었다. 주문이 많아서 몇 달씩 기다려야 하는 상황이 발생하기도 했다.

이 붐캠은 나중에 무선으로 전환되는 단계에 이르렀으나, 발굴조사 현장에는 또 한번의 혁신적인 제품이 소개되기 시작했다. 당시 유적 전체를 찍으려면 항공촬영 업체에 별도로 비용을 지불해야약100만원 1회 촬영이 가능했다. 업체는 주로 모형헬기, 또는 작은 기구를 활용한 업체들이 대부분이었던 시대였다. 하지만 드론의 출현은 업계의 판도를 흔들 혁신이었다. 초창기 드론은 엄청난 고가의 제품이었기 때문에 발굴조사 기관에서 별도로 구매하지 않고 업체에 요청해서 사진을 찍곤 했다. 얼마 지나지 않아 보급형 드론이 비교적 싼 가격에 소개되고 활성화되면서 발굴조사 기관들은 하나둘씩 드론을 구입하기 시작했고, 항공촬영 업체 대부분은 문을 닫는 지경에 이르렀다. 이른바 드론혁명. 군사적 용도로 개발되고 사용되었던 드론이 상업적 용도로 사용할 수 있게 되면서 드론은 가히 산업의 다양한 분야에서 활용되게 되었다. 고고학 분야에서도 마찬가지였다.

드론은 시간을 조금만 투자하면 기본적인 조종은 가능할 정도로 단순화 되었고 많은 발굴조사 현장에서 항공촬영, 사다리, 붐캠을 대신하는 필수적인 장비가 되었다. 거기에다가 드론은 영상 촬영도 가능하니 더할 나위 없이 좋은 디지털자료를 확보할 수 있는 기기다.

현장의 나이아가라 폭포

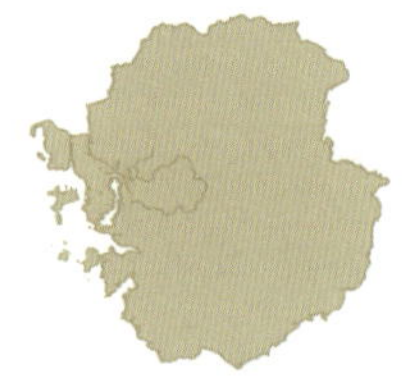

2009년 2월부터 파주 운정의 상지석리에서 발굴 조사를 진행할 때다. 발굴 조사 면적은 대략 1000평 정도였고 동쪽에서부터 조사를 시작했었다. 파주는 북쪽으로 임진강과 공릉천이 있으며 이 물길 주변으로 고대의 많은 유적, 특히 구석기 유적이 다수 분포해 한반도 인류의 조상들이 살았던 곳으로 잘 알려져 있는 곳이다. 1972년 세계 구석기 고고학의 기존 이론을 뒤집은 주먹도끼가 발견된 연천 전곡리 유적도 임진-한탄강 줄기의 주변에 위치한다.

현장에는 원활한 유적 조사를 위해서 거대한 하우스

가 설치되었고 계절과 관계 없이 유적을 조사할 수 있는 환경이 갖춰졌다. 2009년 2월부터 시작된 조사를 그해에 마무리하는 것이 목표였다. 그러나 조사가 진행될수록 수많은 석기들이 확인되었고 그 깊이도 거의 3미터에 육박하였다. 그해 여름 비가 엄청나게 쏟아지더니 공릉천이 범람하고 그 주변에 있던 하우스에도 물이 차기 시작했다. 아침에 현장에 도착해 보니 이미 하우스 안으로 물이 스며들기 시작고 있었다. 잠시후엔 스며드는 정도가 아니고 밀려들었다. 이미 동쪽의 구덩이들은 물이 차오르기 시작했고 삽시간에 구덩이들에 물이 가득 차기 시

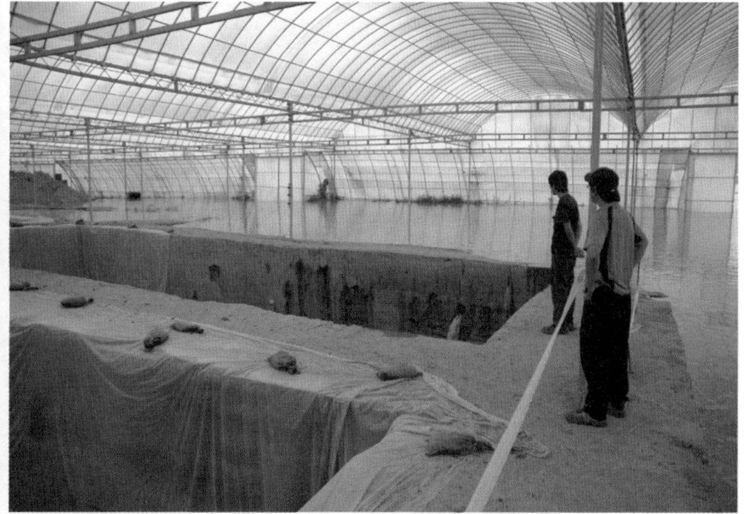

작했다. 서쪽은 비교적 높은 곳에 있었으나 옆 구덩이를 가득 채운 빗물은 점점 서쪽으로 흘러들었고 벽을 따라 3미터 깊이의 구덩이로 빗물이 쏟아져 흘러들었다. 우리는 손을 쓸 도리가 없었다. 하우스 북쪽엔 비를 대비한 집수정도 있었으나 이미 집수정이 차고 넘친지 오래였다. 그저 폭포수처럼 흘러내리는 빗물에 구덩이들이 덜 망가지기를 바랐다. 천여 평에 달하는 유적은 삽시간에 빗물로 가득찼고 어디가 판 곳이고 어디가 안 판 곳인지 분간조차 안 되었다. 물론 비 예보를 듣고 미리 노출되었던 석기들을 수습해 놓은 상황이었지만 벽들이 허물어지면서 위험한 구간들이 생겨났다.

비가 그치고서 대형의 양수기 다섯 대를 동시에 동원해 물을 퍼냈지만 참담했다. 열심히 조사했던 현장이 한순간에 진흙 천지가 되는 걸 속수무책으로 지켜보는 심정도 구덩처럼 무너져내렸다. 한 곳이라도 물이 덜 차게 하려고 사방으로 뛰어다니며 노력했지만 옷은 흠뻑 젖었고 발은 퉁퉁 부어있었다. 신발이 의미가 없었고 양말이 필요가 없었다.

물을 다 퍼내고 벽과 바닥을 정리하기까지 일주일의

시간이 걸렸다. 그해 여름 생각지도 못한 대규모의 비로
인해 우리 현장은 한동안 개점 휴업을 해야 했다.

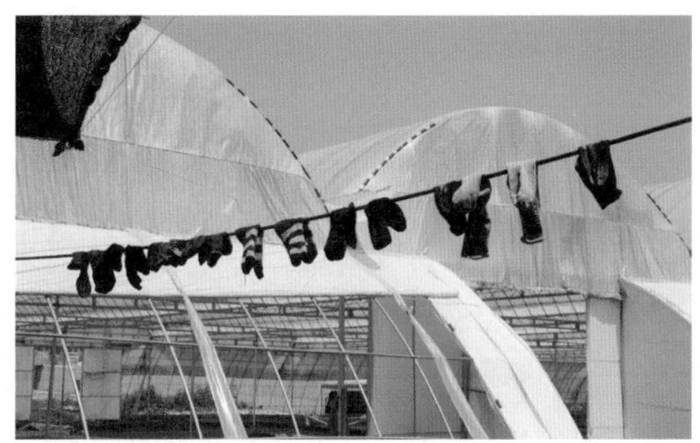

석기 매트릭스

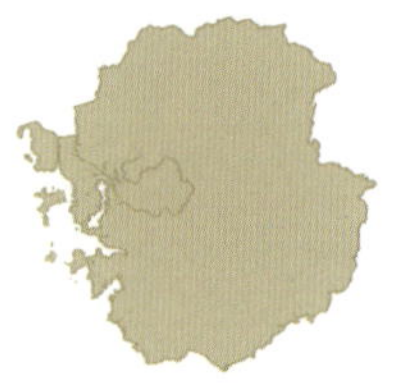

　고고학을 전공하는 사람들에게서 구석기 전공은 다르게 여겨진다. 어떤 사람은 고고학은 구석기와 구석기가 아닌 것으로 나뉜다는 우스갯소리를 하기도 한다. 심지어 고고학 전공자 중에서도 어떻게 석기와 석기가 아닌 돌을 구분하는지 이해하기 어렵다고 이야기하는 사람들도 있다. 그만큼 구석기 연구는 기본적으로 유물인지 아닌지를 판단하는 것부터가 쉽지 않은 고고학 분야이다.

　구석기 연구가 쉽지 않은 또 다른 이유는 다른 시기의 유적과 다르게 구석기 유적에서는 고인류가 살았던 집터가 발굴조사로 확인되는 사례가 매우 드물기 때문이다.

신석기, 청동기를 비롯한 그 이후의 유적들은 옛 사람들이 활동했던 공간들이 집 자리 등의 형태로 확인되는데, 구석기는 집 자리를 확인할 수 있는 흔적이 매우 드물게 확인되기 때문에 석기만으로 유적의 특징을 설명해야 하는 경우가 많다. 마치 한강 변의 유적에서 돌멩이 하나만 보고 이게 유적이 있었던 곳인가를 판단하는 것과 다름이 없다. 아파트나 빌라가 없는 동네에서 옛사람이 사용했던 숟가락 하나만 찾아서 유적이 있는지를 판단해야 하는데, 하필이면 이 숟가락이 돌로 만들어져서 주변에 다른 돌들과 구분하기가 어렵기 때문이다.

운 좋게도 당시 유물로 사용했던 돌들은 특수한 경우를 제외하고 주변에서 쉽게 구할 수 있는 것들이 대부분이다. 아직도 임진 한탄강 주변에는 석기로 활용이 가능한 자갈돌들이 강변에 수없이 널려 있다. 구석기 연구자들은 때로 이 돌들을 주워다가 실험을 하고 석기를 만드는 연습을 한다. 평범한 강자갈에서 석기가 되기까지의 과정을 직접 실험해 보면서 어떻게 석기가 만들어졌는지에 대한 기술을 이해한다.

구석기 연구자들은 이러한 실험을 통해 자연적으로

깨진 돌조각과 사람이 의도를 가지고 깨뜨려 만든 석기를 구분할 수 있는 눈을 갖게 된다. 그리고 많은 수의 유적에서 나온 석기들을 세밀하게 관찰해 이를 다시 증명하는 과정을 거친다. 아마 유리가 깨진 흔적을 자세하게 살펴본 사람이 있다면 두꺼운 유리가 깨질 때는 일정한 파장을 가지고 원추형의 형태로 깨진다는 것을 알고 있을 것이다. 사람이 의도를 가지고 어떤 돌을 깼을 때는 원추형의 형태로 힘이 퍼지는 것을 확인할 수 있는데, 돌에서 석기의 조각을 떼어낼 때 작용하는 원리를 헤르츠의 콘Hertzian Cone이라고 한다. 이런 현상이 나타난 것들은 자연적으로 깨진 것들과 차이를 보이기 때문에 석기를 구별할 수 있게 된다.

강자갈에서 석기가 만들어지기까지 수차례에서 수

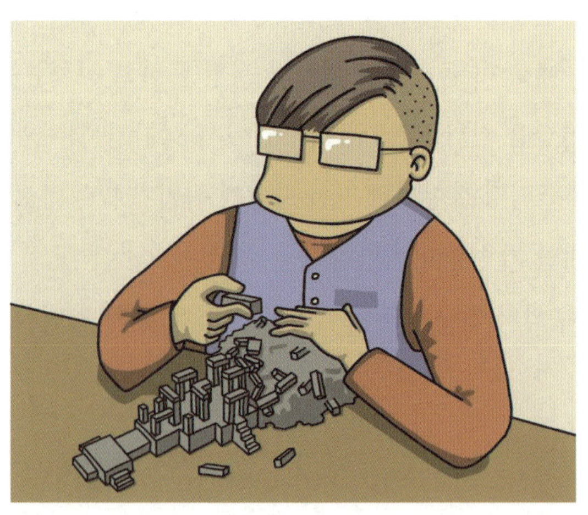

십차례 돌을 때는 작업이 진행되는데, 때로는 유적에서 이러한 흔적들이 발견되기도 한다. 수많은 돌 조각들이 서로 다시 되붙게 되는 과정을 보여주는 석기들이 발견되는데, 이를 접합석기 또는 되붙는 석기라고 부른다. 파주 운정에서 발굴조사를 진행할 당시 한 구역에서 수많은 석기 조각들이 확인되었다. 색상도 비슷하고 재질도 비슷한 석기 조각들이 모여 있어 이곳이 석기를 만들었던 장소임을 확신했었다. 하나 하나에 번호를 부여하고 세척한 후에 실내에서 이를 접합하는 작업을 진행했는데, 놀랍게도 그 많은 석기들이 하나씩 붙기 시작했고 무언가 거대한 석기를 만들기 위한 과거의 어느 한 시공간에 직접 뛰어든 기분이 들었다. 확인된 석기는 약 70여 점이 넘었다.

당시 춘천에서 조사된 어느 유적에서 발견된 접합 석기는 55개의 다른 조각들이 붙는 것이 보고된 바 있었지만 70여 점이 붙는다면 대한민국에서 발견된 접합석기 중 가장 많은 수의 조각들이 하나로 붙는 석기를 발견하게 되는 거였다. 책상 위에 모든 석기들을 깔아 놓고 하나씩 맞추어 나가기 시작한 지 거의 한달이 되었을 무렵 우리나라 구석기 연구의 새로운 자료가 우리 앞에 나타났다. 아쉽게도 70여 점의 석기가 모두 되붙은 것은 아니었으나, 56점의 석기가 하나의 돌로 완성되었다. 레고를 만들어 성을 쌓아 올리는 것과는 비교할 수 없을 정도로 한달 여의 시간 동안 스트레스 받아가며 고통스럽게 맞추어 만난 석기였다.

석기는 삼각형의 형태로 약 10센티미터 가량의 두께를 가진 커다란 자갈돌이었다. 하지만 안타깝게도 그 많은 석기들을 떼어내면서 무엇을 만들기 위한 것이었는지는 확인하지 못했다. 그럼에도 우리나라 구석기유적에서 가장 많은 수의 석기가 다시 합쳐져 당시의 석기 연구에 중요한 자료를 제공했다는 점에서 위안을 삼았다. 이 유물은 현재 국립중앙박물관 수장고에 있다. 언젠가 국립중앙박물관 전시실에서 만나게 될 날을 기대한다.

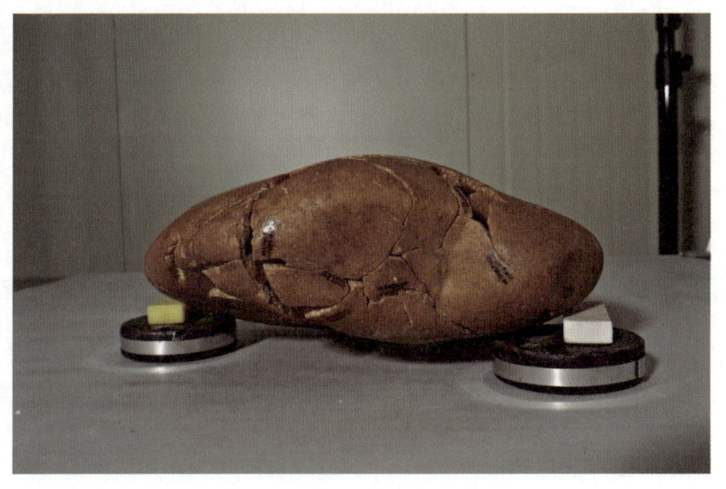

❖ 56점 접합석기

백령도 지표조사의 추억

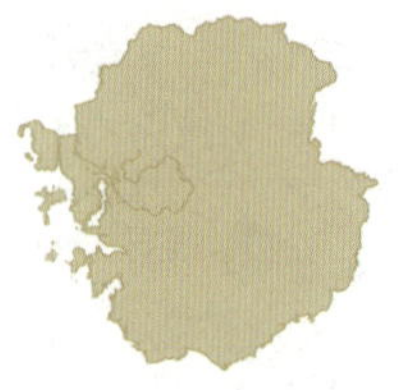

일정 규모 이상의 택지개발을 하거나 토지에 대한 변경을 전제로 한 개발이 진행되는 경우 우리나라는 문화재보호법에따라 유적이 있을 가능성이 높은 지역에 표조사-시굴조사표본조사-발굴조사 등을 진행해야 한다. 2011년 백령도에서 지표조사를 한 경우도 문화재보호법에 따라 진행되었다. 주변에 이미 발견되거나 조사된 유적이 일정 면적 이상이 되었기 때문에 조사가 진행되어야 했다.

2011년 여름 지표 조사를 위해 그렇게 백령도를 방문했다. 정부에서 진행하는 사업과 관련된 내용이어서 구체적인 내용을 언급할 수는 없지만, 대규모의 토목공사가 진행되던 중, 또는 진행 예정된 곳이어서 급하게 착수했다. 헬기를 탄다면 금방 갈 거리지만 인천에서 배를 타고 백령도로 가는 시간은 무려 다섯 시간이 걸렸다. 부산까지 차로 가고도 남는 시간이다. 태어나서 처음, 긴 시간 배를 타고 가는 길은 아주 곤욕스러웠다.

조사 기간이 며칠 안 됐기 때문에 백령도 선착장에서 차를 빌려 곧바로 현장으로 이동해 조사를 시작했다. 선착장까지 마중 나와 있던 현지 담당자들은 우리에게 제일 먼저 조심을 당부했다. 현장을 돌아다니면서야 그 말을 이해했다. 가는 곳 마다 지뢰위험 표지판과 노랑 바탕에 붉은색 해골들이 그려진 경고 표시까지 없는 곳을 찾기 어려울 정도로 사방에 깔려 있었기 때문이다. 주로 큰길로 다니기는 했지만 때로 현장을 확인하기 위해 길이 아닌 풀숲도 들어갔다. 못 보던 표지판이 나와서 식겁하는 경우도 더러 있었다. 북한 땅은 정말 가까웠다. 조금만 바다를 헤엄쳐가면 금방 넘어 다닐 수 있을 것 같았다.

조사 이틀째 태풍

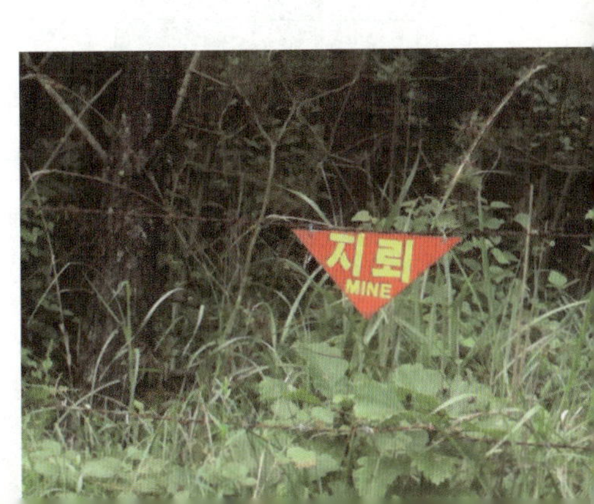

이 오는 건지 비가 오기 시작했지만, 우리는 또 조사에 나섰다. 쏟아지는 비가 아니어서 거추장스러운 우산은 팽개치고 카메라만 잘 감싸고 현장조사를 진행했다. 이름 모를 산중턱에 난 길로 차를 몰고 오르다 굴삭기로 깎아 놓은 절벽에서 뭔가 이상한 것이 보였다. 고토양층이었다. 얼른 차에서 내려 사진을 찍고 돌아서는데 발이 그만 흙밑으로 쑤욱 빠져들었다. 깜짝 놀라 발을 빼려고 하자 나머지 발 마져 종아리까지 빠져 버렸다. 비가 와서 부드러워진 흙이 모여 있던 곳을 밟았던 거다. 가까스로 빠져 나오긴 했으나 렌트한 차에 그냥 탈 수가 없는 상황. 떨어지는 비를 맞으며 커다란 나무 밑에서 신발을 벗고 흙을 떨어냈다. 양말도 흠뻑 젖어서 길에서 흙탕물에 양말 빨래를 했다.

전체 이틀 반의 일정을 마치고 숙소로 돌아와서 그렇게 우리는 복귀 준비를 하고 있었다. 그러나 저녁부터 날씨가 심상치 않았다. 섬에서는 바다에 조금만 문제가 있어도 배가 뜨지 않는다는 이야

고토양층 우리나라 고토양층은 토양쐐기라는 현상이 동반되는 퇴적층으로 지질학적으로 제4기 홍적세에서 충적세를 이르는 시기이다. 구석기유적과 밀접한 관계가 있다.

기를 들어서 숙소 주인에게 묻자 아직 잘 모른다고 했다. 결국 배는 안개문제로 취소가 되었다. 배를 자주 타지 않다보니, 이렇게 쉽게 배편이 취소된다는 게 당황스러웠다. 배는, 안개가 심하면 절대 안 뜬다고 했다. 그런데 우리는 언제 그랬냐는 듯이 화창해진 다음날 날씨를 보고는 더 황당했다. 섬에 갇힌 우리는 그날 그 유명하다는 백령도 몽돌해변과 방파제에 앉아 작은 물고기와 씨름을 하며 시간을 보냈다. 그런데 숙소에 돌아와 다시 잠을 청하는데 날씨가 또 변덕을 부리기 시작했다.

다음 날, 불안에 뜬눈으로 밤을 샌 후배 연구원과 난 무사히 배에 오르긴 했다. 그러나 인천으로 돌아가는 배는 롤러코스터를 방불케 했다. 바닷가에 부딪히는 생크림처럼 새하얀 파도는 우리를 집어 삼킬 기새였다. 작지 않은 배가 갑자기 파도에 붕 뜨더니 바다에 철석하고 부딪히는 게 마치 배 바닥이 부서져 나갈 것 같은 느낌이었다. 롤러코스터를 극도로 싫어하고 육체와 뼈가 분리되어 공중에 떠 있는 느낌보다 싫은 게 없는데, 이건 그 느낌이 끔찍하게 반복되는 바이킹 수준이었다. 소리는 또 왜 그리 큰 건지, 두려움이 배멀미도 잊게 할 수 있다는

것을 그때 알았다. 두 시간 정도를 그렇게 요란하게 이동
하다 잠잠해질 무렵, 제대로 잠을 자지 못한 우리는 깊이,
아주 깊이 잠이 들었고 어느새 인천항에 도착해 있었다.

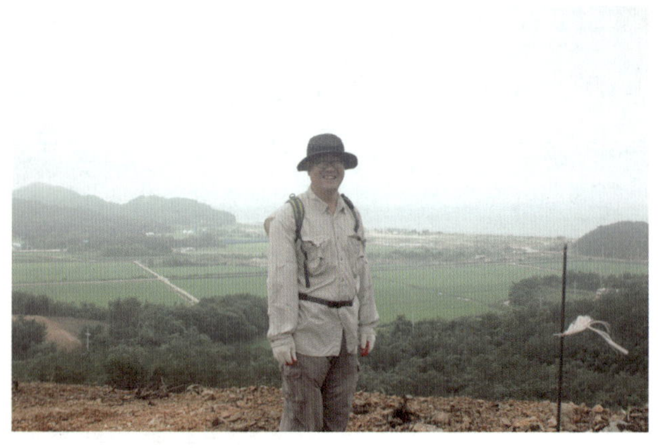

❖ 백령도 지표조사 후

토치의 수상한 용도

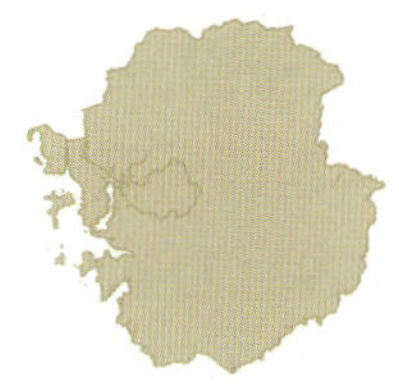

화성 동탄은 수도권의 2기 신도시다. 경부고속도로를 중심으로 서쪽은 동탄 1지구, 동쪽은 동탄 2지구로 나뉜다. 지금은 이미 신도시들이 다 들어섰기 때문에 1지구, 2지구라는 구분은 의미가 없지만 당시 택지개발은 순차적으로 진행되었고 1지구 신도시가 들어선 이후 2지구 택지개발이 진행되어 시기적으로 다르게 구분된다. 동탄 2지구 발굴조사에는 여러 곳의 발굴조사기관이 함께 참여했다. 각자 맡은 지점이 있었고 재단도 그 중 일부를 맡아 진행했다.

시굴조사가 마무리되고 발굴조사로 전환되는 과정

에서 발굴조사 기간이 꽤 길었기 때문에 현장에 사무실을 설치하게 되었는데 장소를 물색하던 중 예전에 공장이 있던 곳이 선택됐다. 그곳에 있던 건물은 철거되었지만 시멘트 바닥이 평평하게 남아 있어 임시로 컨테이너를 설치하기에 좋았고, 아직 전기도 끊기지 않아서였다. 우리는 직사각형으로 마련된 공간 한쪽 끝에 컨테이너를 설치하고 중간쯤에 간이화장실 두 개를 설치했다. 간이화장실은 주기적으로 청소하는 차가 와서 비워주는 방식으로 활용했다. 이미 상당수의 도로를 뜯어내서 흙길로 접근하기에 어려움이 있었지만 큰 트럭들이 이동하면서 길을 단단히 만들어 분뇨처리차의 접근은 문제가 없었다.

때는 2012년 겨울, 시멘트 바닥 위에 폭설이 내린 날이었다. 사무실에서 퇴근을 준비하다가 차량 접근을 위해 눈을 치우러 나간 길이었는데, 눈을 한쪽으로 쌓다가 장난기가 발동했다. 처음엔 눈사람을 만들었는데, 슬슬 가담자가 늘면서 플라스틱 상자에 눈을 담아 네모난 얼음을 찍어내기 시작했다. 퇴근 시간도 잊고 서른 넘은 '어른이'들의 이마에 송글 송글 땀이 맺히고, 잠시 후 이글

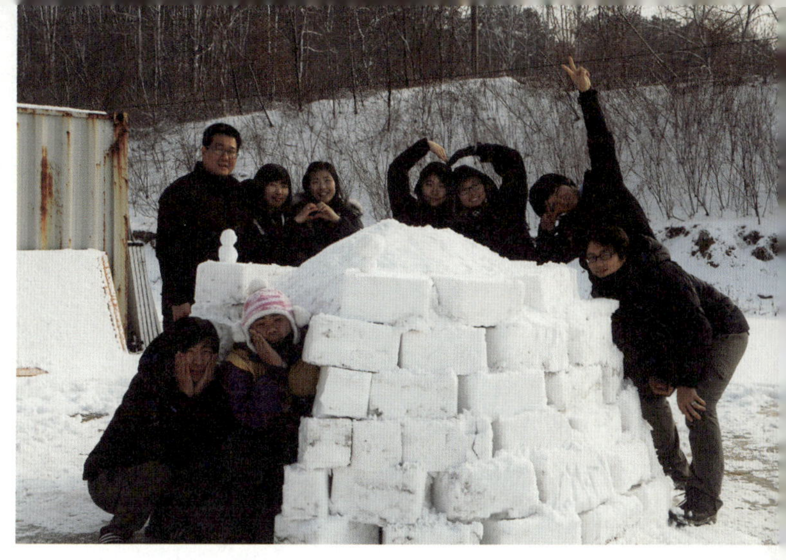

루가 만들어졌다. 덕분에 눈은 깨끗하게 치워졌고 차량이 접근하는 데도 문제가 없었다.

낭만은 그날까지였다. 눈은 며칠 후까지 계속 내렸고, 화장실 청소를 하기 위한 차량이 당분간 올 수 없다는 소식이 들렸다. 설상가상 임시로 사용하던 사무실 컨테이너를 제외하고 모든 지장물을 치워 달라는 업체의 요청에 따라 화장실을 급하게 이동해야 했다. 특별히 남자 화장실이 문제였다.

"그게 뾰족하게 차 올라 얼어 붙어 엉덩이를 찌르겠어요."

현장조사가 끝날 무렵이라 이미 쌓이고 쌓여서 이동조차 할 수 없는 지경이었기 때문이다. 곧 철수를 하려면 임대했던 간이화장실 안을 비우고 반납을 해야 했는데 다른 방법이 없었다.

어이없게도 나는 그걸 직접 걷어(?)내자고 제안했다. 꽝꽝 얼어붙어 있어서 냄새는 거의 나지 않아 다행이었으나 문제는 모두가 하나로 똘똘 뭉쳐 있었기 때문에 퍼낼 방법이 없었다. 처음엔 토치로 녹이기로 했다. 하지만

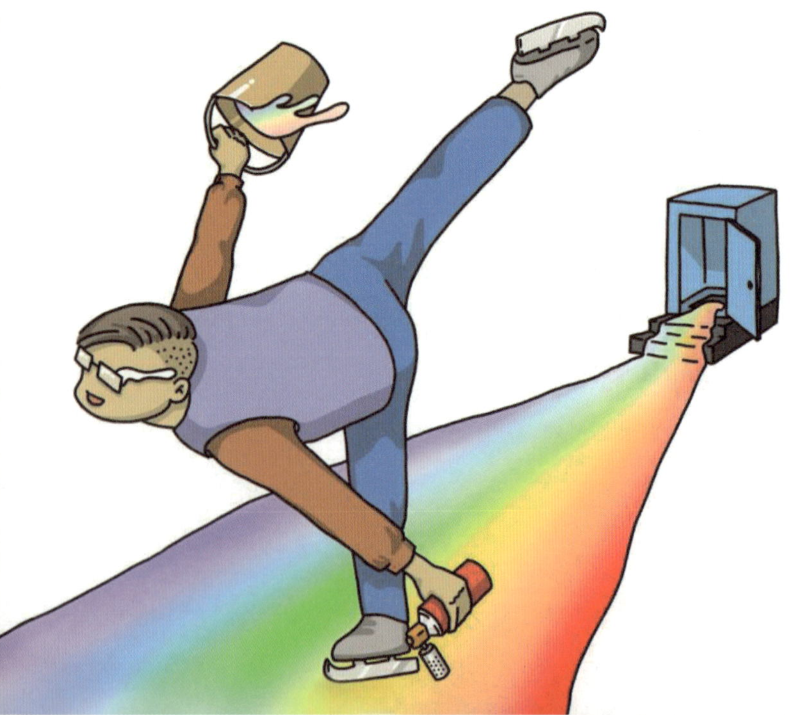

토치 몇 개로 녹여낼 수 있는 양이 아니었다. 더군다나 한 명 겨우 들어갈 수 있는 좁아터진 공간에서 두 명이 겨우 토치 두 개로 일을 처리하기에는 부족했고 속도도 너무 느렸다. 그래서 곡괭이와 삽을 가져왔다. 발굴 현장에 늘 상비 되어 있는 곡괭이와 삽이니 남자 직원이 돌아가면서 자루가 닿는 곳까지 *탑을 무너뜨렸다. 이후 뜨거운 물을 잔뜩 담아서 뭉쳐 있던 그들을 분리시켰다.

문제는 그 다음이었다. 이들을 밖으로 내몰아야 했다. 우리는 양철 양동이 손잡이에 줄을 달았다. 우물의 물을 길어 오르듯 한 양동이, 한 양동이 조심스럽게 그들을 몰아내기 시작했다. 마침 바로 옆은 곧 치워아 하는 흙들이 산더미처럼 쌓여 있었는데 우리는 구두 허가를 받고 그들을 그 산 아래로 몰아내기 시작했다. 얼마나 사투를 벌였을까, 규모는 현저하게 줄어들었고 이제는 포크레인에 줄을 달아 화장실을 통째로 옮길 수 있을 정도가 되었다. 차가 다닐 수 있는 흙길 주변으로 화장실을 들어 옮기고서야 일은 마무리되었다.

아무리 깨끗하고 조심스럽게 했다지만 옷에는 사투의 상흔이 남아 있었다. 게다가 토치로 그을릴 때 사방에 퍼졌던 공기중의 그 향취들이 고스란히 옷에 베어 있었다. 우리는 얼른 숙소로 들어갔다. 당시 숙소는 동탄 2 신도시의 랜드마크인 메타폴리스의 맞은편이었다. 차를 몰고 들어가 부리나케 엘리베이터를 타고 이동한 우리는 숙소에서 모든 흔적을 물로 씻어냈다. 그날 저녁 나와 몇몇 연구원들은 저녁 식사를 걸렀다. 뼛속까지 그 향취가 몸에 베어 도저히 음식을 먹을 수 없었다.

내가 당신의 한을 풀어 줄게

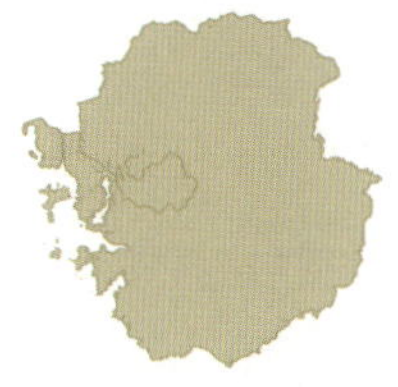

나는 대학원 수업을 모두 마치고 조교를 한지 얼마 안 되어 회사에 입사를 하게 되었고 좋아하고 열심히 공부했던 구석기유적에서 거의 10년 동안 조사를 진행할 수 있었다. 내 주변의 구석기 전공 선생님들은 항상 전 선생은 유적복도 많고 특히 유물복도 많다고 말했다. 지금도 국립중앙박물관 1층 선사실의 한강하류지역에 전시된 주먹도끼류의 60퍼센트 이상은 내가 직접 조사한 현장에서 찾은 유물들이니 그 말들도 거짓은 아니다. 나는 정말 좋은 유물을 많이 만났다. 그런데 회사를 다니며 학위를 마치려고 수도 없이 노력했으나 논문을 쓰다 말고 지낸 시간이 너무나 오래되었다. 좋은 유물과 유적을 만났으나 그걸 논문으로 구성하여 마무리를 못했으니, 해마다 새해가 되면 올해는 꼭 논문을 마무리하리라는 다짐을 가지고 살았다. 그런데 이제 50이 다 되어 가는 나이가 되고보니 그런 열정도 점점 사그라들고 그냥 수료를 받아들이고 살아야겠다는 생각이 더 커져버렸다. 석사과정 졸업은 이제 더 이상 내 인생에서 최우선의 가치가 아니다.

일어나야 할 일은 반드시 일어나야 하는 게 맞는 건가, 어느 때부터 아내가 공부를 열심히 하기 시작했다. 대중음악을 전공하고 피아노로 아르바이트를 하면서 어린이들에게 피아노를 가르친 아내는, 아가들과 접하는 일이 많아지면서 하고 싶은 일을 찾아냈다. 보육교사 자격증을 따고 일을 하기 시작한 것이다. 어느새 그 힘들다는 방송통신대학교 유아교육 학사과정을 밟았다. 그것도 편입이 아닌 4년을. 더 나아가 졸업 후에는 곧바로 유아교육 석사과정을 밟기 시작했다. 사실 방송통신대학교 학사과정 4년은 만만치가 않았다. 일을 하면서 공부를 했고 시험기간이면 신경이 매우 날카로워졌다. 내가 집안

일을 도와준다고 나서기는 하지만 형편없었고 집안일, 회사, 공부까지 하기에 아내는 신경이 날카로워질 수밖에 없었던 모양이다. 아내의 시험기간에 우리 가족은 눈치를 보곤 했다.

그런데 학사과정을 마치기도 전에 석사과정을 준비한 아내가 2년만에 졸업을 하더니 이번엔 박사과정이나 다른 전공으로 석사과정을 고민하기 시작했다. 내가 마무리하지 못한 석사과정을 나 대신 하나 더 하려는 모양이었다. 나는 인지치료라는 생소한 분야에서 일을 하고 싶다는 아내의 의지를 차마 꺾지 못했다. 아내에게 대학원졸 업장도 못 받은 나의 설득이 없어 보여도 한참 없어 보였기 때문이다. 자존심도 살짝 상했지만 웃으면서 내가 못 받은 석사학위를 당신이 두 개 받으니 집안의 경사라고 추켜세웠다.

아내는 우여곡절 끝에 인지치료를 전문적으로 가르치는 학교 석사과정에 합격했다. 지금은 인지치료를 열심히 공부하며 어린이집에서 아이들과 함께 생활하고 있다. 아내가 유아교육 석사과정 중일 때, 나는 퇴직하면 아내가 차린 어린이집에서 이사장을 하며 노락색 승합차를 운전하겠다고 약속했었다. 하지만 아내의 계획은 변경되었고 나의 노후도 변경의 기로에 서 있다. 아내는 나에게 제주도에 가서 카페를 열자고 하는데, 농담인지 진담인지 어떤 때는 헷갈린다. 바리스타 자격증을 따라고 하고 커피를 틈틈이 공부하라고 한다. 나는 커피를 좋아하는데 가끔 아내가 말한 바리스타 자격증에 대한 생각이 떠오를 때마다 커피향을 더 음미하며 어떤 커피인지, 로스팅은 어떻게 했을지 진지하게 분석도 해본다. 그래도 아직 잘 모른다. 커피는 그냥 커피 아닌가?

퇴근 시간은 11시입니다만

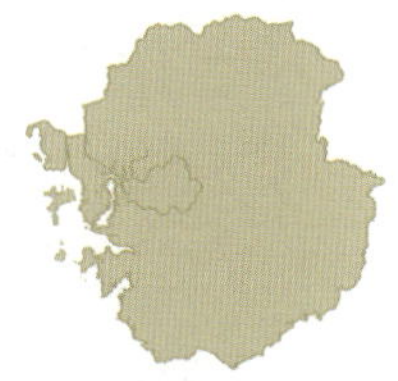

"퇴근했는데 또 휴대폰 들고 일하고 있어?"

아내는 밥 먹고 휴대폰을 들고 있는 나에게 핀잔을 준다. 내 휴대폰에는 게임 어플도 깔려 있지 않고 여유 시간을 보낼 용도의 어플도 없다. 유튜브나 SNS는 깔려 있다. SNS를 시작한 것도 처음 국제개발협력사업을 시작하면서였다. SNS를 유독 좋아하는 동남아 사람들, 특히 우리와 함께 일하고 있는 국가의 사람들과 친해지기 위해서였다. 덕분에 우리 사업에 참여하는 사람들과 폭넓은 유대관계가 만들어졌다. 대면으로 만나면 때로는 원래부터 알던 사람이라고 착각할 정도다. 팀원들이 별도로 말해주지 않는 그들의 이야기들을 현지에서 같이 일하는 동남아 친구들을 통해 알게 되는 경우도 있다. 하지만 난 감시를 위해 그걸 활용하지는 않는다.

캄보디아 두 시간, 라오스 두 시간, 파키스탄 네 시간, 우즈베키스탄 네 시간. 한국과의 시차다. 페루 같은 곳은 열네 시간인데 계산도 잘 안된다. 현지의 연구원들은 낮에는 현장에서 업무를 진행하고 퇴근 후에 그날의 업무일지를 공유한다. 보통 한국시각으로 빠르면 저녁 여덟 시에서, 늦으면 열한 시까지 업무와 관련된 결재나 메일들이 도착한다. 다음날 일을 빠르게 처리하기 위해서는 저녁 시간에 그 메일이나 결재를 살펴보지 않을 수 없다. 내가 늦게 보면 현장에서 의사결정과 진행이 늦어지기 때문이다. 그리고 메신저나 어플 우측 상단에 걸려 있는 숫자들을 못 견뎌하는 내 성격도 한 몫을 한다. 저녁 시간까지 휴대폰을 들고 있기는 일상이다. 결재까지 되는 휴대폰용 어플이 있어서 급하고 간단한 결재는 휴대폰으로 진행한다.

그러다보니 퇴근해서도 일을 해야 하는 상황이 매일 매일 반복된다. 특히 현장에 어려운 일이 있거나 긴급한 일이 있을 때는 메신저로 직접 통화를 한다. 다들 전화를 할 때면 의례 하는 이야기는 "퇴근 하셨을텐데 죄송합니다."이다. 정말 급하지 않으면 전화를 안 하는 사람들이 있고, 작은 일에도 전화를 하는 사람들이 있다. 하지만 일이 진행되려면 상의해야 하는 것들이 있으니 어쩔 수 없는 일이 아닌가. 아내는 퇴근하면 전화도 받지 말고 문자도 보지 말고 메신저도 보지 말라고 한다. 근데 그게 잘 안 되는 일이다.

그래도 보통 열한 시 정도면 급한 일들이 끝이 난다. 물론 퇴근 시간부터 쉴새도 없이 연락이 오는 건 아니다. 매일 매일 받는 업무일지를 제외하면 결재나 연락은 매일 있는 게 아니다. 다만 현장에서 진행된 일들을 사진공유 사이트에 올리는 현장들이 있어서 업무일지로 부족한 부분은 사진첩에 들어가서 살펴보는 일이 잦다. 일하는 방식의 개선이 필요하다는 것을 느끼면서 일을 하지만 사람은 쉽게 바뀌지 않는 것 같다. 내 자신마저도 사실 가끔 현장과의 시차 때문에 어려움이 있는 건 비단 퇴근 시간 이후만이 아니다. 가끔 아침에 출근해서 현장에 급하게 무언가 확인이 필요한 경우가 있다. 아침 아홉 시에 출근해서 급하게 필요한 내용을 확인하려면 라오스, 캄보디아는 아침 일곱 시, 파키스탄 우즈베키스탄은 아침 다섯 시다. 망설인다. 열한 시가 되기를 기다리면 그나마 파키스탄, 우즈베키스탄은 일곱 시. 그 정도면 이제 일어나서 출근을 준비할 시간이라고 나 혼자 판단해 생각한다. 그리고 연락을 한다.

이른 아침에 연락을 받는 것이 스트레스라고 말하는 직원이 있었다. 한편으로는 이해가 되면서 한편으로는 답답하기도 했다. 오죽 답답하고 급했으면 그 시간에 새벽잠도 못 자게 연락을 했겠니, 라고 생각하지만 요즘은 그렇게 일을 하면 안 되는 세상이 됐다. 그런데 우리가 하는 일은 요즘 사람들의 생각처럼 일을 할 수 있는 게 아닌 게 너무 많다. 시차에 따른 업무방식을 개선해 달라고 지속적으로 요청했다. 사실 아직까지 뾰족한 수를 찾지 못하고 있다.

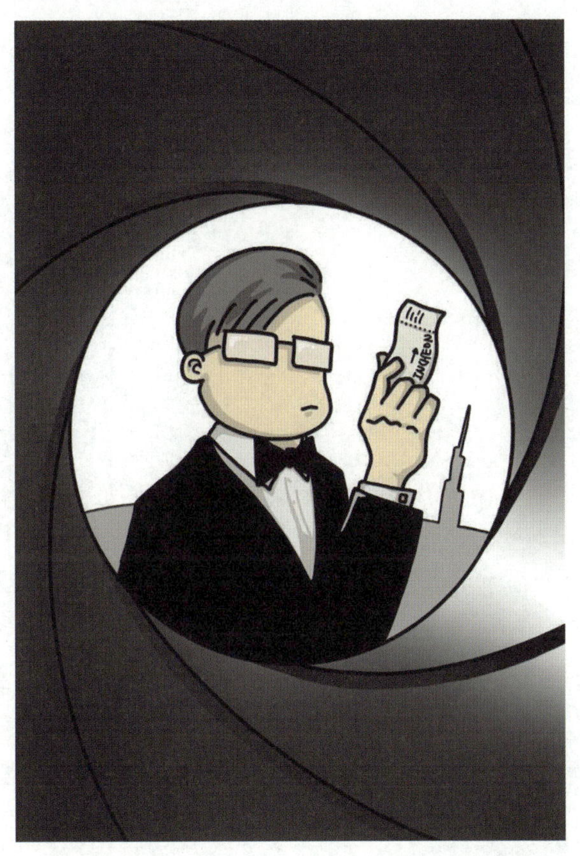

→ INCHEON
ⓡ 하시연

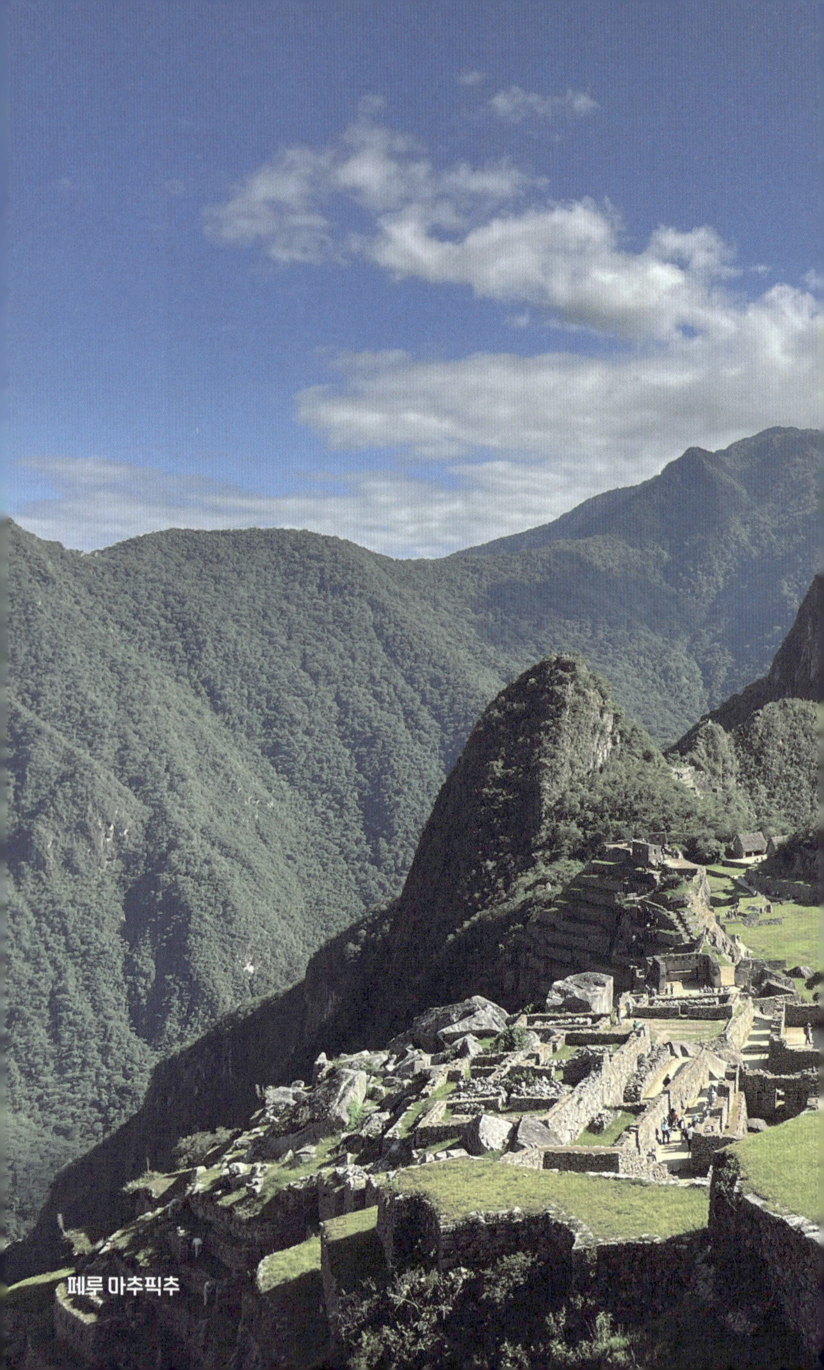
페루 마추픽추

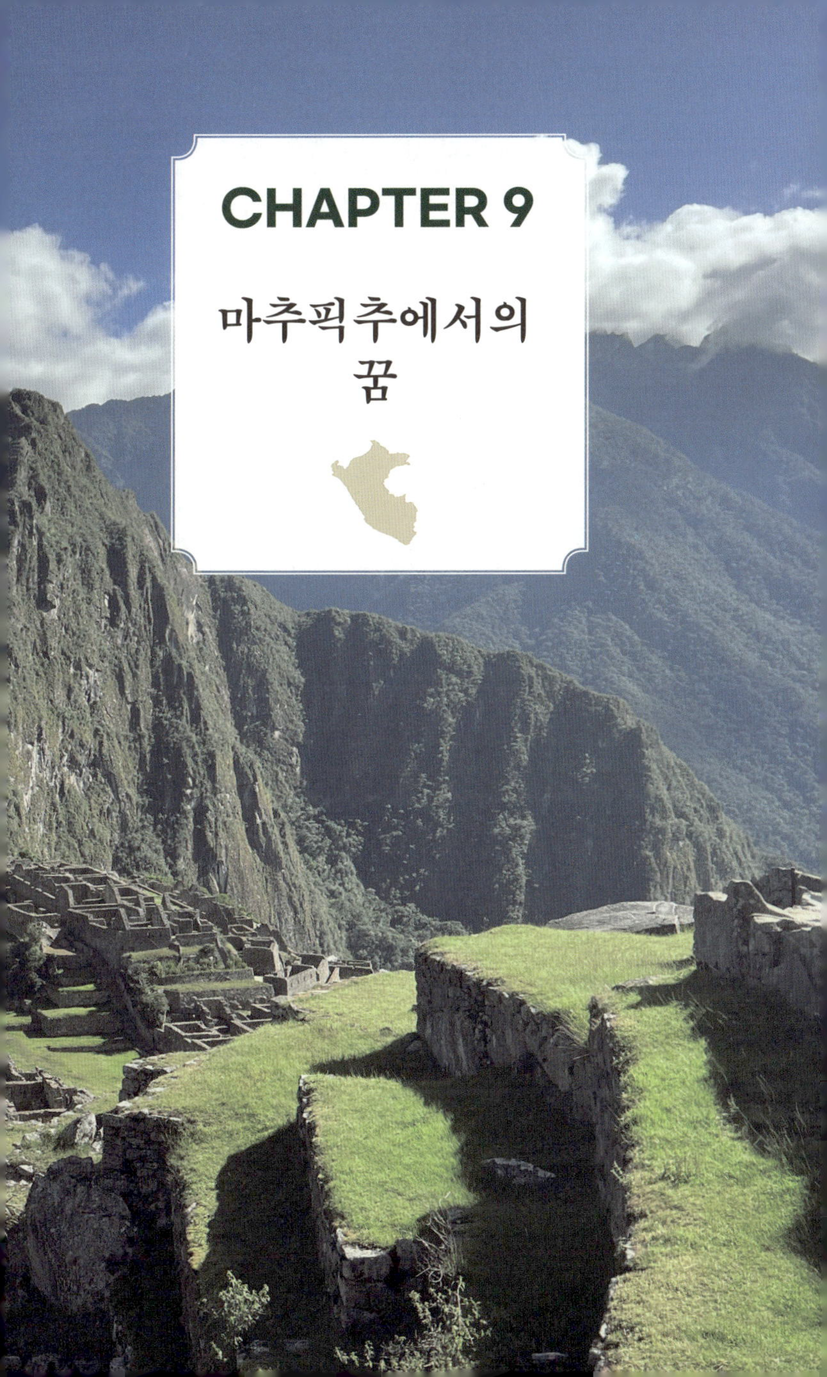

CHAPTER 9
마추픽추에서의
꿈

새로운 도전, 페루의 신규사업 개발

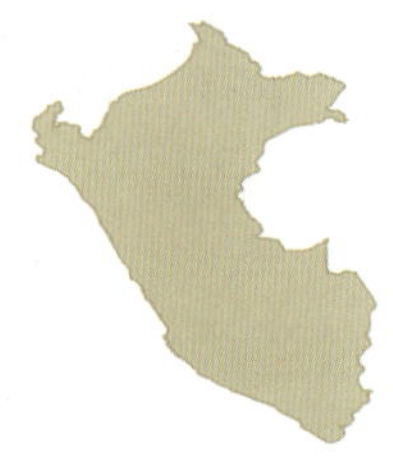

2023년은 내가 하고 있는 일에 대한 새로운 도전이 시작되는 시기였다. 엄밀히 말하면 2022년 말부터 시작된 일이 본격화되기 시작한 해였다. 동남아시아에서 시작된 대한민국의 문화유산 분야 국제개발협력 사업은 조금씩 영역을 넓혀가고 있었다. 서쪽으로 파키스탄, 북쪽으로 우즈베키스탄까지 조금씩 협력국가가 확대되고 사업의 영역이 넓어지고 있었다.

2023년은 새로운 대륙에 대한 도전이 시작된 해였다. 세계의 많은 개발도상국들이 자국의 문화유산들이 한국과의 협력사업을 바탕으로 보존 관리 되기를 바라고 있다. 그러던 중 남미에서 우리가 가장 먼저 접촉한 국가가 있는데 페루였다.

하늘 정원 마추픽추가 있는 페루, 잉카시대 수많은 문화유산들이 남아있는 남미 서안에 위치한 국가다. 2022년 하반기부터 우리는 비대면으로 업무를 조율했고 2023년에는 새로운 사업을 만들기 위한 현지조사를 본격적으로 추진했다. 그리고 페루 정부와 5월에 만나서 향후 사업에 대한 계획을 논의하는 사전조사를 진행하기로 협의, 드디어 출장길에 올랐다. 사실 새로운 국가와 새로운 문화에 대한 두려움과 기대는 말로 할 수 없는 감정들이 소용돌이치게 한다. 다른 말로 그것은 걱정이다. 나는 페루와의 접촉이 본격화 되면서 무작정 페루와 관련된 책을 찾아보기 시작했다. 페루의 문화유산에 대한 전문서적보다 그들 삶의 방식과 그들 자체에 대한 내용을 먼저 알고 문화를 먼저 이해해야 한다고 생각했다. 우선 온라인을 통해서 여섯 권의 책을 주문해서 빠르게 읽어내려갔다. 대부분의 책들이 에세이 형식으로 정리된 책들이라 말 그대로 전문적인 내용을 찾아보기에는 어려웠으나, 페루가 어떤 나라인지 어떤 문화유산이 있는지, 그리고 최소한 한국사람은 어떻게 생각하고 느끼는지 알 수 있었다. 출퇴근 시간에 보았던 유튜브도 많은 정보를 주었다. 최근 6년간 여섯 번의 대통령이 바뀐 나라, 일본인이 대통령을 했던 나라, 정치적으로 아직 안정되지 않는 나라가 페루였다.

드디어 세 명의 일행이 페루 출장길에 올랐다. 지구본의 정 반대편에 있는 나라, 나라 이름과 마추픽추 정도만 알고 있던 페루는 정말 먼 나라였다. 도착한 후 페루 정부의 관계자들을 만나고 리마의Lima, 페루의수도 구도심에 있는 문화유적을 보았다. 그리고 다시 쿠스코 마추픽추로 이동하여 고대 잉카문명의 발상지들을 살펴보았다. 페루 정부의 문화유산 관리는 진심이었고 유네스코 등의 가이드라인을 매우 잘 지키는 것 같았다. 페루에서 한국 정부에 요청하는 사항들이 너무 많아서 모든 요구들을 검토할 수는 없는 노릇이었다. 기후변화에 따른 유적의 훼손, 중요 유적에 대한 모니터링 강화, 디지털의 활용 등 많은 이야기들이 논의되었고 우리는 중요한 내용에 대한 것들을 꼼꼼하게 기록하였다. 이후 문화재청과 이에 대한 논의를 하고서 하반기 페루의 출장이 한 번 더 진

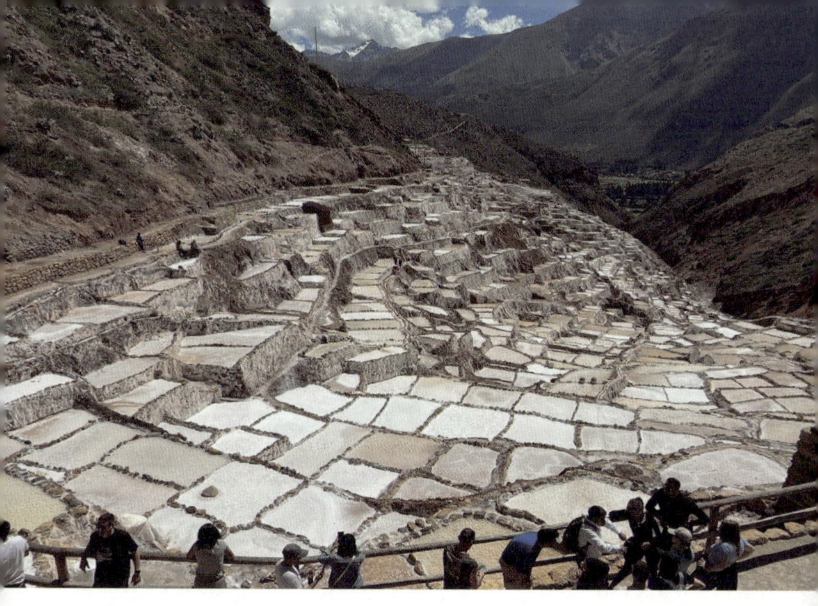

❖ 잉카의 염전, 소금광산(Maras Salt Mines) 산에서 내려오는 물을 가두어
염전을 만들고 그 안에서 소금이 만들어진다. 살리네라스 계곡에 위치해
살리네라스 소금 광산으로도 알려졌다.

행되었다. 동남아에서 시작된 우리나라의 문화유산ODA
는 아시아, 중앙아시아를 넘고 아프리카를 건너서 이제
남미에서 곧 시작이 될 기세였다. 하지만 2025년을 목표
로 준비된 사업은 시작되지 못했다. 정부 여러 부처들의
심의를 통과하는 일이 생각보다 쉽지 않았다. 그래도 다
시 도전했고 2026년 우리는 새로온 페루 사업을 시작할
기점에 서 있다.

마추픽추 신들의 정원 잃어버린 도시

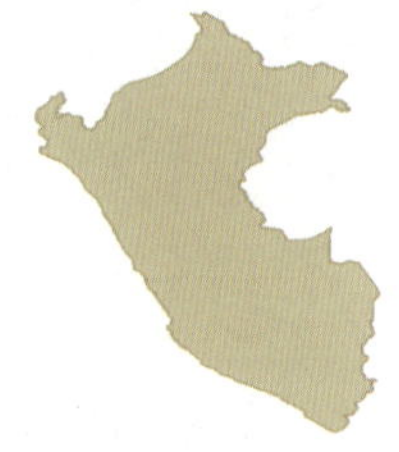

　페루의 세계유산 중 가장 유명한 곳은 단연 마추픽추다. 잉카제국의 신비로운 건축기술이 고스란히 남아 있는 곳이며 잉카제국 흥망성쇠의 열쇠를 가지고 있을지 모르는 비운의 유적이라고 설명할 수 있겠다. 해발 2,430미터 산 정상에 위치한 마추픽추는 사람들의 접근을 쉽게 허용하지 않는다. 오늘날 마추픽추에 가려면 우선 잉카제국의 옛 수도인 쿠스코를 먼저 방문해야 한다. 해발 3,499미터의 이 도시는, 마추픽추보다 거의 1킬로미터나 위에 있어서 고산병은 주로 마추픽추가 아닌 쿠스코에서 많이들 겪는다. 쿠스코에 가면 이런 이야기를 많이 든

곤 한다. "거북이처럼 걷고 많이 먹지 마라." 쿠스코에서
차를 타고 오얀타이탐보에 도착하여 잉카트레일로 갈아
타고 아구아스칼리엔테스까지 도착했다면 머리 위에 있
는 산 어딘가에 마추픽추가 숨어 있다고 생각하면 된다.
아구아스칼리엔테스에서는 마추픽추 입구까지 가는 버
스가 새벽부터 운행한다. 단, 하루 입장 관광객수가 정해
져있기 때문에 미리미리 아주 오래전에 예약해야 한다.
이거 마치 가이드북을 쓰고 있는 느낌이지만 이 정도 기
본 정보는 독자들에게 도움이 될 거라 확신한다. 갑자기
왠 마추픽추 타령이냐고 하겠지만, 대한민국의 문화유산
보존과 관리의 기술력이 이제 남미의 유적들에서도 빛을
발할 날이 멀지 않았다는 이야기를 하고 싶어서다. 세계
적인 유산의 보존과 보호를 위한 한국정부의 노력이 저
멀리 남미까지 뻗어간 이야기를 하고 싶다.

우리나라의 문화유산 국제개발협력은 라오스의 유네
스코 세계유산을 시작으로 2011년부터 시작되었다. 한국
전쟁 이후 세계 여러나라의 지원이 분명히 우리나라 발
전에 어느 정도 역할을 했음을 인지한다면 쉽게 이해된
다. 현재 우리나라의 문화유산 보존 관리 능력은 세계적

인 수준이다. 우리나라의 문화유산 중 수많은 유적들이 전쟁으로 사라지고 또 경제발전의 논리가 우선시되는 시기에도 상당수 훼손되고 멸실되기도 했다. 하지만 그럼에도 불구하고 많은 수의 문화유산을 보존하기 위한 노력으로 우리나라는 현재 세계적인 수준의 기술을 보유한 국가가 되었다.

서론이 길었으나 이상의 정보는 문화유산ODA에 대한 이해 돕기다. 우리나라가 이제 선진국으로서 국제 사회에 공헌을 하고 어려운 국가들을 돕고 협력해서 상생의 발전을 이루려는 구체적인 행위와 노력을 지속하고 있다는 것이다. 대한민국은 개발도상국을 돕기 위한 노력으로 학교, 병원, 공공기관 등을 짓고 교육서비스를 제공하는 등 다양한 지원을 하고 있다. 문화유산 보존관리의 높은 기술력을 가진 대한민국은 2011년부터 이러한 일들을 시작했고 현재는 라오스, 캄보디아, 파키스탄, 우즈베키스탄, 이집트, 키르기즈스탄 등에서 관련 분야 사업들이 진행되고 있다. 콩고민주공화국, 방글라데시, 미얀마 등에서도 사업이 진행된 바 있다. 동남아 중심으로 시작한 관련분야 사업들은 이제는 남미로 진출하기에 이르렸다. 페루정부의 요청으로 시작된 남미 국가에 대한 지원사업은 2022년부터 본격적으로 논의가 시작되었다. 수차례의 업무협의와 현장조사를 진행했고 이를 바탕으로 우리나라 정부의 승인을 받은 사업, 즉 2026년부터 신들의 정원을 잘 보존관리 할 수 있도록 협력하는 사업이 시작될 예정이다.

한국에서 페루로 가는 직항은 없다. 그래서 미국이나 유럽을 거쳐 가야 하는데, 정말로 지구 반대편에 있는 나라가 맞긴 맞다는 생각을 했다. 유럽을 거쳐 가도 한참이고 미국을 거쳐 가도 비행기만 거의 스무 시간을 타야 하는 일정이다. 그러다보니 출발해서 날짜 변경선을 지나 도착하는 것이 만만치 않을 일이었다. 미국령인 사이판과 괌을 제외하고 미국을 한 번도 가보지 못했던 나는, 미국땅을 잠깐 동안 공항에서라도 밟는다는 생각을 하고 출발했었다. 그런데 유럽을 가는 만큼의 시간이 걸려 도착한 미국에서는 이미 녹초가 되어버렸다. 그럼에도 열 시간을 더 비행해야 하다니, 지구 면적이 넓다는 걸 새삼 느꼈다. 페루 리마에 도착한 것은 한국을 출발한 지 약

스물 다섯 시간 정도가 지나서였다. 날짜변경선을 지났기 때문에 도착한 날은 한국을 출발한 날의 저녁이었다.

우리는 짐을 풀고 바로 다음날부터 회의에 들어갔다. 양국의 문화유산 분야 협력사업을 함께 하기 위한 방향과 주제, 목적 등을 논의했다. 그리고 셋째날에 처음으로 사무실을 벗어나 현장에 가게 되었는데 리마의 구도심이었다. 페루의 수도인 리마 또한 유네스코 세계유산으로 지정되어 관리되고 있다는 것을 아는 사람은 많지 않을 듯 하다. '리마 역사지구'로 등재된 이 역사도시는 왕들의 도시로 알려져 있으며 18세기 중반까지 남미를 지배한 스페인의 가장 중요한 수도이자 도시였다. 당시 지어진 건물들 상당수가 남아 있어 이 도시 또한 유네스코의 세계유산으로 등재되어 보존 관리되고 있다.

페루 정부는 초반에 리마 역사도시의 보존을 위한 사업을 제안했다. 수많은 식민지시대 건물들이 남아 있는 리마의 구도심에는 당장이라도 손을 봐야 할 것 같은 건물들이 즐비하게 늘어서 있었다. 우리는 여러 개의 건물들을 살펴보고, 현 상황을 기록하면서 추가적인 논의를 지속했다. 이후 조사팀은 페루의 세계유산 관리현황을

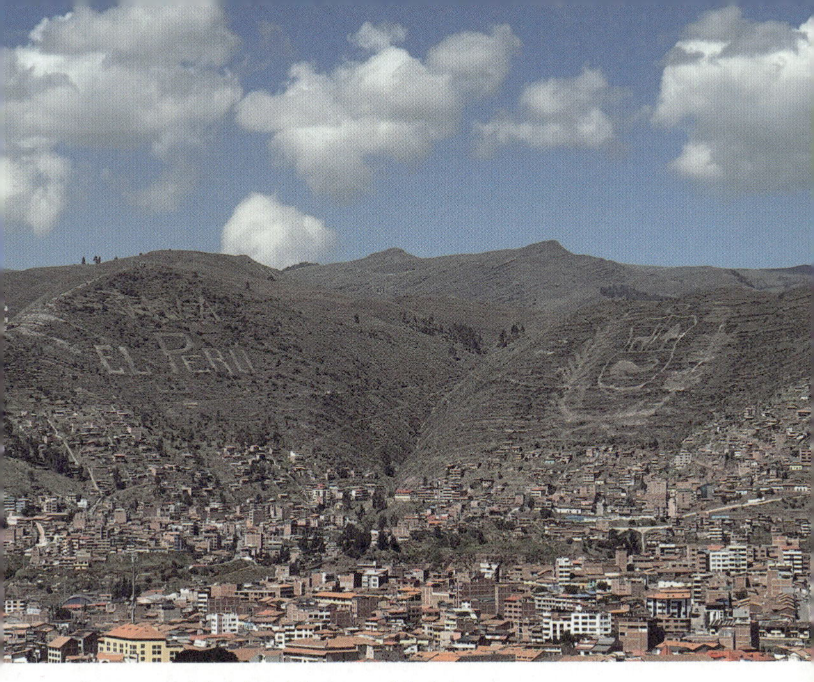

❖ 쿠스코 전망대에서 바라본 쿠스코 시내 전경

파악하기 위해 쿠스코로 이동했다.

쿠스코, 하늘의 별들이 내려 앉은 도시

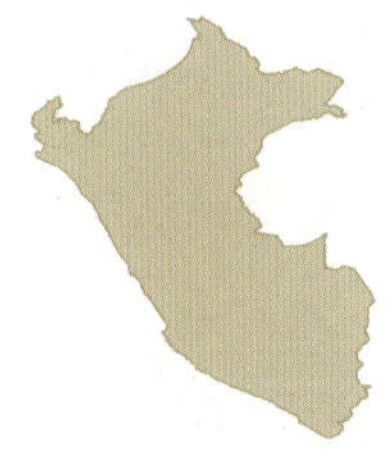

쿠스코 공항에 도착한 것은 까만 어둠이 내려앉은 후였다. 공항을 나서자마자 숨쉬기가 조금은 다르다는 느낌을 받았다. 쿠스코 공항의 해발은 3,400미터. 보통 고산병을 느끼기 시작하는 해발이 3,000미터라고 하니 숨쉬는 게 다르게 느껴지는 건 당연했다. 나는 리마에서 산약을 미리 먹고 비행기에 탑승했기 때문에 큰 어려움 없이 숙소도로 이동해서 짐을 풀었다. 거북이처럼 걸으라는 말을 기억하며 저녁을 먹으러 나가려는데 같이 갔던 일행이 두통과 현기증을 호소했다. 호텔측에서 준비해 중 코카차코카잎으로 만든 차로 고산병 증세 완화에 도움이 된다. 마약류는 아니다.를 연거푸 두 잔을 마셨지만 나아지는 기미가 없다며 방에서 먼저 쉬겠다고 했다. 결국 같이 간 일행 중 둘만 밖에 나가서 저녁을 먹고 호텔에 있는 동료가 걱정이 되어 약을 사다가 방 앞에 놓고 메시지를 보냈다.

다음날에는 쿠스코 주정부 관계자와 미팅이 있었다. 마추픽추로 이동해야 하는 날이었다. 두통을 느끼던 동료는 밤새 한숨도 못 잤다고 했다. 코카잎이 고산병 완화에 효과가 있지만 한편으로 배뇨작용을 활발하게 한다는 걸 제대로 듣지 못했던 탓. 코카차를 밤새 마셔대서 화장실을 들락거리느라 잠을 제대로 못 잔 거였다. 아침으로 매콤한 게 먹고 싶다는 그의 말에 따라 호텔 중정 야외 테이블에 앉아 우리가 고른 메뉴는 사발면. 한국에서 공수해 온 사발면을 한 그릇씩 먹고 몸을 추스른 후 우리는 이동했다. 쿠스코는 날이 꽤 쌀쌀했는데, 두통을 느낀다던 동료는 레깅스 차림이었다. 결국 가방에서 주섬 주섬 패딩 조끼를 건넸더니 몸이 좀 녹는다고 했다. 결국 그 조끼는 출장이 끝날 때까지 그가 입고 다녔다. 귀국 무렵 조끼가 없었으면 정말 심한 몸살로 앓아 누울 뻔 했다고 했다.

사실 그 동료는 리마에서부터 몸이 안 좋았다. 리마는 해발 500미터 정도로 고산병은커녕 한국의 높은 동네보다도 낮은 해발인데, 비행기를 오래 탄 후유증인지 리마 구도심의 유적지를 돌아보면서 틈만 나면 앉을 곳을 찾았다. 그를 보며 몸 관리를 못한다고 잔소리를 했던 게 너무 미안했다. 귀국해서 그가 말하기를 사실 쿠스코에서 장염 증상까지 있어서 너무 힘들었는데, 나한테 잔소리를 또 들을까봐 내색을 못했다고 했다. 미안하고 민망스러웠다. 가지가지 한다고 잔소리를 해 댔으니. 그렇게 쿠스코의 일정을 마치고 우리는 마추픽추로 향했다.

마추픽추로 향하기 전날 밤 쿠스코 시내를 잠깐 거닐었다. 아르마스Plaza de Armas 광장에 섰을 때였다. 멀리서 수놓은 것처럼 반짝이는 빛들이 보였다. 산 중턱에서 비치는 그 작은 불빛들은 어두운 곳에서 군데 군데 빛이 나고 있었다. 그 광경은 아르마스 광장의 야경보다 더 빛이 나고 예뻤다. 다음날 아침, 그 곳을 다시 찾았다. 그리고 알았다. 어젯밤 산 중턱에서 빛나던 불빛들은 군데 군데 자리 잡은 작은 집들이 발원지였다는 걸. 쿠스코의 메인 시가지를 벗어나 있는 산 중턱에는 굉장히 가난한 사람들이 군데 군데 작은 집을 짓고 살고 있다. 소위 빈민가다. 관광객들에게는 접근이 금지된 그곳이 밤하늘에 빛나는 별처럼 아름다웠던 거다.

마추픽추

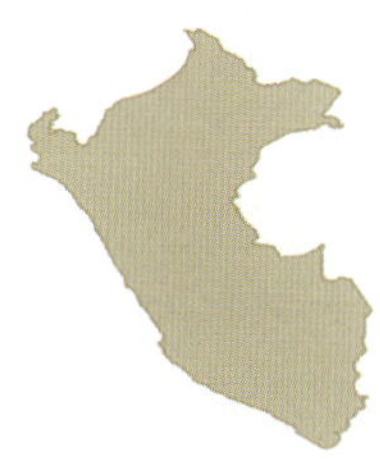

　사람의 앞일은 아무도 모른다고 했던가, 문화유산 관련한 국제협력사업을 진행하면서 항상 감사한 것은 세계의 문화유산들을 접할 기회가 너무 많고 소중한 세계의 문화유산을 잘 보존하고 관리하는 일에 힘을 보탤 수 있다는 것이다. 고고학자로 평생 발굴 현장에서 나이가 들어간다 해도 그 만큼의 보람이 있을 거라 생각했지만, 변화는 어디서 다가올지 모를 일이다. 단지 준비가 되어 있다면 변화와 기회는 확실하게 잡을 수 있다.

　마추픽추, '숨겨진 하늘의 궁전'이라는 별명을 가진 이곳은 잉카제국의 마지막 수도였던 쿠스코에서도 북서쪽으로 약 75킬로미터 떨어진 곳에 있다. 아구아스칼리안테스에서 동이 틀 무렵 버스를 타고 산을 한참 올라야 만날 수 있는 천상의 도시, 흐린 날이 많아서 제대로 된 풍광을 보려면 삼대가 덕을 쌓아야 한다는 속설이 있는 곳이다.

꽃보다 청춘에서 구름에 가려 제대로 보지 못할 뻔한 마추픽추를 보며 여러 가지 생각에 잠겨 눈물을 흘렸던 가수가 떠올랐다. 우리가 간 날도 버스를 타고 올라가는 도중에 안개가 끼어 못 볼 수 있겠다는 생각을 했다. 어떻게 여기까지 왔는데, 생각을 하며 정상에 있는 주차장에 내려 매표소를 지나 20여 분을 걸어 가서도 안개인지 구름인지는 걷히지 않았다. 그런게 정상 근처에서 한가롭게 풀을 뜯는 리마와 알파카와 만나 사진을 찍다보니 어느새 구름이 서서히 걷히고 있었다.

작은 모퉁이를 지나자 맞은 편에 솟은 봉우리가 보였다. 시선을 그 아래로 내리자 중앙의 널다란 잔디 광장이 펼쳐져 있었다. 그 좌우로 반듯하게 늘어선 크고 작은 건물. 그 옆에 산의 경사를 따라 만들어진 계단식 경작지가 눈에 들어왔다. 하나 하나의 집들이 질서 정연하게 놓여 있고 가운데를 가로지르는 광장은 고대 잉카인들의 놀이터였으며, 정치적 집회 장소고 의례가 펼쳐진 광장이었다. 건물들 중 지붕이 남아 있는 건 하나도 없었지만, 자연 암반을 기단 삼아 그 지형을 훼손하지 않고 그 위에 튼튼한 건물들을 만들었다. 놀라운 건 건물 하나 하나가 마치 어제 준공을 마친 동네의 아파트 단지를 연상시켰다. 옛 것이라고 느껴지지 않을 만큼 섬세하고 세밀한 조적은 건물에 사용된 돌틈 사이로 종이 한 장 집어 넣기 어려울 정도로 치밀하게 쌓아 올려져 있었다. 대부분의 건물들이 이미 보수 작업을 마쳤고 앞으로 더 무언가를 해야 할 게 있을까 싶던 차에 현장의 담당 연구원이 우리를 한쪽으로 안내했다. 경사가 가파른 곳에 아직 수풀과 돌더미로 쌓인 곳이었다. 미래 고고학 기술이 발달하면 조사를 하기 위해 남겨둔 곳이라고 했다. 한국 같았으면 어떤 방법을 써서라도 조사를 하고 복원을 하기 위해 노력했을 법한 곳이었다. 왠지 모를 여유로움이 느껴졌다.

마추픽추. 꽃보다 청춘의 그들 만한 감동은 있지 않았다. 경이로운 광경에 입이 떡 벌어진 건 사실이지만 우리에게 주어진 시간이 부족했다. 일정상 오래 머무를 수 있지 못했기 때문에 우리는 연신 핸드폰 셔터를 눌러댔고 과연 이곳에서 더 필요한 것이 무엇인지를 고민하고 찾아야 했다. 그래서 관계자들과 끊임없이 대화를 했다. 일로 방문했기 때문에 좀 더 많은 시간을 두고 살펴보지 못한 건 두고 두고 아쉬웠다. 추후에 사업이 만들어지면 다시 방문할 기회가 꼭 찾아오기를 바랬다.

　인생은 한 치 앞의 일도 모른다 했던가, 열심히 준비했던 페루 사업은 정부의 심의 과정에서 예산을 배정받지 못하게 되었다. 결국 2025년부터 시작하려던 모든 계획은 수포로 돌아가고 말았다. 전세계 모든 문화유산이 소중하게 보존 되어야 할 가치가 있음은 다른 설명이 필요 없다. 하지만 모든 국가의 문화유산 보존관리를 우리나라가 다 지원할 수는 없다. 다행히 2025년 페루 사업은 한차례의 재수 끝에 정부의 심의를 통과했고 예산 배정 작업이 잘 마무리되면 2026년 출발을 코앞에 두고 있다. 페루의 세계유산을 보존하고 관리하기 위한 현 세대 양국의 협력이 미래 세대에 잘 전달될 수 있기를 바란다.

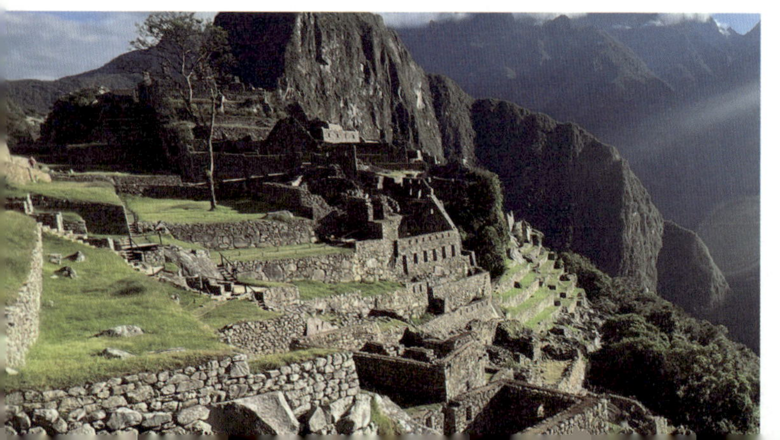

그녀와 함께 춤을

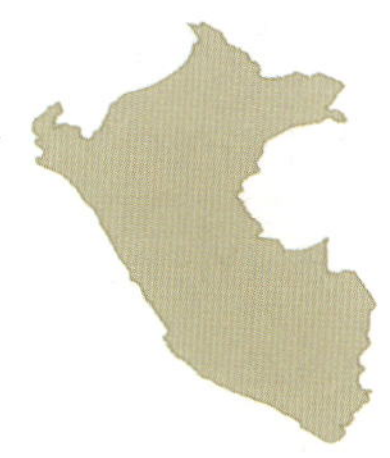

　페루 리마와 마추픽추를 비롯한 몇 곳의 유적을 페루 담당자들과 함께 둘러본 후에 귀국하기 전 다시 페루 문화부와 몇 차례 회의가 진행되었다. 사실 출장 전부터 문화부장관 또는 차관과의 면담을 요청했으나 귀국일이 다가올수록 함께 논의하는 자리가 불발되는 듯 보였다. 한 나라의 부처를 책임지고 일하시는 분들이니 쉽게 시간을 내기는 어려울 것으로 예상이 됐던 일이다. 하지만, 마지막 국장님과의 면담자리에서 강하게 면담을 요청했다. 정말로 페루가 한국과 문화유산 분야 협력사업을 하고 하는 의지가 있다면 장관 또는 차관이 잠깐이라도 페루를 대표해서 한국에서 온 조사단에게 무언가 어필을 하는 게 맞다고 생각했다. 국제개발협력사업에서 상대 국가의 강력한 의지의 표명은 사업 추진의 중요한 원동력이 되기 때문에 확인할 필요가 있었다. 먼 타국에서 작은 기관의 일개 부서장의 어쩌면 건방진 요청이었다. 국장님은 직원을 어디로 보내더니 돌아온 직원과 이야기한 후에 잠깐 자리를 옮기자고 했다. 그를 따라 큰 회의실로 갔더니 국장님은 곧 차관이 올 거라고 했다. 하지만 차관의 일정이 있어서 5분 정도만 시간을 내줄 수 있다고 말했다. 어쨌든 다행이었다. 사실 고위직 분들과 심도깊은 이야기를 오래 하는 건 쉽지 않다. 보통 실무자들과 중요한 내용을 다 협의하고 마련되기 때문이다. 국가 차원의 관심과 강력한 의지만 확인하면 되었다.

잠시 후 민소매 원피스 차림의 젊은 여성이 높은 구두를 신고 또각 또각 소리를 내며 회의실로 들어왔다. 사전에 장·차관에 대한 정보를 확인하고 갔기 때문에 들어선 이가 바로 차관이라는 걸 알 수 있었다. 차관은 한국에서 중요한 손님들이 오셨는데 시간을 못 내서 정말 미안하다고 했다. 그리고 곧 가야 한다고 양해를 구했다.

차관은 한국팀과 페루의 담당자들이 며칠 동안 진행

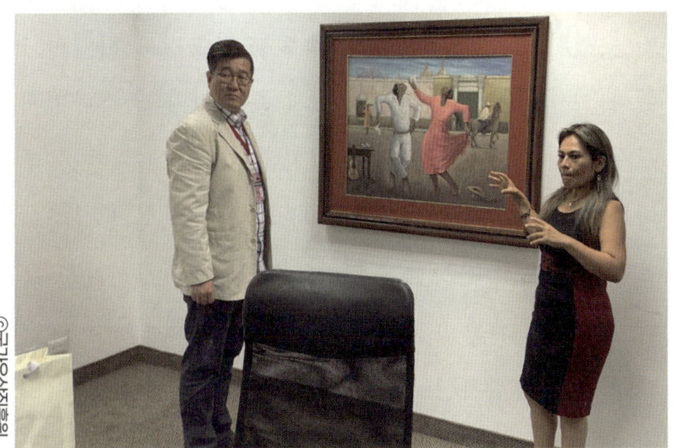
©국가유산진흥원

하고 논의했던 내용들을 매우 주의깊게 경청했다. 한국 팀의 문화유산 보존관리 기술이 페루의 유네스코 세계 유산을 체계적으로 보존관리할 수 있는 데 큰 도움이 될 거라고 했다. 그리고 필요한 게 있으면 언제든, 무엇이든 이야기해 달라고 했다. 계획보다 긴 30여분간의 미팅이 끝나고 우리는 준비해간 작은 기념품을 전달하려고 일어섰다. 마침 회의실 벽에는 한 쌍의 남녀가 춤을 추는 듯한 그림이 걸려 있었다. 갑자기 차관이 그 그림에 대해서 설명하기 시작했다. 설명에 의하면 그림은 La Marinera라는 페루의 전통 커플댄스라고 했다. 페루의 가장 유명한 전통춤으로 알려져 있고 심지어 2012년부터 페루 의회는

10월 7일을 마라네라의 기념일로 지정하기도 하였다고 했다. 그러더니 갑자기자 기가 저 춤을 진짜 잘 춘다면서 내게 건네받은 기념품을 책상 위에 내려놓고는 춤을 추기 시작했다. 그러면서 그림에서 흰색 옷을 입은 남자의 역할을 나에게 하라고 권했다. 난생 처음, 그것도 한 국가의 고위직 간부의 제안을 뿌리칠 수 없어 몸치인 내가 흉내를 내기 시작했다. 빠른 템포로 하이힐을 또각 거리면서 왔다 갔다 하던 그녀가 빙그르르 돌다가 내 손을 잡고 춤을 췄다. 순간 식은땀이 났지만 나도 엉거주춤 구둣발로 박자를 맞추는 시늉을 했다. 그러자 춤이 점점 빨라졌다. 나중에는 그림에 있는 여인처럼 그녀가 한 팔을 쭉 뻗더니 나를 응시했다. 순간적으로 끝내야 하는 타이밍임을 직감한 나는 손바닥이 부서져라 박수를 쳤다. 그렇게 그녀와의 무대는 마무리되었다. 춤을 마치고 아무렇지 않게 다시 우리가 준 기념품을 살포시 들어서 기념촬영을 하자는 차관. 나는 페루의 문화와 전통이 고스란히 담긴 춤이 그려진 액자 앞에서 페루 문화부 차관과의 미팅을 종료하는 기념 촬영을 했다.